빛깔이 있는

학급운영 3

학급 행사 이끌기

ⓒ 우리교육, 2004

1999년 3월 20일 1판 1쇄
2021년 1월 15일 2판 16쇄

엮은이 · 우리교육
펴낸곳 · (주)우리교육
펴낸이 · 신명철
주소 · (03993) 서울특별시 마포구 월드컵북로 6길 46
전화 · 02-3142-6770
팩스 · 02-3142-6772
등록 · 제313-2001-52호
홈페이지 · www.uriedu.co.kr

ISBN 978-89-8040-612-8 14370
      978-89-8040-609-8 (세트)

고침판

빛깔이 있는

학급운영 3

학급 행사 이끌기

우리교육 엮음

우리교육

고침판을 내며

책을 낸 지 꼭 5년 만에 고침판을 내게 되었습니다.

초판본이 여러 쇄를 거듭하는 동안, 끊임없는 성원과 격려로 힘을 실어주신 전국의 여러 선생님들께 진심으로 감사의 인사를 드립니다.

처음 이 책을 펴내면서 가슴에 심어둔 꿈이 하나 있었습니다.

그것은, 이 책 이후로 각 영역에서 내밀하게 갈고 벼린 결과물들이 낱권으로 구체화되어 계속 잇대어 출간되는 것이었습니다. 이름하여 '빛깔시리즈'입니다. 10년, 20년 공들여 가꾸고 연구한 지혜와 경험이 갈래별로 축적된 빛깔시리즈는, 상상하는 것만으로도 설레는 일이었습니다.

아직도 그 기대감을 버리지 않고 있습니다. 서둘러 고침판을 내는 것도 ― 물론 환경 변화에 따른 고침판에 대한 요구도 있었습니다만 ― 빛깔시리즈에 대한 추임새를 좀 더 충실하게 해내고 싶은 욕심 때문입니다.

고침판은 그런 취지를 반영하여, 허름한 곳을 손질하고, 새로운 정보를 꼼꼼하게 보완하는 수준에서 작업을 진행했습니다. 낡은 예화나 상투적인 해설은 솎아내고, 그 사이에 이루어낸 성과물은 엄선하여 덧보탰습니다. 필요하면, 과감히 새로운 꼭지를 신설하여 추가하기도 했습니다. 그리고 선생님들의 편의를 위해 인용 자료와 주제어 색인도 덧붙였습니다.

그러나, 처음 유지하고 있던 틀을 흔들지는 않았습니다. 환경의 변화 속도가 너무 빨라서 감당하기 어려운 부분이 있다지만, 기본적인 철학과 지향점은 여전히 유효하기 때문입니다.

이 책이 행복한 교실을 꿈꾸는 선생님들에게 값진 거름으로 쓰였으면 하는 바람은 처음 책을 펴낼 때와 똑같습니다. 거듭 강조컨대, 이 책은 시작일 뿐입니다. 선생님들의 관심과 열정이 '빛깔시리즈'로 더 깊어지고 넓어질 수 있기를 기원합니다.

고침판을 내는 과정에서 아낌없이 지혜와 경험을 빌려주신 여러 선생님들, 그리고 초판에 이어 책의 표지와 꼴을 다시 반듯하게 다듬어주신 이정은 님께 감사드립니다. 아울러 '교육의 희망'을 위해 사방에서 고군분투하시는 선생님들께도 변함없는 존경과 사랑을 전합니다.

2004년 2월 우리교육

오랫동안 벼르던 학급운영 지침서를 이제야 내놓게 되었습니다.

책이 나오기까지 적지 않은 준비 기간을 거친 셈입니다. 그간 많은 선생님들의 요구가 있기도 했지만, 《우리교육》이 10년간 일구어낸 성과가 버팀목이 되었기에 가능한 출발이었습니다. 이 책을 엮기 위해 선생님들의 열정과 지혜를 찾아 떠나는 탐색은 — 매우 어려운 일이었지만 — '교육의 희망'을 앞세운 작업이었으므로 내내 설렘 같은 것으로 충만할 수 있었습니다.

기획 과정에서 많은 선생님들을 만나 이 책의 방향성 문제를 두고 집중적인 검토 작업을 벌였습니다. 교육의 의미를 엄정하게 되짚어볼 필요도 있었지만, 학교를 둘러싼 환경과 조건이 너무 많이 변했기 때문입니다.

집약된 의견은 크게 두 가지로 나뉘었습니다. 하나는 프로그램의 나열보다 현재 학급운영의 철학을 한 단계 끌어올릴 수 있는 '진보적 논점'을 중심에 두자는 것이고, 또 다른 하나는 학급운영의 고민을 현실적으로 해결할 수 있는 대안에 무게를 싣자는 것이었습니다. 한 가지 주제를 선택하더라도, 그것의 도입부터 끝까지 프로그램의 내면화 과정을 집중적으로 추적하자는, 이름하여 '주제가 있는 학급운영'에 대한 의견도 있었습니다. 이 가운데 우리가 택한 것은 이 모든 것을 한 틀로 다스리되, 발전적인 대안 탐색에 무게를 두는 것이었습니다. 그 편이 선생님들에게 운용의 공간을 만들어주는 데 훨씬 유효할 것이란 판단 때문입니다.

본격적인 작업은 편집부의 연구 작업과 전국 각지에서 선생님들이 일구어낸 사례를, 사전의 개념으로 결합시키는 방향에서 이루어졌습니다. 물론 미완성입니다. 완성은 선생님의 손에 달려 있습니다. 구슬이 영롱하게 희망의 빛깔을 품었다 해도, 끈에 꿰어지지 않는 한 그저 낱낱의 구슬일 뿐입니다. 이 책은 99개의 구슬입니다. 여기에 하나를 덧보태고 끈에 꿰어 보배로 만드는 것은 선생님의 몫입니다. 덧보탤 하나는 곧 관심과 사랑입니다. 그래서 책 머리에 '빛깔'이라는 수식어를 얹었습니다. 아이들을 헤아리는 사랑의 폭에 따라 아이들과 학급의 빛깔이 빚어질 것입니다.

이 책은 모두 세 권으로 구성되어 있습니다.

제1권에서는 '학급운영 터잡기'라는 주제로 첫만남, 모둠활동 등의 일상활동의 영역을 담았고, 제2권은 학생 생활지도와 상담을 중심 테마로 삼았습니다. 3권에서는 각종 학급 행사와 마무리에 대한 실제 방법론을 모았습니다.

각 권의 짜임은 4단계 구성으로, 각 단계가 갖는 빈틈을 서로 엇갈려 보완할 수 있도록 마치 그물을 짜듯 엄정하게 갈고 다듬었습니다.

우선 첫 단계인 '약이 되는 이야기'는 해당 주제에 대한 원론을 새로운 각도에서 조망해보는, 일종의 '뒤집어보기'이며, 이에 대한 본격적인 방법적 탐색은 둘째 가름에서 이루어집니다.

셋째 가름은 해당 주제에 대한 선생님들의 사례입니다. 사례는 되도록 단일한 주제를 다루되, 그 주제를 통해 전체 학급운영의 골격을 경험할 수 있는 이야기를 우선해서 실었습니다. 마지막 가름은 정보쌈지입니다. 앞에서 미처 담아내지 못한 짤막한 자료를 걸러내고 가다듬어 실속 있게 활용할 수 있도록 편집했습니다.

우리는 이 책이 이제 겨우 시작일 뿐이라는 것을 잘 알고 있습니다. 완성은 여러 선생님의 가슴과 교실에서 이루어질 것입니다. 학급은 야생의 텃밭입니다. 텃밭의 생명 원리는 더불어 어울리되, 제각각 다양한 꽃과 열매를 맺으며 자기 모습을 구현하는 데 있습니다. 모쪼록 이 책이 선생님의 텃밭에 놓이는 기름진 거름으로 쓰였으면 하는 바람입니다.

이 책이 나오기까지 기획과 원고 가름을 맡아주신 이상대 선생님과, 설문지 같은 귀찮은 일거리를 내 일처럼 해결해주시고 격려까지 아끼지 않으신 전국의 많은 선생님께도 고맙다는 말씀 전합니다.

1999년 3월 우리교육

첫째 마당 학급 문화 가꾸기

교실 꾸미기

016 **약이 되는 이야기** 교실, 너무 '잘' 꾸미지 맙시다

018 **살아 있는 교실 설계**

022 **교실 꾸미기의 실제**
교실 꾸미기 일정 관리하기 / 앞면 꾸미기 : 부드럽되 색상차가 작은 유사색으로 / 뒷면 꾸미기 : 모둠 게시판과 자유 게시판 / 옆면 꾸미기 : 우리 반 개성이 묻어나는 아이디어를 모아서 / 교실 꾸미기 평가

034 **교실 꾸미기 지혜쌈지**
계절을 끌어들인다 ─ 들꽃과 채소 키우기 / 교실 꾸미기에 사진을 활용하는 지혜
게시판의 꽃, 협동화 그리기 / 구석 자리를 활용하는 지혜

044 **교실 꾸미기를 위한 정보쌈지** 부착 도구와 고정판 만들기

학급 행사·문화 활동

046 **약이 되는 이야기** 손길 하나가 다 교육입니다

몸과 마음을 살찌우는 우리 반 행사

048 **학급활동 전시회 8선**
게시판 100% 활용하기 전시회도 살리고 게시판도 살리는 학급활동 052

054 **자연과 나눔을 배우는 알뜰장터**
사례 ● 우리 반 알뜰장터 우리 반 바자회에 초대합니다 058

060 **부대껴야 사랑한다, 학급 체육대회**
변형 경기식 종목(팀 대항 놀이) / 놀이마당식 종목(모둠 대항 미니올림픽)

064 **정까지 나누어 먹는 음식잔치**
불 없이 해먹는 음식 / 불 피워 해먹는 음식

사례 ● 우리 반 학급 행사
연극 보기, 목욕하기, 농촌 봉사활동 신나는 우리들 잔치 070
비밀친구 만들기 쉿! 비밀친구가 보고 있어요 076
학급 단합대회 열기 단합대회는 아이들을 하나로 모은다 078

야외 활동 꾸리기

소풍과 야영

082 **약이 되는 이야기** 부드러운 깃털로 부비는 접촉감으로

084 **대도시 ● 테마 소풍 길트기**
지역 문화 시설을 이용한 테마 소풍
공연 관람이 있는 소풍 / 공원 자연 학습장을 견학하는 소풍 / 인라인 스케이트를 타며 맘껏 달려보는 소풍
자연을 주제로 한 탐사 소풍
생태 기행을 겸하는 소풍 / 맨발로 뻘을 밟고 조개도 잡는 갯벌 탐사

096 **농어촌 ● 테마 소풍 길트기**
자연 친화적 소풍 ● 답사 소풍 ● 박물관 견학 소풍

100 **신나는 소풍 놀이**
놀이마당 차려서 놀기 / 모둠 대항 놀이 / 함께 즐기는 ○× 퀴즈

사례 ● 우리 반 소풍
도심 체험 오리엔티어링 소풍   서울을 헤맨 뒤 극장으로 모여라!   106
지역 문화와 환경을 탐색하는 답사 소풍   소풍, 놀면서 공부하기   112
입맛대로 골라 가는 학급 자율 소풍   소풍 가는 길, '멋진 놈들!'   114

116 **학급 야영의 몇 가지**
토요일 당일치기 뒤뜰 야영 / 1박 2일 뒤뜰 야영 / 1박 2일 학교 밖 야영

사례 ● 우리 반 학급 야영
1박 2일 뒤뜰 야영   공포 만끽, 학급 밤샘 야영   126
1박 2일 학교 밖 야영   무엇보다 아름다웠던 그날 밤   128

132 **소풍과 야영을 위한 정보쌈지**
지역별 박물관 · 미술관 · 기념관 안내
지역별 야영장 안내
학교 밖 야영 상식 4선

셋째 마당

마무리 활동

학급문집 · 신문 만들기

150 **약이 되는 이야기** 학급문집, 단순한 타임캡슐이 아닙니다

154 **신나는 학급문집 만들기**
부드러운 시작 — 모둠일기와 조종례 챙기기 / 편집위원 뽑기 / 살아 있는 글 모으기
신나는 마무리 — 편집과 인쇄, 비용 마련하기

160 **학급문집 제작, 하나에서 열까지**

178 **우리 반 학급신문 만들기**
밑준비 / 편집위원 구성 / 편집회의 / 학급신문의 기삿거리 / 학급신문 기사 배치 / 지켜야 할 몇 가지 원칙

사례 ● 학급문집 만들기　　스물여섯 명과 엮어낸 가난한 사랑 노래　184
　　　　　　　　　　　　　　일년에 한 번 쓰는 연애편지　189

194 **학급문집 · 신문 만들기를 위한 정보쌈지**
좋은 학급문집 차례 엿보기 / 학급문집 원고 확인표 / 학급문집 마무리, 이건 빼먹지 마세요

학기말 · 학년말 마무리

198 **약이 되는 이야기** '멋진 끝내기'를 위하여

200 **학기말 ● 학급활동 평가의 지혜**
사례 ● 우리 반 학기말 평가　2학기 도약을 꿈꾸며 1학기를 평가한다　210

214 **학년말 ● 학급활동 평가의 지혜**

220 **학교생활기록부를 정리하는 지혜**
교사 누가 기록 활용 / 학생 자기 평가 활용 / 교과 교사 활용 / 학생 상호 평가 활용

226 **'마무리잔치'로 마무리하기**
학급 마무리잔치 준비 / 학급 마무리잔치 프로그램

사례 ● 우리 반 마무리 활동　마무리잔치, A부터 Z까지　232
　　　　　　　　　　　　　　학년말, 우리 반의 작은 기쁨을 찾습니다　236

239 **학기말 · 학년말 마무리를 위한 정보쌈지**
학년말 여유 시간, 일석이조 학급 마무리 / 학교생활기록부 정리하기

247 **주제별 키워드로 찾아보기**

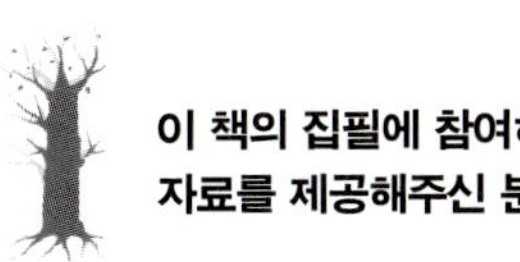

**이 책의 집필에 참여하거나
자료를 제공해주신 분들**

첫째 마당 **학급 문화 가꾸기**

교실 꾸미기

김종범 (서울 풍납중 교사)
이상대 (서울 신월중 교사)
정평한 (인천 문학정보고 교사)

학급 행사·문화 활동

김은형 (전 서울 당산중 교사)
박계해 (전 경남 개운중 교사)
안정선 (서울 경희중 교사)
이상대 (서울 신월중 교사)
조장희 (서울 신일중 교사)
최　진 (경기 백마중 교사)

둘째 마당 **야외 활동 꾸리기**

소풍과 야영

강병용 (부산 부산여고 교사)
교사놀이연구회 가위바위보
박계해 (전 경남 개운중 교사)
양한재 (서울 애화학교 교사)
이상대 (서울 신월중 교사)
임의수 (충남 연무대기계공고 교사)
장주섭 (전남 과학고 교사)
조주희 (서울 공항중 교사)
한종희 (충북 청운중 교사)

셋째 마당 **마무리 활동**

학급문집·신문 만들기

김종호 (서울 대일고 교사)
신선숙 (강원 철원중 교사)
안정선 (서울 경희중 교사)
이상대 (서울 신월중 교사)
이상훈 (경북 상주여중 교사)
이애자 (경북 풍각중 교사)

학기말·학년말 마무리

김동일 (서울 상원중 교사)
김주영 (경기 부천북중 교사)
김지연 (경기 시곡중 교사)
이상대 (서울 신월중 교사)
정득실 (서울 태릉중 교사)
주희선 (경기 회룡중 교사)

학급운영 터잡기

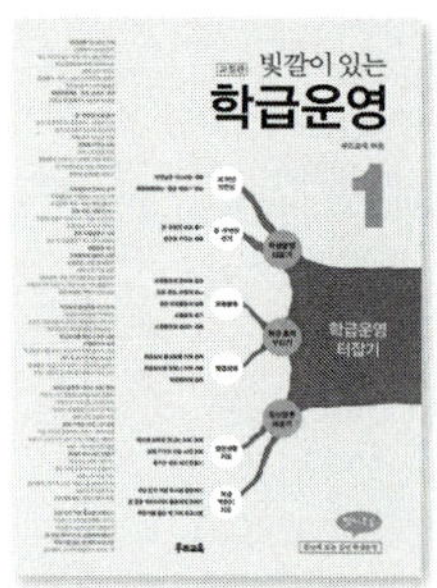

● 1권은 학급운영 터잡기를 큰 골격으로 하고 있습니다.

새 학년 첫만남부터 정·부반장 선거, 모둠활동, 학급회의, 일상활동에 이르기까지 학급활동의 뼈대를 시간순으로 망라했습니다. 어느 것 하나 소홀히 다룰 영역이 없거니와, 나아가 이들의 조화로운 교직(交織)이 무엇보다 중요하다는 것을 염두에 둘 필요가 있습니다. 그런 점에서 아이들의 성장을 지원하는 통찰력과 일관성이 1권을 다스리는 철학이 됩니다.

첫째 마당 ● 학급운영 터잡기

새 학년 첫만남
약이 되는 이야기　설레는 첫만남 그러나 과대포장하지는 마십시오
첫만남을 다스리는 지혜
첫날 첫만남을 위한 체크리스트
사례●나의 첫만남　첫만남 땐 명함을 나누어준다 외

정·부반장 선거
약이 되는 이야기　반장은 무엇으로 사는가
정·부반장 바로 뽑기
반장을 키우는 지혜

둘째 마당 ● 학급 조직 꾸리기

모둠활동
약이 되는 이야기　우리들의 빛나는 왕국
모둠 편성, 어떻게 하나
일상 모둠활동의 실제
사례●나의 모둠 운영　교사가 미리 구성해주는 저학년 모둠활동 외

학급회의
약이 되는 이야기　학급회의를 하지 못하는 두려움
학급회의 활성화를 위한 전략
학급회의의 실제

셋째 마당 ● 일상활동 이끌기

일상생활 지도
약이 되는 이야기　해바라기를 뛰어넘지 못한 까닭
자치와 감동을 만나는 조회·종례
삶을 키우는 아침 시간 운영
즐거운 청소 시간 만들기

학급 책읽기 지도
약이 되는 이야기　스스로 맛을 알아야 가르칠 수 있습니다
한 권을 읽히더라도 꼼꼼하게 읽히기
교실 안 작은 도서관 운영하기
교사가 학생에게 권하는 책

상담과 생활지도 길잡이

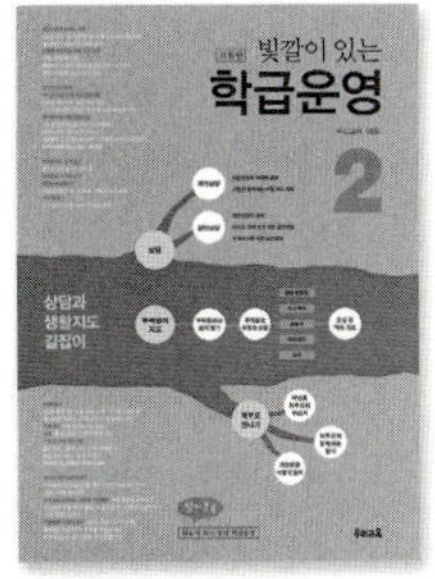

첫째 마당 ● 상담

개인상담
약이 되는 이야기 귀와 입의 철학
개인상담의 이해와 준비
사람을 움직이는 여덟 가지 지혜
사례●나의 개인상담 '나의 발자국 공책' 활용하기 외

집단상담
약이 되는 이야기 지혜로운 교사의 조건
집단상담의 준비
학년초 또래 관계 개선 집단상담
부적응아를 위한 집단상담

둘째 마당 ● 부적응아 지도

**부적응의
유형과 상담**
약이 되는 이야기 우리는 동료로서 만나야 합니다
부적응아와 관계 맺기
유형별 부적응아 이끌기
집단따돌림(왕따) 상담 / 학교폭력 상담 / 성(性)문제 상담 /
학업 태도 상담 / 도벽 상담

일상생활 지도
교실 안 적응 지도 8훈
사례●집단따돌림 지도 당당하게 맞서면 오히려 해결이 빠르다 외
사례●나의 생활지도 나는 아이들을 믿는다 외

셋째 마당 ● 학부모 만나기

약이 되는 이야기 이제 교사만의 교실이 아닙니다
학년초 학부모회 꾸리기
학부모와 함께하는 다양한 학급활동
가정방문, 어떻게 할까
사례●학부모 통신 활용 학부모 통신의 위력 외
사례●학부모 만나기 학급 홈페이지로 시작한 학부모 만남
사례●나의 가정방문 집에 가면 아이들이 보인다 외

● 2권은 상담과 일상생활 이끌기
가 중심 테마입니다.
상담은 구체적인 방법론을 다루기
보다 사람에 대한 '이해와 수용'을
앞세웠으며, 생활지도에서는 부적
응의 양상을 유형별로 살피는 데
주목했습니다. 특히 고침판에서는
이 영역을 중시해 집단따돌림 같
은 항목을 추가하였고, 각 장마다
여러 도움글을 덧보탰습니다. '학
부모 만나기'도 여러 요소를 빼고
더하여 비중을 높였습니다. 사람
을 만나는 것에 관한 한 '귀와 입
의 철학'을 새기라는 것이 2권의
약속이기도 합니다.

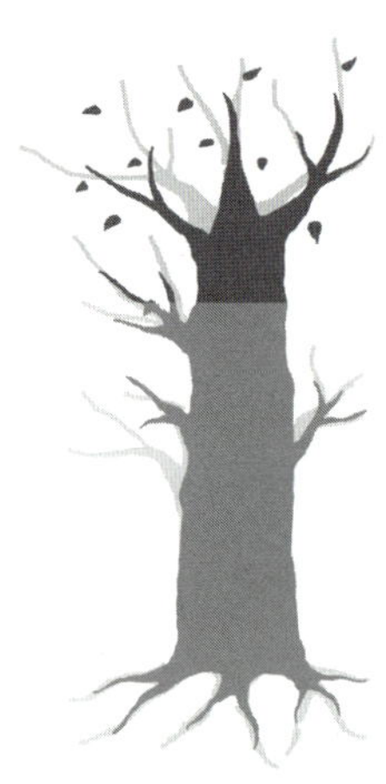

첫째 마당

학급 문화 가꾸기

교실 꾸미기

약이 되는 이야기

살아 있는 교실 설계

교실 꾸미기의 실제

교실 꾸미기 지혜쌈지

교실 꾸미기를 위한 정보쌈지

학급 행사 · 문화 활동

약이 되는 이야기

몸과 마음을 살찌우는 우리 반 행사

· 학급활동 전시회 8선

· 자연과 나눔을 배우는 알뜰장터

· 부대껴야 사랑한다, 학급 체육대회

· 정까지 나누어 먹는 음식잔치

게시판 100% 활용하기

사례 ● 우리 반 알뜰장터

사례 ● 우리 반 학급 행사

교실, 너무 '잘' 꾸미지 맙시다

여고 2학년짜리 조카가 있습니다. 어느 날 그 아이에게 이상한 이야기를 들었습니다. 자기네 학교 화장실에서는 매일 벼룩시장이 열린다는 것입니다. 아니, 어디서 뭘 한다고? 학교 화장실이라면 버캐 허옇게 앉은 변기밖에 떠오르지 않는 나로서는 의아해서 되물을 수밖에 없었습니다. 게다가 학교 화장실이란 게 환경 관리가 오죽이나 합니까?

조카 녀석 대답인즉슨 이런 것이었습니다. 화장실 안에 큰 거울이 하나 있답니다. 그런데 그 거울 한켠에 온갖 쪽지가 다 붙는다는 것입니다. '핸드폰을 잃어버렸다. 남자 친구가 사준 것인데 꼭 찾고 싶다.'는 분실물 광고부터 시작해서, 참고서 필요하면 연락해라, 어느 학원은 '물'이 안 좋으니 가지 말라는 식의 안내성 광고까지 종류도 아주 다양하다는 것입니다. 가끔은 '2학년 문과생인데 이과로 가고 싶다. 맞바꿀 친구를 찾는다.'(그 학교는 과를 바꿀 때 맞트레이드할 친구를 데려와야 바꾸어준답니다.)는 인생이 걸린 광고까지 붙는다고 했습니다. 조카 이야기에 따르면, 내걸린 광고는 주인이 떼기 전에는 절대 떼지 않으며, 시키지 않아도 서로 해결사를 자처하고 나선다는 것입니다. 그런 만큼 신뢰도와 신속성도 뛰어나 이른바 '화장실 퀵서비스'로 불린다는 것입니다.

짐작되는 바가 있으면서도 일부러 "탈법적이거나 남에게 가릴 만큼 은밀한 것도 아닌데, 왜 하필 화장실이냐?"고 한번 찔러봤습니다. 조카가 금세 목청을 높였습니다.

"거기 아니면 우리가 그런 거 주고받을 데가 어디 있어요? 휴게실 없지, 게시판은 맨날 처벌 공고나 무슨 포스터가 붙지, 그렇다고 학교신문에 내줘요?"

결국은 '생활'의 문제일 것입니다. 어디 그 학교뿐이겠습니까. 아이들의 생활을 화장실로 내몰 만큼 우리의 학교 문화에는 '그들만의 생활'을 가능하게 하는, 생활에 대한 지원 개념이 없다는 것이었습니다.

교실 꾸미기를 앞두고 난데없이 학교 화장실 이야기를 하는 것은 혹시 우리의 교실 환경 꾸미기가 아이들의 생활을 너무 홀대하는 것은 아닌가 하는 우려 때문입니다.

중학교 쪽이 훨씬 더합니다만, 학년초만 되면 아이들도 나서고, 선생님도 나서고 그야말로 교실 꾸미기에 총력전이 벌어집니다. 그런데 "환경미화 끝냈다."고 해서 가보면 끝낸 것은 환경이 아니라 게시판 미화입니다. 다 아시다시피 게시판 중심의 교실 꾸미기에는 '오리고 붙이고'는 있는데, '옮기고 바꾸고'가 없습니다. '오리고 붙이고'는 꾸미기, 곧 구경꾼을 위한 미화의 개념이요, '옮기고 바꾸고'는 생활을 위한 활용의 개념입니다.

물론 공간과 구도가 정해진 여건에서 게시판을 활용하여 환경을 조성해주는 전략은 매우 중요합니다. 그러나 그에 못지않게 아이들의 시선과 동선(動線), 눈높이를 배려한 환경공학적인 배려도 중요합니다. 예를 들어 아이들 숫자가 줄어들어 상대적으로 넓어진 교실 공간을 어떻게 활용할 것이냐 하는 개념입니다.

그런 활용의 개념에서 보면 게시판은 오히려 너무 깨끗하고 단정해서 탈입니다. 비닐까지 덧씌워 마감질한 게시판에는 어디에도 아이들이 끼어들 틈이 없습니다. 압정으로 좀 너덜너덜하게 붙이면 어떻습니까? 그때그때 필요한 것을 게시해서 쓰는 것이 환경 활용의 기본 아니겠습니까? 게시판도 사실은 장식용 이전에 생활과 학습 환경을 지원하는 개념으로서 아이들 몫을 헤아리는 게 순서가 아닐까 싶습니다. 장식용은 이틀만 지나도 쳐다보지 않습니다. 그 뻔한 이치를 알면서도 손도 못 대게 하니 아이들의 삶은 여기서도 밀립니다. 다시 생각해야 할 일입니다. (1999년) ■

이상대 / 서울 신월중 교사

살아 있는 교실 설계

치장하는 교실에서 가꾸는 교실로

아이들의 '자기 방 꾸미기'를 보장해주어야 한다

아이들은 대부분의 시간을 교실에서 보낸다. 아이들에게 교실은 중요한 생활 공간이자 학습 공간이며 놀이와 휴식 공간이다. 나아가 학급 문화 활동의 표현 공간이기도 하다.

집을 만들고 꾸밀 때, 무엇보다 먼저 배려해야 하는 것은 그곳에서 살아갈 사람의 취향과 삶의 양식이다. 교실도 크게 다르지 않다. 그곳을 생활 터전으로 하는 학생들에게 가장 편리하고 쾌적한 공간이 되어야 한다.

교실 꾸미기의 참뜻은 학급원들과 담임의 자율적이고 창의적인 '자기 방 꾸미기'를 보장하는 데 있다. 그 내용과 형식이 어떤 것이어야 하는지는 그 방의 주인들이 결정할 문제이다. 주인들이 다른 누구보다도 자기 방을 가장 알차고 성의 있게 잘 꾸밀 수 있을 것이기 때문이다. 그것이 원칙이고 상식이다. 하나 덧붙인다면 교실은 개인의 방이 아닌 학급원 전체의 공간이므로 공동의 생각과 노력을 모아 꾸며야 한다는 점이다. 공동체의 개념을 바탕으로 지속적인 기대와 흥미를 갖고 가꾸어나갈 때, 교실은 비로소 '아이들의 성장을 위한' 살아 있는 공간으로 자리 잡을 것이다.

교실 꾸미기는 단순히 생활 공간을 꾸미고 정리하는 의미에서 그치지 않는다. 스스로의 생각과 계획에 따라 설계하고 가꾸는 활동이기 때문에 자율성을 기를 수 있다. 또한 이 활동은 개인보다는 모둠별로 이루어지므로 함께하는 과정을 통해 '협력'의 유용성을 깨닫게 한다. 학생들의 구체적인 삶의 내용이나 정서를 담아내는 자유로운 표현의 장을 제공함으로써 창조적 활동의 기회를 갖게 하기도 한다.

그리고 무엇보다 교실 꾸미기는 직접 몸으로 부딪치고 구체적인 결과물을 만들어내는 활동, 그것도 학년초 첫 집단 활동이라는 점에서 학급 공동체를 체험하는 틀이 된다. 모둠 내부에서 혹은 모둠끼리 조화를 이루어 공동의 작품을 만드는 만큼 '우리'라는 일체감을 체험하고, 내가 존중받으려면 남을 먼저 존중해야 한다는 것도 알게 되며, 무엇보다 학급원으로서 소속감을 갖게 된다. 이 같은 체험의 기회를 폭넓게 가질 수 있도록 그 과정을 이끄는 것이 교실 꾸미기의 목표라 하겠다.

그런데 대부분의 학교에서 '교실 환경미화'는 이러한 소중한 체험을 장려하기보다는 대략 때워넘기는 '의무방어전' 행사로 끝내는 경우가 많다. 담임 교사나 학생들이 자신의 생활 공간을 가꾸는 것으로 받아들이기보다는 심사를 받기 위한 또 다른 일거리로 인식하기 때문이다. 교실 꾸미기가 이렇게 된 데에는 학교의 경직된 사고가 고스란히 반영된 '환경미화 심사'의 영향이 크다. 게시판의 종류, 개수, 심지어 배치까지 명시한 학교의 '환경미화 원칙'에 얽매이는 한, 어떤 교실이라도 '국화빵 교실'에서 자유로울 수 없다. 학교 건물도 한결같이 일(一)자나 ㄴ자 모양의 경직된 구조인데, 교실 내부까지 똑같으니 팻말 없이는 학년과 학급을 구분하기조차 어렵다.

교실 꾸미기에 대한 획일적인 통제가 가능하게 된 데에는 사실, 타성에 젖은 교사 개개인의 태도에도 큰 원인이 있다. 대부분 교사들이 학교에서 내놓은 획일적인 원칙을 별 문제의식 없이 받아들이고 따르며, '자율'이라는 이름으로 작업 내용을 학생들에게 맡겨놓은 채 방치하고 있는 경우도 많다. 그 결과 교실 꾸미기는 아이들이 자신들의 생활 환경을 가꾸는 활동과 점점 멀어져가고 있는 것이다. 교실에서 일년 내내 방치된 채 애물 덩어리가 되어 굴러다니는 패널과 게시물을 목격하기는 어려운 일이 아니다. 학급 임원 조직표가 다트판이 되어 아이들 얼굴에 송곳 자국이 무성해도, '3월의 명언'이 일년 명언 구실을 해도 제대로 돌보는 사람이 없다.

아이들만 탓할 일은 아니다. 아이들은 그 게시판이 그저 '심사용'일 뿐이라는 사실을 잘 알고 있는 것이다. '내가 만든 것'도 아닌 데다 '나를 위한 것'도 아닌데, 관심과 의욕을 갖고 대들 아이는 없다. 게다가 언제든 바꿀 수 있는 구도가 아니라, 두꺼운 비닐이나 부직포로 단단하게 붙여 '나 건들지 마!'란 표정을 짓고 있으니 무관심해지는 것은 당연하다.

교실 꾸미기를 곧 '게시판 정리'라고 받아들이는 단순한 타성도 창의적인 생활 환경 가꾸기를 가로막는 커다란 장애다. 휴지통의 위치를 어디로 할 것인가, 학급문고는 어디에 만들 것인가, 청소 도구는 어떻게 관리할 것인가에 따라 아이들의 생활 태도도 달라진다. 구석을 활용하는 작은 지혜를 아이들을 통해서 모아보라. 신선하고 기발하고 유용한 아이디어들이 쏟아져나올 것이다. 교실 꾸미기가 획일적이고 형식적인 박제 문화에서 벗어나 학급원들의 살아 있는 문화 활동이 되려면 교실 꾸미기를 교실 활용으로 받아들이는 교사의 열린 의식과 관심, 의도적인 노력이 필요하다.

교실 꾸미기를 위한 설문조사와 교사의 지원 태도

교실 꾸미기의 첫 작업은 아이들을 대상으로 설문조사를 하는 일이다. 이 조사를 통해서 공동체의 생활 공간을 스스로 설계한다는 참여의식을 이끌어내고, 단순히 게시판만 치장하는 것에서 벗어나 교실 전체를 가꾸는 활용의 지혜를 공유할 수 있다.

설문은 크게 교실 가꾸기의 방향과 아이디어 모집, 역할 찾기 등 세 항목으로 나누어 작성한다. 3월초라 아직 모둠이 구성되지 않은 상태라면 이 과정을 통해 자연스럽게 아이들의 관심과 관계망을 파악하여 모둠 구성으로 이어갈 수 있다. 모둠 구성을 마친 경우라면 모둠별 설문조사를 실시하는 게 효율적이며, 설문지에 각 모둠별로 맡을 게시판에 대한 항목을 넣어 앞으로의 모둠활동을 이끌어낼 수 있다.

설문조사는 교실 환경 구성 1~2주 전쯤 실시한다. 이 설문 결과를 토대로 학급회의에서 교실 꾸미기에 대한 윤곽을 잡아 모둠별, 개인별 역할 분담을 하면 되겠다.

교실 꾸미기 과정에서 교사는 두 가지 모습을 취하기 쉽다. 하나는 모든 것을 장악하고 학생들을 마치 수족처럼 부리는 경우다. 물론 잘하고 싶은 욕심이나 강한 책임감에서 나오는 모습이겠지만, 이 경우 '스스로 자기 공간을 가꾸는' 교실 활용의 취지는 살아나기 힘들다. 또 하나는 모든 것을 아이들에게 맡겨놓고 수수방관하는 경우다. 이때 교사는 자율이라는 이름으로 '교육적 게으름'을 부리고 있는 것은 아닌지 스스로 경계할 필요가 있다. 교실을 어떻게 가꾸고 꾸밀 것인지를 결정하는 것은 아이들의 몫으로 맡겨둔다 하더라도, 그 과정이 얼마나 매끄럽고 창의적인 교육의 장이 될 것인지, 단지 하나의 이벤트로만 끝나고 말 것인지는 전적으로 교사가 어떤 개입을 하느냐에 달렸다.

교사와 마찬가지로 아이들 역시 그동안 다녔던 초등학교, 중학교 교실에 익숙해 창의적인 발상이 쉽지 않다. 어떻게 일을 해야 빠른 시간 안에 정해진 목표를 쉽게 달성할 수 있는지 잘 모르고 일 처리에도 능숙하지 못하다. 솜씨 있고 책임감 있는 몇몇의 작업이 아니라 모든 학급 구성원이 참여하는 일이라면 더더욱 그렇다.

따라서 교사는 무엇보다 아이들의 의견을 수렴하는 과정을 강화하고(학급회의를 통해 공개적으로 결정하는 과정이 필요하다.) 설문조사 등을 통해 모든 아이들의 자발적 참여를 이끌어내야 한다. 모둠끼리 혹은 모둠 내에서 생기는 여러 가지 갈등과 의견을 조절하여 전체적인 조화를 만드는 것도 결국은 교사의 몫이다.

잘하는 아이나 모둠을 북돋우고, 좀 처지는 아이들을 격려하여 전체가 함께 가도록 조절하는 것도, 교실 꾸미기 과정에서 눈에 띄는 학생을 발굴하여 앞으로의 학급 활동의 일꾼으로 삼는 것도 교사의 몫이다. ■

〈예시 1〉 교실 환경 꾸미기를 위한 설문지 양식

교실 꾸미기를 위한 설문지

우리 반 교실을 꾸미고 가꾸는 것은 우리 모두의 권리이자 의무입니다.
함께 머리를 맞대고 지혜를 모을 때 비로소 '우리만의 살아 있는 교실'을 만들 수 있습니다.
어떤 교실을 어떻게 만들까? — 신나고 재미있는 의견을 내주기 바랍니다.

번호 (   ) 이름 (   )

1. 올해 교실 꾸미기에서 특히 신경 써야 할 것이 있다면, 어떤 것일까요? 찬찬히 교실을 둘러보고 써봅시다.

⑤ 창가

⑥ 학급에 꼭 설치하고 싶은 물품(수집 대책까지)이 있다면?

2. 교실 전체에 대한 인테리어 아이디어를 모집합니다. 자세히 써주십시오.

① 앞게시판

⑦ 그 밖의 건의사항

② 뒷게시판

③ 교실 옆벽

3. 자신과 친구가 잘할 수 있는 영역을 찾아봅시다.
  ① 위의 내용 가운데 자신이 맡아서 잘할 수 있는 것은 어떤 것입니까?

④ 사물함 주변

  ② 반 친구 가운데 추천하고 싶은 사람은?
   이름 (   )
   영역 (   )

※ 모둠을 구성하고 난 뒤라면 2—①, ② 항목을 좀 더 구체적으로 재구성하여 제시한다.

교실 꾸미기의 실제

교실 꾸미기 일정 관리하기

대개 교실 환경미화 1차 완성 시기는 3월말로 잡혀 있다. 꼭 환경미화 심사일을 기준으로 하지 않더라도 3월 중에는 교실 꾸미기의 틀을 잡아야 학급 분위기가 안정된다. 교사와 학급 임원 몇 명이 교실 꾸미기를 담당하는 것이 아니라 교실 꾸미기 과정을 학급 전체 행사로 자리매김하기 위해서는, 모둠 구성이 끝난 뒤로 교실 꾸미기 일정을 잡아야 효과적이다. 모둠이 구성되어 있지 않은 상태에서 교실 꾸미기를 진행해야 한다면, 설문조사 등을 통해 교실 꾸미기 과정 자체를 모둠 구성을 위한 '망' 만들기로 활용하도록 한다. 모둠이 구성된 후 교실 꾸미기 완료일을 정하고 나면, 다음과 같은 틀에 맞추어 일정을 잡을 수 있다.

1단계 교실 가꾸기의 원칙과 내용, 방법 논의 (설문조사와 학급회의)

한 차례의 설문조사와 한두 차례의 전체 학급회의, 여러 차례의 모둠장 회의(임원회의)와 모둠회의를 거쳐 좀 더 많은 아이디어와 의견을 수렴하고 구체적인 역할 분담(모둠별, 개인별)을 한다. 이 작업은 보통 3월 중순, 설문조사를 시작으로 하여 3일 정도 시간을 두고 진행한다.

이때 뒷게시판의 전체 판 구성은 모둠별로 맡아 계속 관리해나갈 수 있도록 한다. 모둠별 게시판의 내용은 첫 게시물(주로 모둠의 역할과 모둠원 소개)에만 한정하는 것이 아니라, 앞으로도 지속적으로 교체·활용할 것임을 염두에 두도록 교사가 각별히 지도해야 한다. 이때 각 모둠별로 게시판 활용 계획서를 작성하게 하면 효과적이다. 3회분 정도의 계획을 미리 짜서 제출하면 담임이 서로 겹치지 않게 다시 조정해준다. 이런 과정을 통해 모둠은 게시판 활용에 대한 일정과 내용을 구체화할 수 있다.

앞게시판이나 그 밖의 교실 공간, 창가 화분 등은 모둠별로 맡아 관리하도록 한다. 특별히 그 공간에 대해 좋은 아이디어를 낸 학생이 있으면 개인에게 맡겨도 좋겠다.

모둠별 역할 분담 예시
(여섯 모둠 기준)
· 1모둠 : 뒷게시판 1,
　　　　 시간표
· 2모둠 : 뒷게시판 1,
　　　　 학급 부서 조직표
· 3모둠 : 뒷게시판 1,
　　　　 생일달력
· 4모둠 : 뒷게시판 1,
　　　　 학급 내규
· 5모둠 : 뒷게시판 1,
　　　　 명언록
· 6모둠 : 뒷게시판 1,
　　　　 화분 놓기
※ 공동 : 청소, 협동화,
　　　　 공간 활용 계획

2단계 실제 작업에 착수하기

정해진 계획에 따라 게시판(패널이나 하드보드지, 스티로폼 등)을 분배한다. 주로 앞게시판에 붙는 시간표나 학급 규칙 같은 것은 크기가 들쭉날쭉하기 때문에 주제별로 크기를 정해야 한다. 판을 정해진 위치에 미리 붙인 뒤 내용을 구성하는 방법도 있지만, 되도록 각자 판을 완성한 뒤 붙이는 것이 효과적이다.

하드보드지로 뒷게시판을 장식하는 경우, 시중에서 파는 전지 크기를 이용하면 여섯 장이 들어간다. 양쪽 두 판은 세우고, 가운데 판은 눕혀서 쓰면 다섯 판으로도 가능하다. 이때 가운데 눕힌 판은 학급신문이나 알림판 등 학급원들이 함께 참여하는 주제판으로 쓰는 것이 좋다.

게시판을 나누는 일정 가운데 모둠별로 화분(긴 화분)이나 어항을 하나씩 마련하도록 하여 파종하는 날도 정한다. (34쪽 참고) 이 작업은 하루나 이틀을 배정하면 충분하다.

3단계 모둠별로 게시판 내용 채우기

이제부터가 본론이라 할 수 있다. 게시물의 내용은 첫 게시판이니만큼 모둠 소개가 중심이 될 것이다. 이때는 교사가 나서서 일정을 빡빡하게 관리하는 것보다는 어느 정도의 마감 시간을 두고(2~3일) 모둠 사이의 선의의 경쟁(속도와 아이디어)과 모둠 내부의 협동을 격려하는 정도의 역할을 하면 되겠다.

교실 앞 칠판 위나 뒷게시판 맨 위에 붙일 협동화 작업은 이 모둠 작업이 어느 정도 마무리된 뒤에 진행한다. 일정 자체가 빡빡하고 모둠별 게시물 마련에 많은 시간이 드느니만큼 협동화의 원화는 교사가 준비한다. 그리기 쉽고 교실의 전체 분위기가 조화를 이루며 뜻도 있는 그림이면 좋겠다. 오윤이나 이철수의 판화나 학급 단체 사진을 원화로 이용하는 것도 방법이다.

밑그림은 모둠장이나 모둠원 가운데 솜씨 있는 친구가 맡고 채색은 각 부분을 모둠별로 맡아 모둠 구성원 모두가 함께하는 것이 협동화의 의의를 살리는 길이다. (크기에 따라 원판을 확대 복사하는 과정을 거쳐야 한다.)

4단계 게시판 고정과 대청소

마지막으로, 게시물 부착을 확인하고 대청소와 함께 교실 꾸미기를 마무리한다. 대개 환경미화 심사 전날로 일정이 잡히게 될 것이다. 함께 청소를 한 후 모둠별로 혹은 반 전체가 조촐한 떡볶이 회식을 벌여도 좋겠다.

심사 결과와 관계없이 교실 꾸미기 행사를 한 소감 쓰기, 설문지 등을 통한 자체 평가를 하도록 한다. 평가 기준은 얼마나 예쁜 교실을 만들었는가보다는 행사를 치르는 과정에서 무엇을 느끼고 어떻게 갈등을 해소했는가가 되어야 할 것이다.

지도 주제	학생활동	지도상의 유의점	준비물
모둠 구성하기	학급 내의 여러 가지 행사나 활동에 참여할 수 있는 생활 모둠 중심의 학급 조직을 구성한다.	학교 특성과 학생들의 의견을 고려하되, 교사의 학급운영 방침에 따라 교사가 구성을 주도할 수도 있다.	학급 조직표
	모둠별로 모둠 이름, 마스코트, 노래, 구호, 규칙, 모둠 소개 내용 등을 정한다.		
교실 꾸미기 주제 — 학급회의 1	교실 꾸미기의 의미, 살아 있는 교실 꾸미기의 방법과 절차를 학급회의에서 함께 토론한다.	교실 꾸미기에 적극 참여할 수 있도록 동기 유발에 역점을 둔다.	훈화 자료 참고 자료
교실 꾸미기 주제 — 모둠회의	(모둠회의에 앞서 간략하게 모둠장 회의를 거친 뒤에 모둠회의를 연다.) 교실 꾸미기 원칙과 구체적인 내용과 방법을 논의한다. 설문조사를 통해 아이디어를 모으고 역할을 분담한다.	모둠회의가 효율적으로 진행될 수 있도록 배려한다.	설문지
교실 꾸미기 주제 — 학급회의 2	전체 회의에서 모둠별 토론 결과를 발표하고, 의견 조정을 거쳐 최종 계획을 확정한다.	살아 있는 교실 꾸미기가 될 수 있도록 지도·조언한다.	
	토론 과정에서 제안된 내용을 분류하여, 만들어야 할 난을 결정하고, 모둠별로 나누어 맡도록 한다.	학생들의 생활 모습을 구체적으로 담아내는 내용으로 채우면 좋다.	
게시물 내용에 대한 세부 계획 짜기	각 모둠별로 자기 모둠이 맡은 난에 대해 세부 토론을 하고 각자 할 일을 나누어 맡는다.	학급원 전체가 함께하는 공동 작업 속에서 협동의 의미를 배워나가도록 지도한다.	
게시물 내용 꾸미기	가능한 한 학급원 모두가 함께 작업할 수 있는 시간을 확보하여 각 모둠별로 작업한다.	교실 꾸미기에 필요한 재료나 시간 활용에 대한 문제에 적극 대처한다.	교실 꾸미기 재료
게시물 고정 시키기	고정판(패널) 비닐 씌우기와 게시물 고정시키기	게시물을 고정시킬 때의 기술적인 문제를 돕도록 한다.	비닐, 못, 압정 등
교실 꾸미기 평가	전지 벽보, 모둠일기, 글쓰기 등을 통해 교실 꾸미기에 대한 자기 느낌과 소감 나타내기	학생 스스로의 평가가 될 수 있도록 한다.	전지, 모둠일기장, 편지지 등
	교실 꾸미기에 대한 평가와 토론(모둠회의, 학급회의)		

※ 위의 표는 먼저 모둠을 정하고 모둠별로 교실을 꾸미는 경우의 일정, 모둠별 역할 분담, 교사 지도 내용을 짜본 것이다.

교실 꾸미기 방법과 실제

교실 전체 공간 활용 예시

다음은 교실의 뒷게시판뿐만 아니라 교실 옆벽, 앞게시판을 효과적으로 활용하여 게시물을 관리한 예시이다. 이렇게 하면 옆벽과 앞게시판에 학급 전체를 대상으로 하는 게시물을 집중적으로 게시하여, 뒷게시판은 전적으로 모둠별 공간으로 활용할 수 있다는 장점이 있다.

게시판은 하드보드지나 스티로폼으로 각각의 패널을 만들어, 비닐로 싼 후 그 위에 압정을 이용해서 게시물을 수시로 붙였다 떼었다 할 수 있게 한다. 이렇게 하면 게시물을 바꿀 때마다 게시판 전체를 다시 만드는 수고를 줄일 수 있다. 게시물 교체의 편의를 위해서는 투명테이프를 이용할 수 있는데 이때에도 비닐로 싼 패널 위에 붙이는 게 좋다. 비닐을 씌우는 것은 게시물을 보호하기 위해서가 아니므로, 게시판에 게시물을 고정한 뒤에 비닐로 싸면 안 된다.

〈예시 3〉 교실 전체 공간 활용   서울 풍납중 김종범 교사 사례

위치 \ 내용	공간 활용	
교실 앞면	시간표	
	학급 내규(생활 목표), 모둠표(학급 조직표), 주번의 역할	
교실 뒷면	제1모둠	사설란, 시사란, 좋은 책 소개
	제2모둠	이달의 역사, 이달의 인물
	제3모둠	소식 · 알림판, 말판
	제4모둠	건강한 이웃의 삶 소개, 문화란
	제5모둠	모둠일기 소개
	제6모둠	벽신문, 이달의 시
	걸개 그림(협동화) ─ 교실 뒷게시판 위쪽 공간에 부착	
교실 옆면	생일달력, 시계	
	사진, 우편함	
기타	학급문고, 교실 비품 (청소 도구, 거울, 벽시계, 교탁보, 휴지, 비누, 수건 등)	

부드럽되 색상차가 작은 유사색으로

교실 앞면을 구성할 때 원색 등의 자극적인 배색을 사용할 경우에는 시선이 혼란하고 피로해지기 쉬우므로 연한 청색, 연한 녹색 등 부드러운 색을 많이 사용한다. 색상차가 큰 배색보다는 정서적으로 안정감을 줄 수 있는 비슷한 색상으로 하며, 되도록이면 다음과 같이 고정적인 내용으로 잡는 게 좋다.

● 시간표

반의 특성(예를 들면 마스코트 이용)을 살려서 시간표 모양을 정하고, 교과 담당 교사들의 사진을 찍어 붙이면 한결 맛이 살아난다. 그러나 지나치게 복잡한 구도를 갖거나 색을 많이 배치하면 오히려 혼란스럽다. 단순한 모양과 색깔을 조화시켜 상큼하게 만든다.

● 학급 내규와 생활 목표

학급원들이 합의한 바람직한 생활 자세나 원칙, 또는 주간, 월간 생활 목표를 단정하게 써서 정면 게시판에 부착, 활용한다. 역시 고정물 가운데 하나이므로 단순하며 깔끔하게 처리한다.

● 학급 부서 조직표

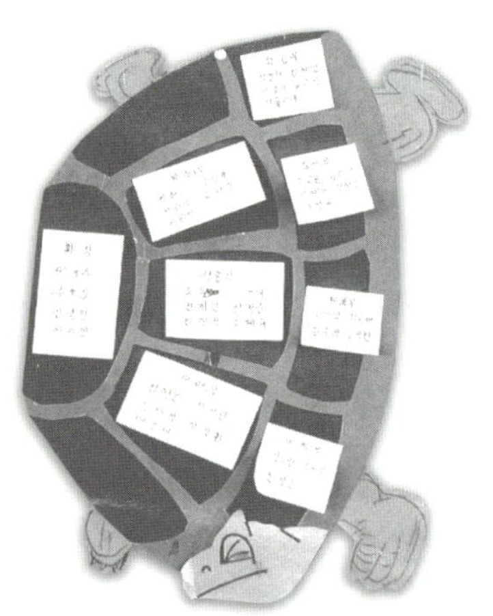

부서별로, 혹은 모둠별로 소개를 한 학급 조직표이다. 그림으로 그려 보여줄 수도 있고, 각자 맡은 일을 일목요연하게 써 붙여 다른 친구들이 하는 일까지 알 수 있게 하는 방법도 있다. 모둠이 학급 부서 조직을 겸하고 있으면 조직표에 밝혀서 적어둔다. 색의 조화는 유사색을 활용하여 안정되고 편안한 구도를 갖춘다. (사진은 거북등을 이용한 부서 조직표에 포스트잇을 붙여 활용하는 방법을 보여주고 있다. 변화가 자유롭다.)

● 주번란

뜻밖에도 주번의 역할에 대해 모르는 학생이 많다. 주번이 할 일을 구체적으로 밝히고, 금주의 주훈을 쓸 수 있는 공간을 만들어서 해당 주번이 써 붙이도록 한다. 적당한 크기의 코르크판을 쓰면 붙이고 떼기가 쉬워 여러모로 쓰기에 편하다. (《빛깔이 있는 학급운영》 1권 27쪽 참고)

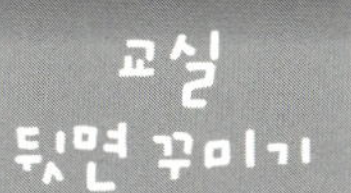

모둠 게시판과 자유 게시판

교실 꾸미기에서 손이 가장 많이 가는 곳이 바로 교실 뒷게시판이다. 학급 사정과 모둠의 성격, 규모에 따라 공동 공간과 모둠별 공간, 자유 공간 등을 적절히 배치한다.

모둠 게시판으로 활용하는 경우

모둠 수만큼 게시판을 마련하고, 게시물 제작은 모둠별로 일을 나누어 맡도록 한다. 3월 첫 게시판은 모둠 소개를 주제로 구성하게 한다. 모둠별로 찍은 사진을 크게 확대(5×7인치)하여 모둠 소개를 곁들여 꾸며 붙이도록 한다. 밝고 발랄한 색을 사용하여 구성하면 좋다.

〈예시 4〉 모둠 게시판 활용 구성

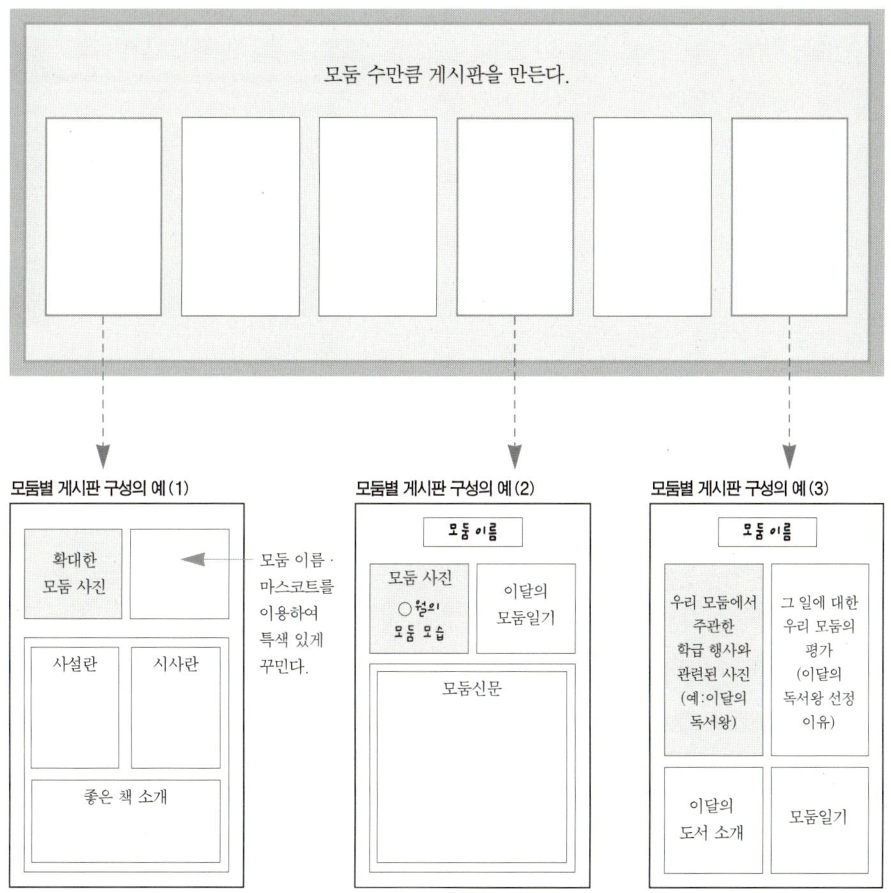

● **역사 탐험** (이달의 역사)　이달의 인물, 이달에 일어난 역사적인 사건의 의의와 경과 등을 기록하여 알린다. 이달의 인물을 사진과 함께 소개할 때에는 형식적인 약력보다 사상이나 업적, 본받거나 반성할 점 등을 중심으로 내용을 마련한다.

● **소식·알림판**　집단상담, 체육대회, 소풍, 시험, 야영, 비빔밥 먹기 등 학교나 학급에서 일어난 일과 행사 사진을 붙여넣고 느낀 점과 생각해야 할 것들, 문제점 등의 내용으로 구성한다.

● **우리 사랑 우리 이웃**　여러 계층, 다양한 직업의 사람들을 소개한다. 이때 사진이나 그림 등을 곁들이도록 하고 이들에 대한 애정을 표현한 글이나 시를 덧붙인다. 친척이나 이웃을 직접 소개해도 좋고 반 친구를 대상으로 삼을 수도 있다. 사회를 보는 시각을 넓혀줄 뿐 아니라, 직업관을 형성하는 데에도 도움을 준다.

● **세상 보기, 세상 읽기** (시사란)　신문, 잡지, 책 등을 활용하여 사회적 관심의 대상이 되고 있는 뉴스, 사회 문제를 제시하고 의견을 적는다. 주간지 화보를 활용하면 생생한 맛을 더할 수 있다. 최소한 1~2주일 단위로 소식거리를 바꾸어주되, 신문 기사와 주간지 뉴스를 곁들여 속보성과 심층성을 조화시킨다. 주제에 따라 아이들의 의견을 덧붙이면 한결 생동감이 넘친다. 아이들이 좋아하는 스포츠 뉴스를 여기에서 소화시켜도 되지만, 특별히 희망하는 경우에는 '스포츠와 건강' 판을 따로 하나 꾸려도 좋다.

● **학문의 세계**　최근에 새로이 밝혀진 과학적 진실이나 문명에 대한 탐구, 환경공학의 세계 등을 쉽게 풀어서 게시한다. 잡지에 소개된 기사를 바탕으로 하되, 아이들이 관심을 가질 만한 주제를 가려서 활용한다. 각 분야에서 연구에 몰두하는 학자들의 이야기를 곁들이면 학문적 정보는 물론, 직업의 세계에 대한 정보도 제공할 수 있다. 담당 모둠에서 다음 호에 어떤 내용을 게시할지 미리 예고하면 더 관심을 끌 수 있다.

● 나의 하루, 친구의 하루 (모둠일기 소개)   모둠일기 가운데서 모두가 공감할 수 있는 내용, 친구에 대한 이해를 도울 수 있는 내용, 공동체 의식을 함양할 수 있는 내용 등 특별히 여러 사람에게 알렸으면 하는 내용을 복사하여 수시로 바꿔가면서 게시한다. 단, 본인의 허락을 구한다. 활용하기에 따라 모둠일기를 활성화하는 계기가 되기도 한다.

● 친구, 우리들의 친구   친구에게 생긴 특별한 일, 재미있었던 일, 슬펐던 일, 사고 소식, 친구 생일, 친구의 가족에게 있었던 일 등을 중심으로 취재하여 게재한다. 본인이 직접 써도 되는데, 관련 사진이나 팸플릿 등을 덧붙이면 관심을 끌 수 있다. 급훈을 친구 관계와 관련된 것으로 설정한 학급에서 해봄직한 주제다. 뒷게시판의 주제는 되도록 급훈이나 학급 규칙과 관계된 것으로 한두 개쯤 배치하는 게 좋다.

● 나의 '끼'를 밝힌다 (솜씨 자랑)   학급원 개인의 창작 활동 결과물(사진, 엽서, 만화, 미술 작품 등)을 주로 전시한다. 곁들여 학생들이 함께 부를 수 있는 노래의 악보를 그려 소개해도 좋다.

● 직업의 세계   각종 직업 세계를 시리즈물로 싣는다. 무작위로 싣기보다는 담당 모둠에서 설문조사(알고 싶은 직업 혹은 희망 직업 등)를 한 뒤 통계를 내서 그 순위대로 실어나가는 것이 의미 있다. 직업에 대한 정보와 자료는 인터넷이나 잡지에서 쉽게 찾을 수 있다. 중학교 3학년 이상의 학급에서 시도해봄직하다. 가능하면 기자가 직접 취재해서 게시한다.

● 이야기 속으로 (주제별 좋은 이야기)   함께 읽어볼 만한 좋은 이야기를 모아서 주 단위로 교체 게시한다. 담당 모둠에서 수집을 해도 좋고, 담임 교사가 전담하여 '선생님이 들려주는 이야기'라는 제목으로 운용할 수도 있다. 괴기담이나 개그 쪽으로 지나치게 편중되지 않도록 조정한다.

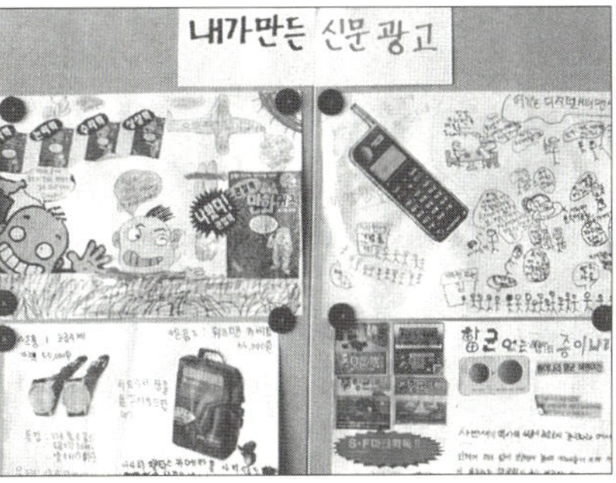

● 우리 실력 (교과 활동의 결과물 소개)   각 교과 시간에 아이들이 만든 다양한 표현물들(글쓰기, 미술 작품, 보고서, 발표하며 사용했던 사진 자료, 연극 대본 등)을 게시하되, 되도록 많은 학생의 작품을 게시할 수 있도록 자주 교체한다.

게시판을 모둠별로 관리하지 않고 관리 모둠을 두어 공동 공간으로 활용하는 경우는, 고정 게시판(주제는 위에 제시한 내용 가운데서 선택 가능)을 만든 후, 시기별로 내용물만 바꿀 수도 있고, 게시판의 주제를 자유롭게 하여 그때그때 기획물을 붙일 수도 있다.

이때 가능하면 게시판을 크게 두 영역으로 나누어 활용하는 것이 효과적이다. 게시판이 모두 여섯인 경우, 넷은 모둠용으로, 나머지 둘은 학급신문 등 공동 게시판으로 활용하는 방법이다. 모둠 게시판을 가지지 않은 모둠이 공동 게시판을 관리하면 된다. 다음은 공동 게시판에서 활용함직한 거리들이다.

● 협동화 그리기

협동화는 그리기 쉽고 학급의 전체 분위기와 조화를 이룰 수 있는 작품이나 사진을 선택해 그리도록 한다. 학년초에 찍어둔 학급 단체 사진이 있다면 이를 바탕으로 해도 좋을 것이다. 학급원이 모두 다 참여할 수 있도록 원화나 사진을 확대 복사해 일정한 크기로 나누어 그리면 된다. (40쪽 참고)

● 터놓고 말해요 (자유 공간)

자기가 하고 싶은 말을 종이에 써서 압정으로 꽂아둔다. 건의사항, 친구에게 하고 싶은 말, 책 읽고 느낀 점, 분실물 찾는 글, 작은 벼룩시장, 좋은 시구 등 갖가지 재미난 얘기들을 써서 주고받는다. 학급 안에서 언론 역할을 할 수 있다.

● 너에게만 알려줄게 (정보)

아이들에게 현실적으로 필요한 정보들을 모아 게시한다. 인터넷 정보, 새로 나온 책이나 음반 안내, 영화(포스터 포함)나 연극 정보, 봉사활동 정보, 시험이나 각종 진로 정보를 싣는다. 이 게시판은 주기적으로 교체하기보다 새로운 정보가 들어올 때마다 형식을 가리지 않고 압정이나 장구핀 등으로 꽂아 게시한다. 담당 모둠은 날짜나 유효 기간이 지난 것들을 바로 떼어내고 주요한 정보는 특별히 색깔펜을 사용하여 강조하는 식으로 관리에 기동력을 발휘해야 한다.

● **학급신문** (쪽지 벽신문)

게시판을 이용한 벽신문에는 두 가지 방법이 가능하다. 하나는 신문처럼 면을 나누어 벽신문의 형태를 취하는 것이고(《빛깔이 있는 학급운영》 1권 89쪽 참고), 또 다른 하나는 쪽지를 활용하여 만드는 '쪽지 벽신문'이다. 쪽지 벽신문은 말 그대로 작성된 기사 쪽지를 순서대로 가지런히 게시판에 붙여 만드는 신문이다. 신문 형태의 면 분할에 대한 부담이 없기 때문에 만들기가 쉽고, 색지를 적절하게 혼용하면 시각적인 아름다움도 얻을 수 있다.

알아둡시다 ▥ **쪽지 벽신문 제작 방법**

① 신문판 준비 (세로로 부착한 하드보드지 기준)

우선 하드보드지를 매직펜이나 가늘게 자른 색지를 이용하여 세로로 3~4등분하여 기본 판을 만든다. (판을 두 개 이어붙이면 6~8등분 할 수 있다.)

그런 뒤 색도화지를 세로 길이에 상관없이 가로폭 10~15㎝ 규격으로 잘라 기사 용지를 만든다. 이때 기사 용지는 글씨가 잘 보일 수 있도록 연한 색상지를 사용한다. 이 용지는 처음에 많이 잘라서 바구니에 보관하여 때가 타지 않도록 한다.

이후 기사를 작성하는 기자들은 마음에 드는 색상지를 골라 기사를 작성한다. 기사가 길면 같은 색상의 종이를 덧보태 이어쓰고, 기사가 짧으면 남는 분량을 잘라내면 된다. (잘라낸 종이는 바구니에 다시 넣어 보관한다.)

작성한 기사 용지는 3등분된 신문판에 가지런히 장구핀으로 꼽는다. 기사마다 서로 색이 다르고 길이가 다르기 때문에 묘한 조화를 이룬다. 한 달에 한두 번씩 이런 식으로 기사를 갈아준다.

② 면 활용과 기사 내용

3면으로 갈랐을 경우(3면 분할이 가장 무난하다.) 1, 2면은 담당 모둠에서 기획한 고정 기사나 기획 기사를 싣는다. (우리 학교·우리 반 소식, 설문조사, 친구 집 탐방, 고민을 상담합니다, 가로세로 퀴즈특급 등) 그리고 나머지 한 면은 학급에서 원하는 학생의 신청을 받거나, 원고를 청탁해서 채운다.

청탁할 때는 기사용 색상지도 함께 건넨다. 혹 컴퓨터로 작성하는 경우, 가로폭에 맞추어 작성할 수 있도록 미리 주의사항을 일러준다.

쪽지신문을 아예 학급활동 결과물 전시 공간으로 활용하는 방법도 있다. HR 시간을 이용해 주기적으로 학급활동(《빛깔이 있는 학급운영》 1권 156쪽 참고)을 전개한 뒤, 그 결과물을 여기에 전시하는 것이다. 종이 활용법은 앞서 설명한 방식대로 하면 된다. 다양한 학급활동도 벌이고, 교실도 꾸미고, 학급문집 글감도 얻을 수 있는 방법으로 권할 만하다. (강추!)

우리 반 개성이 묻어나는 아이디어를 모아서

교실 옆면은 자칫 지나치기 쉬운 공간이다. 하지만 복도쪽 벽이나 교실 양쪽 기둥 등 자투리 공간을 잘 활용하면 교실에 또 하나의 표정을 담을 수 있다. 교실 옆면에는 게시판에서 구현하지 못했던 튀는 아이디어를 적절히 살려 쓴다.

● 모둠 달력

모둠별로 돌아가면서 계절 감각을 살린 달력을 제작한다. 이때 그달에 생일을 맞는 학생의 사진을 실으면 좋고, 그렇지 않더라도 꼭 그 아이의 생일을 표시하도록 한다. 그 밖에 학교나 학급 행사도 반드시 표시한다. 크기는 벽 크기에 맞추면 된다. 달력 내용은 모둠에서 자율적으로 정하게 하되, 미술 기법이나 날짜 글씨 활용법은 필요하면 미술 교사의 조언을 얻는다.

● 사진이 있는 명언록

반 전체 사진이나 모둠 사진 등을 활용하여 명언록을 예쁘게 만들어 붙여도 보기 좋다. 이때 명언은 친구 관계, 우정을 주제로 하는 것 가운데 가려 뽑게 하는 것이 좋고 담당 모둠에서 매달 교체한다.

● 우정의 우편함

담당 모둠을 정해 벽면에 우편함을 설치해 운영한다. 학급우표를 만들어 판매하는 방법도 재미있다. 서로를 위하고 아껴주는 마음의 통로로 이용할 수 있다. 편지뿐만 아니라 담임에게 보내는 건의사항이나 상담 신청서를 넣는 함으로 활용할 수도 있다. 편지 배달을 담당하는 학생이나 모둠을 정해두어야 한다. 만약 건의함이나 상담 신청서함으로 이용할 경우, 함부로 꺼내볼 수 없도록 '장치'를 만들어놓아야 한다.

● 우리 반 자랑 꽃바구니 만들기

학급에 좋은 일이 있을 때마다 종이 장미꽃을 한 송이씩 담을 수 있는 대바구니 — 일종의 '자랑 꽃바구니'를 만들어 거는 것도 재미있다.

우선 적당한 크기의 대바구니를 건다. 그리고 학급에 좋은 일(예 : 교실 꾸미기나 체육대회 입상, 누구의 생일, 학급 전체가 칭찬받은 날 등)이 생길 때마다 장미꽃을 한 송이씩 만들어 꽂는다.(꽃만 만드는 것이 아니라 줄기까지 만들어 꽂는다.) 이때 장미꽃은 담당자를 두어 만들게 해도 되고 모둠에서 관리해도 된다. 일정한 수 이상이 되면 학급원 전체가 잔치나 원하는 행사를 할 수 있도록 하는 보상 제도를 두어도 재미있다.

어떻게 관리할 것인가

생각부터 바꾸자 ─ 게시물은 소모품이다

아무리 게시판을 잘 꾸미고, 교실 청소를 깨끗이 해놓아도 그냥 방치해놓으면 도로아미타불이다. 게시판을 잘 관리하는 것은 곧 학급활동의 성과물을 그대로 보여주며 아이들에게 소속감과 성취감을 느끼게 하는 방법임을 명심하자.

지속적인 관리를 위해서 가장 중요한 것은 게시물을 소중히 생각하고 잘 보존하는 것이다. 하지만 게시물은 학급 비품이 아니라 소모품이다. 따라서 빨리 만들어 붙였다가 미련 없이 뗄 수 있는 게시물이 좋은 게시물이다. 게시물을 빨리빨리 교체하지 못하는 것은 교사나 학생들의 관심과 열의 부족이 첫 번째 이유일 것이다. 하지만 다시 생각하면 고정관념을 깨지 못하기 때문이기도 하다. 예쁘게 색종이를 오려서 만들었거나 온갖 정성을 기울여 한 글자씩 써내려간 게시물은 차마 떼어내기가 아까워서 쉽게 바꾸지 못한다. 아니, 다시 그 과정을 거쳐야 할 것을 생각하면 그냥 놔두고 만다. 그러나 게시판에 붙이는 것이라고 예쁜 글씨로 쓸 필요는 없으며, 더구나 컴퓨터와 복사기를 잘 활용하면 그런 수고를 덜 수도 있다. (그런 점에서 보면 오히려 잘 정돈되고 깔끔한 교실 꾸미기가 교실 꾸미기의 참뜻에 걸림돌이 될 수도 있다.)

활발한 학급활동이 전제

게시 방법에도 변화를 주자. 줄을 잘 맞추어 반듯반듯하게 붙여놓은 게시물은 처음 보기엔 깔끔할지 몰라도 금방 지루해진다. 오히려 각 모둠(학생)의 개성이 살아나도록 좋은 위치, 좋은 방식으로 붙이게 해보자. 비스듬히 붙인 사진, 겹쳐 붙인 아이들 글, 아이들은 그걸 제대로 읽기 위해서라도 게시판 앞에 오랫동안 서 있을 것이다. 그러나 게시물을 금방금방 교체하기 위해서 필요한 것은 아무래도 활발한 학급활동이다. 학급 전체 또는 모둠별로 진행한 모든 학급활동이나 교과 시간의 성과물과 부산물을 무조건 붙이는 습관을 들여보자. '뭘 그런 것까지…….' 하고 생각하는 아이들은 없을 것이다.

게시물 내용을 바꾸는 것을 비롯해 전체 게시판 내용과 상태를 점검하고 관리하는 모둠을 따로 두는 것이 좋다. 이때 게시판 관리 모둠과 다른 모둠 사이에 다툼이 있을 수 있으므로 교사가 적절히 조정한다. 게시판 관리 모둠에게 게시물의 내용과 교체 빈도에 따라 우수 개인과 모둠을 시상할 권리를 주는 것도 방법이다. ■

교실 꾸미기 평가

설문지를 만들거나, 모둠일기에 교실 꾸미기를 한 과정과 결과에 대한 느낌을 쓰도록 하여 모둠장이 발표할 수도 있고, 뒷게시판에 백지를 놓고 자유롭게 느낌을 나누어도 좋겠다. 평가를 할 때 아이들에게 평가 자체를 강요해서는 안 되며, 잘잘못을 따지기보다는 서로에게 참여와 협력에 감사하고, 칭찬과 격려를 나눌 수 있는 분위기를 만드는 것이 중요하다.

계절을 끌어들인다 — 들꽃과 채소 키우기

살아 있는 것을 가꾸는 행위는 누구에게나 싱그러운 기쁨을 주며, 생명에 대한 외경심을 길러준다. 그러나 학년초 학부모들이 가져다주는 영산홍이나 군자란류의 화분(값이 꽤 비싸다.)들은 환경미화 심사라는 일회성 소임을 마치면 무관심 속에 시들기 일쑤다. 이런 겉치레에서 벗어나, 식물과 채소를 교실 안으로 끌어들여보자. 직접 심어서, 자라고 열매 맺는 모습을 관찰하는 것보다 더 훌륭한 자연 공부는 없을 것이다. 물론 자연 속에서 직접 체험하고 느끼는 것보다는 의미가 덜한 방법이지만, 도시 아이들에게는 꼭 필요한 교실 환경 활용 방법이다.

화분에 식물 키우기

햇빛과 물은 식물이 자라는 데 기본 조건이다. 햇빛이라는 조건으로 보면 교실 창가는 더할 나위 없이 좋은 장소다. 문제는 물 관리이다. 아이들을 시키면 수시로 물을 준다. 물을 자주 주면 뿌리가 금세 썩는다. 그래서 교실에서 화분에 식물이나 채소를 기르기 위해서는 특히 물이 잘 빠지도록 흙 배합을 해야 한다.

화분의 바닥부터 자갈(1/7), 모래(2/7), 거친 흙(3/7), 고운 흙(1/7)의 순서로 채운다. 이때 황토흙이나 진흙은 딱딱하게 굳기 쉬우므로 산이나 들에서 가져온, 거름기가 풍부한 흙을 사용한다. 시중에서 파는 퇴비를 약간 섞어서 흙 배합을 해도 된다.

씨앗을 심는 경우는 씨앗 크기에 따라 묻는 깊이가 달라진다. 보통 씨앗은 씨앗 크기의 세 배 깊이로 묻으면 된다. 작은 것은 얇게, 큰 것은 두텁게 덮는다. 물을 지나치게 자주 주지 않는다. 흙이 굳는 정도를 보아서 이틀 사흘 간격으로 아침에 주면 된다. 성장하면 그보다 간격을 멀리해도 상관없다. (씨앗을 심어 가꿀 자신이 없으면 상가에서 파는 모종을 사다 심는 것도 방법이다. 모종은 작더라도 튼튼한 것으로 고른다.)

화분은 가로로 긴 화분과 원통형 화분 두 종류가 있는데, 꽃을 키울 때는 원통형 화분을, 채소나 보리 같은 농작물을 키울 때는 가로로 긴 화분을 사용하는 것이 좋다. 긴 화분은 높이가 낮으므로 밑에 자갈을 깔지 않고 대신 플라스틱망을 사용한다.

● 방학 중 화분 관리 : 방학이 되면 대부분 학교에서 화분을 한 장소에 모아 관리한다. 농작물을 심은 화분은 여기에 맡기면 되지만, 나팔꽃 등 덩굴식물은 이미 받침줄을 타고 올라간 상태여서 밖으로 내어놓기 어렵다. 이 경우 따로 당번을 정하거나 담당 모둠에 관리

를 맡겨 최소한 일주일에 두 차례 정도는 물을 주어야 한다. 물을 줄 때는 교실 환기도 같이 시켜서 습도와 온도 조절을 한다. 식물 성장에는 통풍이 매우 중요하다.

교실에서 키워볼 만한 농작물

● 채소류 : 열무, 부추, 달래, 냉이, 취나물, 청갓, 참나물, 아욱, 쑥, 신선초, 무, 상추, 배추, 씀바귀, 고들빼기, 민갓, 쑥갓, 케일, 근대, 미나리

● 뿌리 채소와 열매 채소 : 도라지, 더덕, 우엉, 수박, 당근, 고추, 참외, 수세미, 호박, 오이, 가지, 토마토, 고구마, 감자, 토란

● 곡물류 : 결명자, 메밀, 들깨, 참깨, 율무, 호밀, 밀, 보리, 볍씨, 조, 목화, 메주콩, 강낭콩, 피, 기장

● 약초류 : 담배, 황기, 유채, 하루나, 익모초, 수세미, 백지, 마, 치자

● 야생화류 : 질경이, 달맞이꽃, 참비름, 망초, 민들레, 제비꽃, 패랭이꽃, 할미꽃

● 꽃씨 : 분꽃, 접시꽃, 백일홍, 나팔꽃, 조선잔디, 서양잔디, 카나리아, 나리꽃, 백합, 채송화, 개양귀비, 봉숭아, 홍화, 꽈리

● 기타 : 벽오동, 댑싸리, 백송씨, 닥풀, 삼, 모시, 왕골

덩굴식물 재배하기

잘만 키우면 가장 매력적인 것이 덩굴식물이다. 교실에서 키울 수 있는 대표적인 덩굴식물은 수세미, 나팔꽃, 덩굴콩, 조롱박. 이 덩굴식물은 자라는 속도가 빨라서 한여름이면 유리

창을 덮을 만한 크기로 큰다. 덩굴식물이 유리창을 뒤덮고 꽃을 피우거나 커다란 열매를 맺으면 교실은 풍요로움으로 가득 찬다. 나팔꽃이 감아 올라가는 방향, 덩굴손의 역할, 조롱박의 암수꽃 인공 가루받이 등 배울 것이 많다. 창문을 여닫는 데 불편하다면 창밖 화단에서 심어 올리면 튼튼하게 자라고 관리도 쉽다.

- 덩굴이 자랄 때 많은 영양분이 필요하므로, 되도록 큰 원통형 화분을 쓴다.
- 어느 정도 자라면 지줏대와 타고 올라갈 줄을 만들어준다.

재활용품을 이용한 식물 재배

교실에서 개인별로 가꾸는 작은 식물은 우유곽이나 음료수병이 제격이다. 화분에 심는 방법대로 아래부터 자갈, 모래, 흙의 순서로 꼭꼭 눌러 채운다. 위 2cm 정도 남겨놓고 채워야 하며 물이 빠질 수 있도록 밑에 구멍을 뚫어야 한다. 자기가 직접 심고 가꾸는 데 의의가 있으며 식물의 이름, 특성, 서식 환경 등 모든 것을 조사하여 기록하게 한다.

- **우유곽 이용** : 우유곽은 안에 비닐 코팅이 되어 있어 곽이 썩지 않아 식물을 키우기에 적합하다. 특히 몸피가 작은 우리나라의 야생초를 키우기에 좋다. 500㎖, 1000㎖짜리 곽이 알맞다. 물 빠짐을 위해 가는 쫄대 2개를 깔고 그 위에 얹어 키우는 것이 좋다. 민들레, 제비꽃, 할미꽃, 아기별꽃, 매발톱꽃 등을 키울 수 있는데, 곽 바깥쪽에 채집 장소, 날짜, 특성, 관찰 내용 등을 간단하게 기록한다.
- **유리컵 이용** : 특히 양파를 키우기에 좋으며, 뿌리 관찰이 쉽다.
- **유리병 이용** : 고구마, 감자, 마늘, 양파, 수선화 등을 키우기에 알맞다. 뿌리가 닿을 만큼 물을 적당량 채운 후 올려놓으면 금세 싹이 자라 오른다.
- **음료수병(페트병) 이용** : 페트병은 자르는 방법에 따라 수없이 다양한 형태의 화분을 만들 수 있다. 특히 옆으로 눕혀 양쪽에 끈을 달고 적당량의 물을 담아 고구마를 키우면 좋다. 고구마는 반 정도만 잠기게 해야 썩지 않는다. 밑으로 자라는 고구마 줄기는 상당한

계절을 끌어들인다 ― 들꽃과 채소 키우기

볼거리를 제공한다. 그 밖에 무 같은 알뿌리 채소나 미나리, 택사 같은 습지식물도 재배할 수 있다. 모두 매달아서 재배한다.

농작물 키우기

요즘 아이들은 밀과 보리를 구분하지 못하고, 오이꽃과 호박꽃을 구분하지 못한다. 땅콩이 땅 위에서 맺히는지 땅 속에서 맺히는지도 모른다. 기르기 쉬운 농작물을 단 몇 종이라도 창가에서 가꿔보자. 여러 가지를 배울 수 있다. 밀과 보리는 한 해 전에 뿌렸다가 이듬해 수확하기 때문에 현실적으로 교실에서 가꾸기 어려우므로(봄에 뿌리면 싹은 볼 수 있다.) 씨앗이나 모종을 심어 가꿀 수 있는 종류로 알아보자.

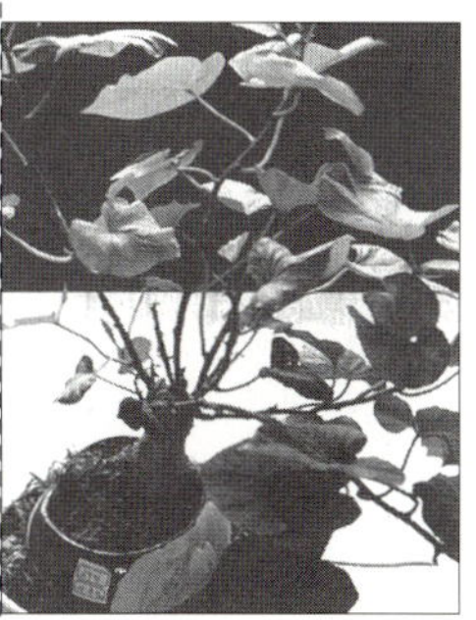

● 씨앗으로 심어서 키우기 : 콩 종류는 하루나 이틀 정도 물에 불렸다가 심으면 된다.

● 모종을 심어서 가꾸기 : 방울토마토, 토마토, 가지, 고추 등은 시중에서 파는 모종을 사서 가꾸면 잘 자란다. 토마토와 고추는 볕이 잘 들고, 거름이 좋아야 잘 자란다. 고추 종류 가운데 일종의 원예용인 하늘고추(화초고추)는 작고 색이 고와서 관상 가치가 높다.

● 생강 심기 : 모래를 많이 섞은 흙으로 화분을 하고, 싹눈이 붙은 쪽(시중에서 파는 것을 심어도 싹이 잘 튼다.)을 손가락 두 마디 정도의 깊이로 묻으면 된다. 보통 3, 4월경에 심는다. 화분에 심은 경우, 사나흘 간격으로 물을 준다. 생강잎은 향기가 독특하다.

교실에서 '무공해 콩나물' 키우기

방법은 간단하다. 큰 플라스틱 물통을 두세 개 구해다가 바닥에 물구멍을 뚫는다. 그리고 그 밑에 받쳐둘 물받이 통만 구하면 준비는 끝이다. 콩나물 콩은 하루 정도 물에 불려서 쓴다. 콩을 통에 담을 때 바닥에 짚을 살짝 깔면 좋다. 콩나물은 햇볕을 보면 녹색으로 변하므로 항상 어두운 색 천으로 덮어두어야 한다. 반드시 그늘에서 키운다. 물은 하루에 너댓 차례 골고루 뿌려주면 된다. 4, 5월 정도의 날씨면 월요일에 부어 토요일에 먹을 수 있다. 학급에서 겉도는 아이들을 뽑아 콩나물 관리부로 임명하고 관리하게 하면 효과 만점이다.

교실 꾸미기에 사진을 활용하는 지혜

증명 사진이든 행사 사진이든 사진은 지나고 보면 생생한 기록물로 남는다. 특히 아이들 사진을 활용하면 교실이 환해진다. 사진 찍는 것은 어렵지 않다. 요즘은 성능 좋은 자동사진기가 많기 때문에 셔터 누르는 것만으로 깨끗한 장면을 얻을 수 있다. 다양한 사진 활용의 가능성을 찾아본다.

우리 반 우리 아이들

● 모둠원 단체 사진 활용하기 : 학급 조직표 또는 모둠 소개란에는 증명 사진을 모아서 붙일 수도 있지만, 모둠 구성원들을 같이 모아서 찍어주는 게 더 좋다. 이때 배경이 깨끗하지 않으면 아이들 모습만 오려 쓴다. 잘 활용하면 그것이 더 재미있다.

● '우리들의 설레는 처음' : 학년초 아이들 모습(공부하는 모습, 청소하는 모습, 정·부반장 선거, 점심 시간, 교실 꾸미기 장면 등)을 스케치하는 기분으로 찍어서 '우리들의 설레는 처음'이라는 제목으로 게시판 한두 면을 구성할 수 있다.

● 슬라이드 필름으로 스테인드 글라스를! : 창문에는 슬라이드 필름으로 찍은 것을 이어붙여서 스테인드 글라스의 효과를 낼 수 있다. 아이들의 얼굴을 크게 나오도록 찍은 슬라이드 필름을 마운트해서 볕이 잘 드는 투명창에 붙여두면 장식 효과도 크다. 혹은 학년초에 모두 모여서(혹은 모둠별로) 찍은 기념 사진을 액자에 넣어 걸어두거나, 크게 확대해서 협동화의 원화로 쓸 수도 있다.

필름 속에 담긴 아이들 얼굴은 웬만한 풍경 사진보다 보기 좋을 뿐 아니라 나날이 변화하는 아이들의 모습도 느낄 수 있다.

● 사진달력 만들기 : 이미 만들어진 달력을 교실에 걸어놓기보다는 반 아이들을 주인공으로 하는 학급달력으로 교실을 꾸며보자. 방법은 여러 가지가 있다. 모둠달력, 생일달력 또는 이달의 인물을 뽑아서 그 아이의 사진만 여러 장을 배치해서 만들 수도 있다.

모둠달력의 경우, 3월은 반짝이모둠 사진을, 4월은 신문고모둠 사진을 배치하는 형태로, 매월 그달의 모둠을 정해 모둠 단체 사진(경직된 자세보다는 점심을 먹는 장면과 같은 자연스런 일상활동을 주제로 하는 것이 좋다.)을 찍고 그것으로 달력을 만드는 것이다. 생일달력은 말 그대로 그달에 생일을 맞은 아이들을 모아 찍고 그것을 활용해서 달력을 만드는 것이다. 사진과 날짜를 배치하고 남은 여백에 반 아이들의 축하말을 적는 것도 재미있는 방법이다.

게시판을 사진으로

● **사진 이야기 나누기** : 학급 아이들과 시사적인 문제에 대해 이야기를 나누고 싶은 경우가
많이 생긴다. 하지만 그런 심각한 문제에 대해 아이들의 이야기를 이끌어내는 것은 쉬운
일이 아니다. 백문이 불여일견! 말이 아니라 한 장의 사진을 가지고 '느낌이 팍!' 오게
하는 방법이 있다. 뒷게시판에 고정적인 자리('이야기 나눔판' 같은 이름으로)를 마련해
놓고, 간단한 설명이 있는 사진을 정기적으로 붙여준다. 백지를 붙여두고 아이들의 의견
을 쓰게 하고 조종례 시간이나 학급활동 시간에 토론을 이끌어낸다. 시사 문제에 관심이
있는 아이나 게시판을 맡고 있는 모둠에서 관리를 맡도록 하면 좋을 것이다.

● **행사 사진 전시회** : 소풍, 백일장, 사생대
회, 봉사활동, 체육대회, 야영 등 학교나 학
급 행사 때마다 사진을 찍어 전시회를 열
수 있다. 아이들이 찍은 사진을 모아 사진
콘테스트를 여는 방법도 재미있다. 인터넷
학급 카페(인터넷 홈페이지)가 있는 경우,
디지털 카메라로 찍어서 올린다. 잘 활용하
면 인터넷 학급 카페에 생기가 돈다.

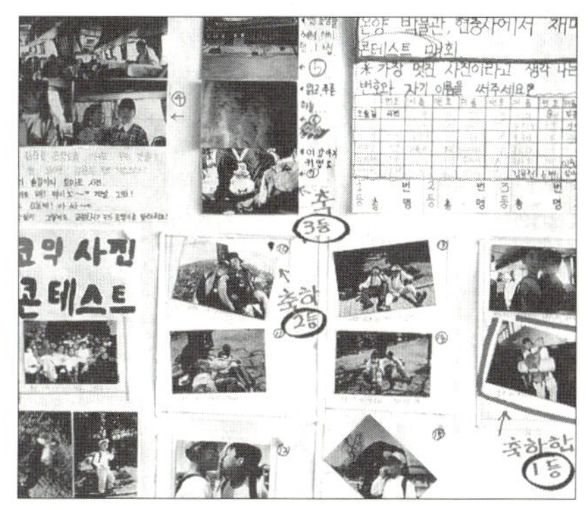

● **가족 사진 전시회** : 가족 사진을 찍어오도록 미리 방학 숙제를 낸 후, 뒷게시판을 이용해
전시회를 연다. 사진은 최근의 것일수록, 모든 가족이 찍은 것일수록 좋다. 모조지 전지에
각자 사진을 붙이고, 사진 밑에 어디에서 누구와 찍은 것인지 간단한 설명을 쓰게 한다.
사진 사이에 약간의 여백을 두어 다른 아이들이 사진을 보며 궁금해하는 것을 적게 한다.
이 가족 사진 전시회를 할 때는 교사도 적극적으로 참여해야 한다.

· 담임뿐 아니라 아이들끼리 친구의 사진을 찍은 것을 활용한다.
· 인화를 하기 전, 밀착인화(필름 크기와 똑같은 크기와 형태로 사진을 볼 수 있는
  것으로 어느 현상소에서나 할 수 있다.)를 먼저 해서 잘 나온 것으로 고른다.
· 기념할 만한 학급 행사를 슬라이드 필름으로 찍어놓으면, 학년말 마무리잔치에서
  슬라이드 쇼를 열 수 있다. 사진 찍기에 능숙하지 않더라도 자동사진기에 슬라이드
  필름을 넣고 찍으면 된다. (슬라이드 필름은 따로 구분해서 판매한다.)

게시판의 꽃, 협동화 그리기

학년초에 학급 아이들과 단체 사진을 찍어놓았다면, 그 사진을 활용해 협동화를 그림으로써 게시판 마무리를 할 수 있다.

교실 환경 꾸미기를 하는 방과후 시간에 할 수도 있고, 담임 재량 시간에 할 수도 있다. 단체 사진을 확대 복사해서 아이들 숫자만큼 자르고, 그것을 한 장면씩 나누어 그린 후 다시 모아 붙이는 것이 기본이다.

자기의 얼굴을 다른 아이가 그려도 좋고, 얼굴이 4등분 되어도 좋다. 완성되면 기가 막히게 재미있다. 자, 시작해보자.

교사가 준비해야 할 것들

● 하드보드지를 15cm×15cm 크기로 학급 인원수만큼 자른다. 이 과정은 꼼꼼한 학생들에게 맡긴다. 나중에 모아서 붙일 때 생길 수 있는 오차를 최대한 줄이기 위해서다.

● 단체 사진을 확대 복사한 후 아이들 수에 따라 분담해야 할 만큼 정확한 비율로 나누어 선을 긋는다. 그것을 학급 학생 수만큼 복사한다.

● 참고할 수 있는 협동화의 견본을 미리 보여주어 방법을 일러준다.

● 학생들에게 단체 사진을 꼭 지참하게 한다. 복사물은 정확도가 떨어지고 색을 구분하기 어렵기 때문이다. 색이 잘 맞아야 윤곽선의 오차를 가릴 수 있다.

작업 진행 절차

1) 첫째 시간 (1/6 차시)

• 준비해두었던 하드보드지 조각과 확대 복사한 사진을 아이들에게 나누어준다.

• 아이들에게 추첨을 통해 번호를 지정해준다. 비교적 그리기 쉬운 외곽 부분은 중복 편성해도 좋다. 이때 담임 교사도 한 부분을 담당한다.

• 번호가 추첨되면 아이들은 복사물에 자신이 담당해야 할 영역을 표시해두고 그 상하좌우는 누가 담당하는지 파악해서 써놓는다.

• 하드보드지 조각과 복사물에 표시된 자기 영역을 연필을 이용하여 16등분으로 나눈다. 이렇게 칸을 나누어야 정확한 배율로 확대해서 그릴 수 있다. 정확해야 상하좌우 그림과 잘 맞는다. 코나 입을 나누어 그리게 되었을 때 서로 선이 지나치게 어긋나면 피카소 그림이 될 수가 있다. 하긴 그것도 재미있기는 하다.

2) 둘째 시간 (2/6차시)

- 칸이 나누어진 하드보드지에 복사물을 보고 대략적인 윤곽을 잡아간다.
- 윤곽이 잡히면 상하좌우를 담당하는 친구들과 맞춰보며 어색한 부분을 수정한다.

3) 셋째, 넷째 시간 (3~4/6차시)

- 형태가 완전히 잡히면 서로의 개성에 따라 채색한다. 채색할 수 있는 기법에는 사인펜이나 볼펜으로 그리기, 모자이크, 수채화, 여러 재료(흙, 나뭇가지, 옷감 등)를 붙여서 표현하기 등이 있다.
- 하늘이나 땅 등 단순하게 처리해야 할 부분은 사진에 얽매이지 말고 자유롭게 상상하며 채색하도록 한다.
- 수시로 상하좌우를 담당하는 친구들과 맞춰본다.

4) 다섯째 시간 (5/6 차시)

- 대략 완성된 부분들을 전체적으로 모아서 보고, 어색하거나 잘 맞지 않는 부분이 있으면 찾아 고쳐나간다.
- 자주 옆 친구들과 그림을 맞추어본다.
- 뒷면에 위아래 표시와 추첨 번호를 써넣는다.

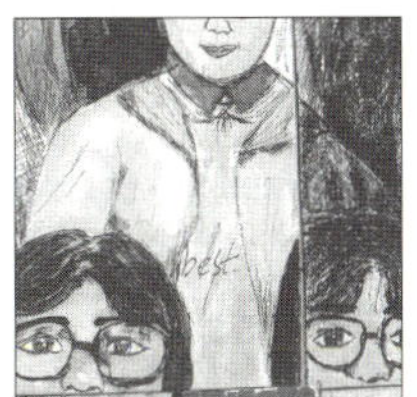

5) 여섯째 시간 (6/6차시)

- 준비된 합판 위에 그림을 맞춰가며 붙인다.
- 합판을 교실 게시판에 붙인다.

구석 자리를 활용하는 지혜

교실을 꾸미기만 할 것이 아니라 교실 환경을 '활용'한다는 개념에서 둘러보면 여전히 손볼 곳이 많다. 여럿이 머리를 맞대면 얼마든지 반짝이는 아이디어를 얻을 수 있다. 단, 고민의 대상은 '치장하기'가 아니라 아이들의 생활에 눈을 맞춘 구석 공간 '활용하기'이다.

폐품을 이용한 작은 분실물통

청소를 하다보면 지우개, 볼펜, 샤프, 자, 필통 등 자질구레한 물건들이 수도 없이 나온다. 핀처럼 크기가 작은 것도 있다.

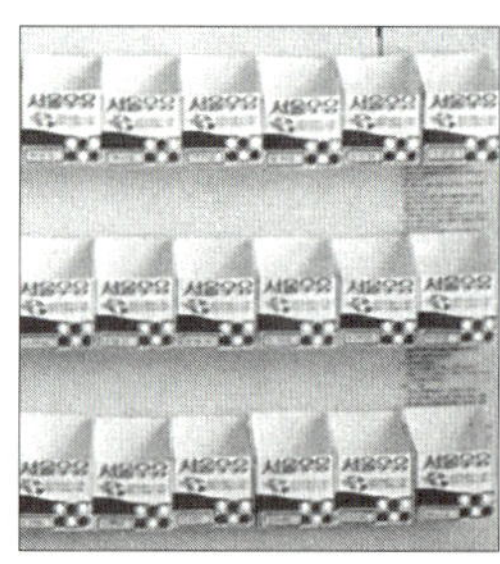

우유곽을 잘라서 분실물통을 만들면 이런 작은 분실물을 보관하는 데 안성맞춤이다. 500㎖나 1000㎖짜리는 자나 가위, 볼펜처럼 길이가 긴 것을 보관하는 데 좋고, 200㎖짜리는 지우개나 핀처럼 크기가 작은 것을 담기에 좋다. 이 둘을 적당하게 조화시켜 옆과 아래로 붙인 뒤 사물함 위나 거울 옆에 붙여두면 활용도가 높다. 앞면을 색지로 붙이고, 분실물의 종류를 써놓으면 더 좋다.

칠판 옆에 압정으로 고정하면 색깔별로 분필을 담아두기에 좋다.

시험지 통돌이

학습지, 시험지, 가정통신문 등 아이들에게 나가는 프린트물은 한두 가지가 아니다. 교실은 이 유인물 휴지로 넘쳐난다. 지저분해서 치우면 "ㅇㅇ 없어요?" 하고 나중에 찾는 녀석이 꼭 있다.

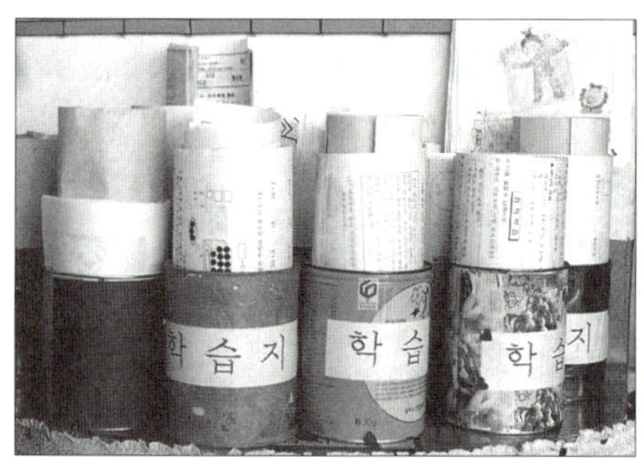

깡통이나 과자통 등을 이용해서 보관함을 만들면 간단하게 해결된다. 예쁜 색지로 붙여 포장한 뒤 사물함 위나 책꽂이 위에 놓고 담당 모둠에서 관리한다.

창턱 밑 안전 우산걸이

비나 눈이 와서 아이들이 우산을 가져오면 둘 곳이 마땅치가 않다. 양동이 한두 개로는

다 소화할 수도 없거니와, 그렇다고 각자 자리 옆에 아무렇게나 방치하면 지나가는 아이들이 걸려 넘어지기 쉽다. 손길이 닿지 않는 교실 구석을 활용해보자. 복도와 운동장 쪽 창턱 밑이 있다. 이곳(창턱 바로 밑)에 학급원 수만큼 가지런히 시멘트 못을 박은 뒤 우산걸이로 활용하면 안성맞춤. 창턱 폭이 한 뼘가량 되기 때문에 오가는 데 전혀 지장을 주지 않는다.

사물함 단장

복도나 교실 뒷면을 꽉 채우는 사물함은 마치 목욕탕 옷보관함처럼 을씨년스럽기 짝이 없다.

아이들에게 각자 자기 사물함을 개성 있게 장식하도록 하자. 이것도 구석을 빛나게 하는 반짝 지혜다. 합의가 된다면 같은 모양으로 통일해도 좋지만, 꼭 그래야 할 필요는 없다. 학년초 집단상담이나 자기 소개 시간에 만들어둔 이름표(별명을 썼던)를 붙여도 재미있다.

토론용 탁자 만들기 (뒷게시판 밑)

아이들이 줄어들어 뒷자리가 너무 썰렁하게 비었다. 여기에 간이 회의 탁자를 만들어 두자. 책상 네 개를 붙인 크기만 한 베니어판만 있으면 된다. 학교 목공실에 부탁해서 만드는 것도 방법이다. 높이가 맞는 폐책상 위에 올려놓고 쓰는 것이니 관리도 간편하다.

게시판 바로 아래 붙여놓고 쓰면 게시판 정리 같은 협동 작업을 할 때도 좋고, 모둠회의를 하기에도 좋다. 아이들이 뛰어다니는 것도 어느 정도 방지할 수 있다.

가능하다면 모둠별로 하나씩 만들어 토론 수업할 때 쓰면 더욱 좋겠다. 평소에는 교실 뒤에 가지런히 모아두면 된다.

부착 도구와 고정판 만들기

바쁜 업무 중에 게시물을 자주 바꾸려면 능률적으로 일하는 방법을 알아야 한다.
게시물을 그때그때 빠른 시간 안에 교체하려면 붙였다 뗐다 하는 방법을 연구해야 한다.
대수롭지 않게 여겨지는 것들이지만 알아두면 편리한 아이디어를 몇 가지 소개한다.

부착 도구

압정

게시물을 고정할 때 흔히 사용하는 도구는 압정이다. 이 압정은 꽂기도 힘들고 침이 짧아 뽑기도 어렵다. 그러나 압정을 꽂을 때 조금만 신경을 쓰면 일을 훨씬 쉽게 할 수 있다.

압정을 비스듬히 기울여서 꽂아보자. 그렇게 하면 힘도 덜 들고 부착물도 단단히 고정된다. 곧게 꽂으면 침이 완전히 다 들어가야 게시물이 고정된다. 그래서 손가락이 몹시 아프고 뽑을 때도 틈이 없어 아주 어렵다. 그러나 꽂을 때 약 30°정도 기울여 꽂으면 압정의 한쪽 모서리에 게시물이 고정되므로 반 정도만 박아도 된다. 뽑을 때도 한쪽 모서리에 틈이 크게 나 있으므로 특별한 기구 없이 손으로도 뽑을 수 있다.

장구핀 (art pin)

요즈음은 압정보다 더욱 편리한 장구핀이 있다. 장구핀은 침에 손잡이가 달려 있어 쉽게 뽑을 수 있게 되어 있다. 침이 압정보다 길어 용도에 따라 다소 불편할 때도 있지만 새로운 느낌을 준다.

게시판에 두꺼운 부직포가 붙어 있는 경우, 압정은 침이 짧아 적당하지 않다. 이때는 하르핀이나 장구핀을 써야 하는데 하르핀보다는 장구핀이 꽂기도 쉽고 단단하게 붙일 수 있어 훨씬 효과적이다. 그러나 게시판 바닥이 딱딱한 경우는 장구핀보다는 압정을 사용하는 것이 편하다. 장구핀도 압정처럼 기울여 꽂아야만 게시물 고정이 쉽다.

투명테이프

게시물을 벽면이나 유리에 붙일 때는 테이프를 이용한다. 테이프를 많이 써야 할 때는 미리 일정한 크기로 많이 잘라두고 사용하는 것이 편리하다. 테이프에 붙어 있는 커팅기를 이용하면 속도가 느리므로 칼을 사용하는 것이 좋다.

테이프를 잘라놓을 때는 책상 모서리나 유리판, 50cm 자 등 표면이 매끈한 곳을 선택한다. 이때 왼손으로 풀면서 책상 모서리에 고정시키고 오른손으로 누르면서 자르면 쉽다.

테이프를 종이 위에 바로 붙이면 떼기 힘들 뿐만 아니라 번쩍거려서 보기에 흉하다. 이때 테이프를 뒤집어서 둥글게 말아서 사용하면 좋다. 폭이 좀 넓은 테이프를 3~4cm 정도씩 자른 다음 이것을 뒤집어 원통 모양으로 말면 된다.

이렇게 하면 양면테이프와 같은 효과가 나타나는데 양면테이프에 비해 접착 효과가 뛰어나며, 사용 후 떼어내기도 쉬워 칼로 긁어내는 수고를 덜 수 있다. 작품 뒷면에 붙이기 때문에 번쩍거림이 없어 보기에도 좋다.

3M

3M은 일종의 분사식 풀이다. 다소 비싼 것이 흠이지만 큰 종이를 붙이는 데 아주 제격이다. 게다가 '임시 고정용'을 게시할 때 쓰면, 언제든 자국 없이 뗐다 붙였다 할 수 있다. 붙일 면을 위로 하여 분사하고 2~3분 후에 붙이면 종이에 구김이 지지 않는다. 단, 분사할 때 바닥이 지저분해지지 않도록 미리 신문지나 못 쓰는 종이를 넓게 깔아둔다.

도화지 걸이

① 큰 집게
- 게시물의 크기 : A4 · B5 용지, 16절 도화지 등 게시
- 설치 방법 : 가로 22cm 세로 33cm 간격으로 길이 2cm 정도의 작은 못을 박고 구멍이 있는 집게를 끼워둔다.
  게시물이 바람에 펄럭이거나 끝이 말려 올라가는 것을 방지하기 위해서 못으로부터 25cm 정도 아래에 고무줄을 가로로 팽팽히 친다. (간격은 게시판의 사정에 따라 약간씩 더 벌리거나 줄이면 된다.)
- 쓰임 : 집게의 힘이 세기 때문에 개인별 또는 종류별로 누가(累加) 철하여 게시할 수 있다. 개인별로 누가 철할 때는 견출지에 이름을 써 집게에 붙여두면 좋다.

② 작은 집게
- 게시물의 크기 : A4 · B5 용지, 16절 도화지, 8절 도화지 등 게시
- 설치 방법 : 가로 22cm 세로 33cm 간격으로 길이 1.5cm 정도의 머리가 작은 못을 박고 명찰 달 때 사용하는 아주 작은 집게를 끼워둔다. 세로 25cm 정도의 아래에 고무줄을 가로로 팽팽히 친다.
- 쓰임 : 게시물을 작은 집게에 집어 사용하는데, A4 · B5 용지뿐 아니라 집게 2개를 동시에 사용하면 8절 도화지도 게시할 수 있다.

③ 고무줄
- 게시물의 크기 : A4 · B5 용지, 8절 도화지, 16절 도화지, 크기가 다양한 용지도 게시 가능
- 설치 방법 : 속옷에 사용하는 흰 실이 감긴 고무줄을 가로로 치고 약 40cm 간격마다 압정을 박아 고무줄을 눌러둔다. 세로 간격 23cm, 7cm 위치마다 다음 〈그림〉과 같은 모습으로 가로로 쳐준다. 도화지가 닿는 하

단 부분에 흘러내리지 않게 압정 한두 개를 위쪽이 벌어진 모습으로 비스듬히 고정시켜둔다.

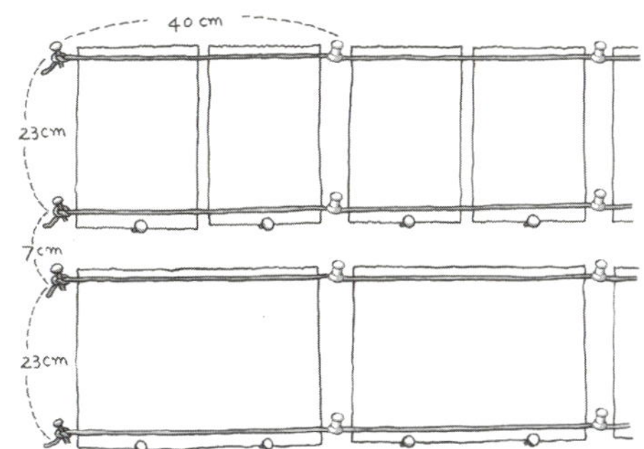

- 쓰임 : 고무줄을 약간 들고 위아래 두 줄 사이에 게시물을 끼우기만 하면 된다. 팽팽한 고무줄이 게시판에 바짝 붙기 때문에 게시물이 빠지지 않는다. 16절지 도화지는 한 칸에 2개를 동시에 걸어두어도 된다. 따로 압정을 박거나 테이프를 붙일 필요가 없지만 바람에 날릴 것을 대비해 압정을 하나 정도 꽂아두면 더욱 안전하다. 이것은 고정판이지만 크기가 다른 게시물도 불편 없이 게시할 수 있으므로 활용도가 매우 높다. 16절지보다 작은 것은 고무줄과 관계없이 그 사이에 배치하면 되고 모조지처럼 큰 것은 고무줄 위에 덮어서 게시하면 된다.

④ 철사
- 게시물의 크기 : A4 · B5 용지, 8절 도화지 등 게시
- 설치 방법 : 철사를 이용해 세로 30cm 간격으로 가로 줄을 팽팽히 친다. 철사가 늘어지지 않게 약 120cm 지점에 2cm 정도의 못을 박아 철사를 걸쳐놓는다. 명찰 걸이용 작은 집게를 철사에 집어둔다.
- 쓰임 : 게시물을 집게로 집어 게시한다. 집게를 좌우로 이동시킬 수 있으므로 게시물 사이의 간격 조정이 쉬워 큰 것, 작은 것을 동시에 걸 수 있다. 그러나 게시물의 무게 때문에 철사가 늘어져 줄이 맞지 않는 경우가 생긴다.

손길 하나가 다 교육입니다

아버지는 살아생전 딱 한 번, 제 중학교 졸업식 날 학교를 찾으셨습니다. 지금 생각해보면 아무것도 아닌데, 아버지에겐 그리도 사무쳤던 모양입니다.

2학년 때 담임 선생님(임시직이었던 것으로 기억합니다.)은, 우리들을 데리고 가끔 바깥나들이를 하시곤 했습니다. 나들이라고 해봐야 격을 갖춘 것이 아니라, 토요일 날 어디 묘지나 사당 같은 데로 가서 우리는 우리대로 놀고, 선생님은 선생님대로 '노는', 이를테면 약식 소풍 같은 것이었습니다. 점심도 쫄쫄 굶고 따라가기 일쑤인지라 묘지 근처에서 삘기를 뽑는다 개구리를 구워먹는다 수선을 피울 때, 선생님께서 하시는 일은 비석을 탁본 뜨는 것이었습니다. 그것이 탁본 이라는 것은 나중에 안 사실이지만, 비석을 정성스럽게 닦은 뒤, 한지를 붙이고 먹 묻힌 솜방망이를 두드려 글자를 찍어내는 과정은 좋은 구경거리이기도 했습 니다. 조수 노릇을 하며 나는 거칠게나마 탁본의 기본을 익히게 되었습니다.

먹 솜방망이가 가면 어떤 무늬든 선명하게 음각되는 탁본을 나는 놀이 삼아 즐겼습니다. 벽장 안에 감추어둔(당시에는 한지가 매우 귀했습니다.) 한지를 꺼 내어 장롱 문짝의 매화 무늬도 떠보고, 장항아리의 난 그림을 떠내기도 하였습 니다. 당연히 아버지의 불호령이 떨어졌습니다. 꾸지람을 하시다가 뒷산 묘지에 서 떠온 비석 탁본을 보시더니 목소리를 낮추셨습니다. — "어떤 비석도 이렇게 글자를 떠낼 수 있니?"

고개를 끄덕이는 내게 아버지가 내린 명령은, 마을 너머 황금산에 있는 7대조 할아버지의 비석을 본떠오라는 것이었습니다. 그분은 우리 마을을 세운 시조입 니다. 걸어서 두 시간도 넘게 걸리는 그곳까지 가서 어렵사리 비석 앞면을 떠오자, 이번에는 그 글자를 해독하라고 하셨습니다. 무슨 벼슬 이름인 듯 어려운 한자였습니다. 자전을 찾아 통정대부니 호조참의니 하는 그 음을 읽어내는 데 며칠이 걸렸습니다.

마침 그 즈음에 문중 시제 때 축(祝)을 전문으로 읽는 집안 어른이 들르셨습니다. 아버지는 나를 호출하시어 무릎을 꿇렸습니다. 그리고 그 탁본을 펼쳐놓고 고갯짓을 하셨습니다. 익혀두었던 대로 더듬더듬 읽어내리자 문중 어른은 내 뒤통수를 하염없이 쓰다듬으며 아버지를 바라보았습니다. 아버지는 말없이 고개를 떨구고 계셨습니다. 아버지는 학교 문턱에도 가보지 못한 이를테면 '일자무식'이었습니다. 먹고사는 것도 힘들어 큰형을 낳고는 남을 대신해 일제 징용을 다녀오신 분입니다.

중학교 졸업식 날, 아버지는 한복 두루마기를 차려입고 학교를 찾으셨습니다. 졸업식이 끝나자 아버지는 물으셨습니다. — "비석을 가르쳐주신 선생님이 누구시냐?" 아버지는 그 선생님을 찾아 허리를 깊이 숙여 인사를 했습니다. 아버지는 별로 말씀이 없으신 분입니다. 그러나 그날은 말씀을 많이 하신 것으로 기억됩니다. 한복 소매에서 뭔가를 꺼내 보이며 다시 한 번 고개를 숙이셨는데, 그것은 바로 그 비석 탁본이었습니다. 아버지께선 늘 내게 선생님이 되라는 당부를 하셨습니다. 아버지에게 선생님은 최고의 지혜와 덕을 갖춘 '높은 어른'이었던 것입니다.

지혜와 경험을 전수받고 새로운 것을 창조하는 가르침은 어느 곳에서나 이루어집니다. 굳이 교실을 고집할 필요는 없습니다. 헤아려보면 평생 지침으로 가슴속에 남아 있는 가르침은 교실 밖에서 이루어진 것이 많습니다. 일상생활 속에서 함께했던 그 어떤 부분이 강렬한 충격으로 길을 열어주는 때도 있습니다.

교실 안팎을 넘나들며 함께하는 일은 아이들에게 또 다른 경험이 됩니다. 선생님으로서는 어른의 도량과 경험을 말없이 건네주는 통로가 되기도 하고, 아이들로서는 좁은 소견을 벗어나 생활의 지혜를 경험하는 통과의례가 될 수 있습니다. 어디에서든 선생님은 손길 하나도 다 교육입니다. (1999년) ■

이상대 / 서울 신월중 교사

몸과 마음을 살찌우는 우리 반 행사 · 1

학급활동 전시회 8선

교실을 풍요롭게 가꿀 수 있는 학급 전시회 소재는 도처에 널려 있다. 학교 안의 각종 활동도 그럴 듯한 소재가 되지만, 아이들 그 자체에 초점을 맞추면 소재는 더욱 풍부해진다. 온갖 재주와 다양한 개성을 가진 아이들을 앞세우면 굳이 모양새를 갖추지 않고서도 훌륭한 재주마당을 꾸릴 수 있다.

아이들과 더불어 재미있는 행사도 엮고, 그 결과물로 교실 환경도 싱그럽게 가꿀 수 있는 일석이조의 방법이 바로 학급 전시회이다. 중요한 것은 아이들의 성장을 중심에 놓는 안목과 제때에 맞춤한 행사를 기획하는 교사의 풍부한 아이디어이다.

전시회 · 1 지우개 낙관 전시회

학년초 첫만남에서 해보면 좋겠다. 모둠 구성이 끝날 무렵, 집단상담을 겸해서 방과후에 한 모둠씩 남아서 해도 좋고, 하루 날을 정해 반 전체가 해도 좋다.

네모난 컴퓨터용 지우개 하나와 인주, 신문지, 조각칼(세모칼 혹은 연필 깎는 칼. 커터칼은 위험하다.) 등을 준비한다. 먼저 종이에 지우개 크기에 알맞은 자신의 이름이나 사인을 구상해본다. 영문 필기체처럼 너무 복잡하거나 선이 많이 들어가는 것은 파기 어렵다. 음각과 양각의 기술적인 차이도 설명이 필요한 대목이다. 난이도로 따지면 글자 모양만 파내면 되는 음각이 쉽지만, 예쁘기는 세공 작업에 섬세함이 요구되는 양각이 더 예쁘다. 사방 테두리까지 파주면 더 세련되어 보인다.

우선 디자인이 끝나면, 그것을 뒤집어본다. (도장은 뒤집힌 글자형으로 파야 제 모양으로 찍힌다는 사실을 꼭 일러주자.) 트레이싱 페이퍼로 본따 뒤집어서 지우개에 대고 본을 옮길 수도 있고, 눈썰미가 있는 아이들은 그냥 뒤집기도 한다. 이 뒤집기에서 의외의 디자인이 나오기도 한다. 뒤집어진 도안을 볼펜으로 지우개에 그리고 나서 칼로

학급활동을 벌일 때는, 그 결과물을 어떻게 활용하느냐가 무엇보다 중요하다. 주기적으로 활동을 전개한 뒤, 그 결과물을 게시판을 통해 맵시 있게 전시했다가 학년말에 모아서 학급문집 글감으로 활용하는 마인드가 구축되어 있으면, 한꺼번에 서너 가지가 시리즈물로 해결된다. 학급 분위기도 살고, 게시판(교실 환경)도 살고, 문집도 사는, '행사와 게시판과 학급문집을 묶는 지혜' — 꼭 권할 만한 프로그램이다. (52쪽 '게시판 100% 활용하기' 참고)

파낸다. 신문지에 찍어가며 수정해서 완성한다. 이것을 준비된 종이(32절지 혹은 16절지 정도의 크기. 색도화지가 더 효과적이다.)에 찍고 이 도장의 주인 이름, 이 이름을 얻게 된 유래, 간단한 자기 소개 등을 곁들여 전시하면, 아주 재미있는 학년초 자기 소개서가 된다. 낙관은 공책이나 수행평가 제출물 등에 사용하면 좋다.

전시회·2 발바닥 전시회 (내 몸 내 맘 전시회)

아이들이 어느 정도 친해질 무렵, 종이를 나눠주고 엄숙한 목소리로 특명을 하나 내린다. — "발바닥을 그려라. 단, 종이에 냄새 배지 않게 발을 깨끗이 씻을 것!"

방법은 이렇다. 자기 맨발을 종이 위에 올려놓고 크레파스나 굵은 사인펜으로 윤곽선을 그린다. 가능하면 섬세하게 그려야 한다. 발바닥 안에는 '내 몸, 내 맘'이라는 주제의 글을 쓴다. 즉, 자기 몸의 변화, 콤플렉스, 자랑하고 싶은 것 따위인데, 좀 야한 내용일 수밖에 없다. 털이 삼천 개쯤 돋았다든지, 그놈의 쌍꺼풀만 있었으면 이효리가 울고 갔을 것이라든지, 운동을 열심히 하는데 나오라는 가슴 근육은 안 나오고 뚱배만 나온다든지……. 각자의 몸 이야기를 통해 마음을 엿볼 수 있다. 몸은 마음의 그릇이 아닌가. 좀 냄새 나는 전시회가 되겠지만, 아이들은 당분간 전시회장을 떠나지 않는다.

전시회·3 남이 써주는 내 별명 이야기 전시회

자기가 쓰는 별명 이야기도 좋지만, 남이 써주는 별명 이야기가 더 재미있다. 별명 이야기를 모으면 그것도 훌륭한 전시회가 될 수 있다.

우선 예고를 한다. "곧 별명 전시회를 하겠으니 친구들끼리 서로 멋진 별명을 붙여줘라. 단, 조건이 있다. 첫째, 그럴듯해야 한다. 둘째, 긍정적인 방향이어야 한다. 본인이 싫어하는 별명을 억지로 지어 붙여주는 것은 죄악이다." 그러면 한 며칠은 별명 만드느라 도처에서 시끄러워진다.

웬만큼 준비가 되었다 싶으면, 조회나 학급회의 자투리 시간을 이용해서 별명을 경매에 부친다. "성구 별명 이야기 써줄 사람?" 이런 식으로 1번부터 별명 이야기 써줄 사람을 구한다. 신청자에게는 규격 종이를 나누어준다. 쓰는 형식은 'ㅇㅇ가 써주는 ××의 별명 이야기'이다. 두 사람이 서로 써주는 식의 짝이 될 필요는 없지만, 가능하면 한 아이가 한 사람씩만 쓰는 것이 좋다. 주인공의 캐릭터를 간략히 그리는 것도 재미있다. 별명을 크게 쓰고, 그런 별명이 생기게 된 유래, 당사자의 반응, 당사자가 원하는 별명 따위의 이야기를 섞어 편집한 뒤 게시한다.

미술 교사와 협력해서 할 수 있으면 더 좋다. 미술 수업에서 자화상 그리기를 많이 하므로 그때 건 작품을 얻어다 쓸 수도 있겠다. 그렇지 않다면 아침자습 시간이나 학기말 여유 시간에 그리기 시간을 주고 만들 수도 있다. 게시판 크기를 고려해서 종이 크기를 조정할 필요가 있다. 주인의 이름을 가리고 종이의 여백에 누군지 써넣기를 하거나 자화상에 대한 스스로의 설명을 적어넣는 것도 좋다.

전시회 · 5　　시와 들꽃 전시회 (낙엽 전시회)

자연을 교실로 끌어들여보자. 가을에는 좋아하는 시 한 편을 예쁘게 적어 낙엽으로 꾸미기, 주변에 화단이나 들판, 산 등을 가까이 접할 수 있는 학교라면 들꽃으로 꾸미는 시화전, 그야말로 시화전(詩花展)을 할 수도 있을 것이다. 꽃잎이나 낙엽을 그대로 사용하지 않고, 물감 스프레이로 뿌려서 윤곽을 떠낸 후 그것을 활용해서 시화를 만들 수도 있다. 시 쓰기가 부담스럽다면 자기가 좋아하는 경구나 명언을 적어도 좋다. 어떤 것이든 제한된 틀을 고집할 필요는 없다.

전시회 · 6　　내가 좋아하는 만화 주인공 전시회

날이 한창 덥거나 추워, 슬슬 수업에 염증을 낼 무렵 파격적인 제안을 한다.

"내일은 자기가 가장 좋아하는 만화책을 가져온다. 만일 가져오지 않으면 교칙에 따라 엄벌에 처하겠다."

아이들은 영문을 몰라 눈만 껌뻑거린다. 가져오면 빼앗더니 되려 가져오라고? 그것도 의무적으로? 혹시 폐휴지로 써먹겠다는 전략 아냐? 그러나 안 가져오는 녀석은 거의 없다. 아침자습 시간에 일제히, 그것도 당당하게 만화를 펴놓고 자기가 좋아하는 만화 주인공을 그린다. (종이는 미리 나누어준다.) 기왕이면 가장 멋지게 나온 포즈를 잡아서. 만화를 좋아하는 만큼 그림에 소질이 있고 없고를 떠나 이 순간만큼은 모두 '한 만화 한다.' 이래라 저래라 잔소리도 필요없다. 아이들은 숨도 안 쉬고 그린다. 그림 밑에 왜 나는 이 주인공이 좋은지를 구체적으로 쓴 뒤 게시판에 전시한다. 순식간에 교실은 '꿈꾸는 만화 교실'이 된다. 그 안에는 아이들의 꿈이 살아 있다.

전시회 · 7　　놀기만 해서야 — 영어 번역 전시회

간단한 우화나 동화, 소설의 유명한 장면, 영자 신문이나 주간지의 만평, 팝송 가사, 광고, 기사 등의 영어 원문을 복사하여 칠판에 여러 장 붙여두고 "○월 ○일에서

○일까지 이솝우화 'The Wolf and The Lamb' 번역대회를 열겠다. 참여할 사람은 여기 붙어 있는 원문을 떼어가서 번역해 붙여두기 바란다. 정확하고 아름다운 번역을 한 작품을 골라 푸짐한 상품을 드리겠노라."고 공고한다.

만약 참여가 저조할 듯하면 어떠한 내용이라도 좋으니 한 사람이 한 작품 이상씩 원문과 번역문을 (한 종이에 붙여) 제출하도록 한다. 팝송에 만평, 셰익스피어에서 최신 영화까지 찾아 읽는 재미가 있다.

사실 아이들의 솜씨는 '해석'에 불과하지만 굳이 '번역' 전시회라 이름 붙이는 까닭이 있다. 아이들의 노력을 높이 평가해 불러주자는 것이다.

전시회 · 8 독서일기 전시회

학급문고와 독후감 쓰기가 지속적으로 운영된다면 격월제로 독서일기장이나 독후감 공책을 걸어 전시할 수 있다. 선정 기준은 '잘 쓴 작품'이 될 수도 있고, 아이들에게 읽힐 만한 좋은 책에 대한 소개글이 될 수도 있다. 책을 읽고 싶게 만드는 동기 유발에 효과적이다. 이것이 알차게 이루어지기 위해서는 제대로 된 독서 지도, 독후감 쓰기 지도가 선행되어야 한다. 분량이나 형식에 구애받지 않는 '일기'식 독후감, 혹은 독서록이 더 나을 수도 있다. 독서록을 걸어 전시할 작품을 고른 후 바로 복사해서 게시판에 붙인다. 학급문고 담당자나 모둠에게 진행을 맡긴다.

이와 함께 곁들일 수 있는 것이 '수업 성과물 전시회'이다. 각 과목의 수행평가 기준 가운데 선별하여 전시하면, 격려와 치장 — 일석이조의 효과를 거둘 수 있다. 그렇기 때문에 작품을 선정할 때 '잘된 작품'보다는 '정성이 들어간 작품' '전보다 나아진 작품' '창의력이 돋보이는 작품'으로 고르게 뽑을 필요가 있다.

알찬 전시회를 위하여

너무 흥미 위주로 되거나 재주 있는 아이들 중심으로 되지 않도록 주의한다.

그러기 위해서는 주제나 분야를 고르게 할 필요가 있다. 발바닥전이나 별명 이야기전 따위의 재미있는 전시회와 영어 번역전, 독서일기전 따위의 무게 있는 전시를 번갈아가며 하거나 병행하는 식의 배려가 필요하다. 미리 계획을 세워 진행하는 경우라면, 전시회 담당 부서를 따로 운영하거나 모둠별로 돌아가며 맡도록 지도한다. 전시된 작품의 훼손이나 모독에 대해서는 단호한 지도가 필요하다. 또한 전시가 끝나면 잘 보관했다가 학교 축제나 전시회 같은 더 넓은 공간으로 보내거나, 학급문집이나 교지에 활용한다. ■

전시회도 살리고 게시판도 살리는 학급활동

	활동	활동 내용과 방법
1학기	예감이 좋은 선생님, 예감이 좋은 친구	3월 하순, 학급활동 시간을 이용해서 이 주제로 글쓰기를 한다. 미리 주제를 공고하고 필기구나 색지 등의 준비를 갖추게 하면 그림이나 사진 등을 활용한 재미있는 작품들이 나온다. 작품은 학생과 교사를 나누어 전시한다.
	꼭 잡아보고 싶은 손	A4 종이 위에 자기 손을 올려놓고 굵은 사인펜으로 윤곽선을 그린다. 그림 안에 '꼭 만나서 잡아보고 싶은 손'이라는 주제로 글을 쓴다. 진로 지도를 겸해서 하는 행사지만 기상천외한 이야기가 나오기도 한다.
	내가 족집게 도사	5월 첫 시험 ─ 시험 분위기도 만들고 정보도 나눌 겸, '예상 문제' 공모전을 벌인다. 개인별로 과목을 통틀어 다섯 문제쯤(서술식이나 단답형)으로 제한하고, 적중도에 따라 상품을 건다. 제출한 문제를 편집해서 게시판에 걸어두면 서로에게 더없이 요긴한 '일용할 양식'이 된다. 전시물은 시험 전날 거둔다.
	행사 사진 콘테스트 '카메라는 알고 있다'	소풍이나 백일장, 봉사활동 때 아이들 몰래(혹은 공식적으로) 사진을 찍어두었다가 전시회를 연다. 이때 사진에 '못 말리는 커플', '엽기' '칭찬합시다' 등 영역을 정해 상을 주는 것도 재미있다. 뽑힌 아이들에겐 사진(가능한 확대해서)을 공짜로 준다.
	최악의 작품 베스트 5	후딱 해치우고 놀기 바쁜 백일장, 사생대회 ─ 뽑을 작품이 없다. 이런 상황을 뒤집어서 활용해보자. 최악의 작품 베스트 5 ─ 교실 안이 한동안 즐겁다. 이런 기회를 틈타 당사자들과 만남의 길을 터본다.
	칭찬친구 릴레이	교사가 먼저 한 아이에 대한 칭찬쪽지를 만들어 게시하면, 일주일 후 그 아이가 다른 친구에 대한 칭찬쪽지로 갈아 붙이면서 이어간다. 학기말에 한꺼번에 모아 간단한 시상식을 한다. 내용은 학급문집에 싣는다.
	우리 반 기네스북	6월쯤 되면 아이들의 성격, 신체지수, 재주 등 각 개인 정보가 다 드러난다. 이것을 영역별로 분류하여 각 분야 최고를 뽑아 기네스북을 만든다. 이때 키나 몸무게 같은 객관적인 자료 외에 '가장 긴 얼굴' '숨 오래 참기' 등의 비공식 자료를 덧붙여야 재미있다. 미리 '기네스북 선정위원회'를 구성해서 진행한다.
	1학기 사건 베스트 10	한 학기 동안 벌어진 학급 행사와 아이들의 대소사를 대상으로 '베스트 10'을 추려 뽑는 설문 행사를 하고, 결과를 전시한다. 곁들여 모둠일기 가운데 같이 읽을 만한 추천작을 뽑아 전시해도 좋다. 모둠일기에 대한 격려를 겸할 수 있어 추천할 만하다.

활동	활동 내용과 방법
'사진이 있는 방학 이야기' 전시회	여름방학 때 찍은 사진 가운데 특별한 사연이 있는 사진을 골라 A4 크기 색지에 붙이고 그 사연을 소개한다. 구체적일수록 좋다. 사진이 없는 경우라면 만화식으로 그림을 곁들여 소개한다. 전시한 뒤 시상한다.
학용품, 예쁜 우리말 이름 지어주기	한글날을 앞뒤로 해서 모둠별로 외래어로 된 학용품이나 생활용품에 우리말 이름을 붙여주는 시합을 벌인다. 스테이플러, 압정, 샤프, 다이어리, 핸드폰……. 가능한 그 특성과 기능을 잘 살려서 이름을 짓도록 한다. (예: 스테이플러 – 박음쇠) 당선된 이름은 시상한 뒤 전시한다.
20년 후 나의 명함 만들기	사진(스티커 사진 포함)과 다양한 필기구를 준비하도록 예고한 뒤, 그날 교사가 준비한 명함 크기의 종이를 나누어준다. 완성작은 게시판에 전시한 뒤, 학급문집 자료용으로 챙겨둔다. 진로 지도가 따로 없다.
시험 후일담 전시회	중간 고사 이후, 성적이 월등히 나아졌거나 떨어진 경우, 그 사연이나 뒷이야기를 모아 전시한다. 건강하고 진지한 학습 태도를 기를 수 있도록 격려, 고무하는 일도 담임이 꼭 챙겨야 할 항목이다.
인권쪽지 전시회	세 종류의 쪽지(노랑, 분홍, 흰색)를 나눠주고, 자신에게 고통을 안겨주었던 말 가운데, 친구에게 들은 말은 노랑 쪽지에, 선생님과 부모님에게 들은 말은 각각 분홍과 흰색 쪽지에 적게 한다. 그런 뒤 색깔별로 모아서 공개한다. 그 중 노랑 쪽지는 유형별로 정리해 게시판에 걸어두고, 인권을 생각하는 시금석으로 삼는다.
학생의 날 자축하기	그냥 지나치기 쉬운 학생의 날 — 임원진을 중심으로 '상 위원회'를 만들어, 격려하고 칭찬하고 싶은 대목을 중심으로 상을 정한 뒤(끈기상, 장래유망주상, 진흙 속의 진주상 등) 시상한다. 선정 과정과 이유는 게시판에 게시한다. 시상식을 마치고 미니 체육대회를 겸한 음식잔치라도 벌인다면 금상첨화겠다.
칭찬신문 만들기	일종의 '나의 일년 신문'이다. 우선, 자신이 자랑스러웠거나 기분 좋았던 경험을 나열한 뒤, 사건의 간략한 전말을 밝힌다. (A4 용지나 8질 용지를 2단으로 나누어 왼쪽에 정리한다.) 같은 형식으로 오른쪽에는 반성해야 하거나 부끄러웠던 사건들을 열거한다. 만화도 좋다. 완성 후 모아서 전시한다.
감사 엽서 전시회	연말 — 둘러보면 누구에게든 정말 무릎이라도 꿇고 감사해야 할 사람이 있다. 친구일 수도 있고, 부모님, 친척, 선생님일 수도 있다. 그 사람에게 자투리 시간을 활용하여 정성껏 엽서를 만들고, 전시한다.

몸과 마음을 살찌우는 우리 반 행사 · 2

자연과 나눔을 배우는 알뜰장터

요즘은 쓰던 물건을 바꿔 쓰거나 싼값에 팔아 수익을 얻는 알뜰시장이나 벼룩시장이 학교나 교육청 단위로도 많이 운영된다. 하지만 거슬러 올라가면 사람들이 "그까짓 것!" 할 때 일찌감치 아이들과 벼룩시장을 열었던 교사들이 많이 있다.

자신이 쓸 수 있는 것 이상의 욕심을 부려서는 안 되고, 자기에게 주어진 물건을 아껴써야 하는 것은 너무나 당연한 이치이다. 욕심을 부리면 부린 만큼, 반드시 사람에게 과(過)와 화(禍)를 돌려주는 것이 자연의 이치이다. 이런 자연의 이치를 바탕으로 사람 사는 질서와 최소한의 윤리를 깨닫고 살아가야 함에도 그 한 발자국을 더 나아가지 못한다. 학교에서는 '과학적 지식' 만을 가르칠 것이 아니라 자연스러운 '삶의 이치' 를 일러주어야 하고, 인간의 도리와 겸손을 가르쳐야 한다.

남들이 거들떠보지도 않을 때 그 무슨 궁상맞은 소란이냐는 '보수적인' 비아냥을 무릅쓰고 아이들과 오손도손 알콩달콩 벼룩시장을 이끌던 교사들은 아마 체험으로 그런 것을 아이들에게 가르쳤을 것이다.

준비 1 분위기 띄우기

먼저 동기 유발을 한다. 쓰레기 분리 수거통을 만들면서 교사가 운을 뗄 수도 있고 영민한 아이들의 입을 통해 학급회의의 안건으로 올리도록 유도할 수도 있다. "작년에 해봤는데 말야~." 하며 경험담을 이야기해주는 것도 괜찮다. 언론에 알려진 불우 이웃에 대한 이야기나 학교 주변에서 도움이 필요한 곳의 이야기를 들려주며 동기 유발을 할 수도 있다. 물론 학급문집 제작이라든지 학급비의 명목으로 돈이 필요할 때에도 '이런 방법으로 마련해보자.' 고 유도할 수 있다.

어떤 '경제적 목적' 으로 이 행사를 결정했느냐에 상관없이, 환경 문제나 자연과 인간의 관계에 대한 주제 훈화를 행사 앞뒤로 짧게, 자주 해줄 필요가 있다. 아이들이, 알뜰장터가 단순히 싼값에 물건을 구입하는 경제적 행사라고만 인식하게 해서는 안 되기 때문이다.

"여러분이, 버릴 정도가 아닌데도 싫증이 나서 물건을 버릴 때, 버려지는 것은 그 물건만이 아니다. 그것을 채취하고 가공하여 생산했던 사람들의 노력도 함께 버려질 뿐 아니라 앞으로 천년 만년을 더 두고두고 써야 할 우리의 산과 강도 함께 버려지는 것이다. 그런 깨달음을 얻을 수 있다면 쓸 만한 물건 몇 개를 싼값에 구입하는 것보다 더 큰 것을 얻는 것이다."

물건을 가져오는 것에 소극적인 아이들이 많다면 '쿠폰제'를 도입할 수 있다. 즉 물건을 제출하면, 그 물건 가격에 해당하는 쿠폰으로 바꾸어주는 것이다. 이렇게 하면 수익은 그다지 많지 않을 수도 있지만, 쓰지도 않는 물건에 인색하게 구는 일이 줄어든다. 혹은 쿠폰을 '발행'할 때, 쿠폰에 쓰여진 가격을 일종의 '원가' 개념으로 보고 약간의 값을 더 얹어 팔 수도 있다.

준비 2 　학급회의를 통한 행사 계획 잡기

먼저 학급회의 안건으로 올린다. 행사가 결정되면 여기서 준비와 진행을 맡을 요원을 뽑는다. 행사 규모에 따라 전체 진행, 물품 수거, 가격 매기기와 회계, 판매, 뒷마무리 등의 일을 모둠별로 나누어 맡는다. 음식장터와 함께 진행할 수도 있다. 모둠별로 역할을 맡지 않더라도 진행을 담당할 지원자를 5, 6명 정도 뽑는다.

또한 모을 물건의 품목에 대해서도 학급회의에서 논의한다. 만화책이나 게임 CD 등의 거래 타당성을 놓고 논란이 일기도 한다. 부모님들도 모시기 때문에 꼭 아이들에게 필요한 물품만이 아니라 동생이 쓰던 것, 가정용품, 가전제품, 그릇류도 가능하다. 물론 학용품이나 의류, 책, 작은 운동화나 운동기구, 기념품 등도 좋다. 1인당 5점 이상 내도록 하고, 만약 물품이 팔리지 않으면 되가져가기로 약속한다. 가격은 아주 저렴하게 매긴다. 참고서 200원, 소설책 300원, 운동화 500원……, 이런 식이다. 물건을 수합하기 전에 품목당 가격 상한선을 정해두면 물건을 수합하는 자리에서 쿠폰을 내어주기가 좋다.

준비 3 　초청장 만들어 띄우기

행사 날짜가 잡히는 등 계획에 대한 골격이 잡히면 가정통신문을 띄운다. 가정통신문에는 취지와 일정 안내뿐 아니라 각 가정에서 좋은 물건을 많이 보내주시도록 협조를 당부하는 내용도 담는다. 어른이 아니라 아이들의 행사다. 초청장은 예쁘게 꾸미는 것이 좋다. (〈예시 5〉 참고) 학부모와 선생님께 띄

〈예시 5〉 알뜰장터 초청장

> ### 초청장
>
> 사랑하는 어머니!
> 어머니의 자랑스런 아들딸들이 알뜰장터를 열기로 했습니다. 집에서 자주 안 쓰거나 싫증난 물건들, 그러나 아직은 버리지 말아야 할 것들을 친구들과 바꿔 쓰겠습니다. 물건을 판 수익금은 수재의연금으로 보내기로 했습니다.
> 어머니께서 좋은 물건 많이 보내주시고, 장터가 열리는 날 학교에 오셔서 쓸 만한 물건들을 거두어주시기 바랍니다. 어머니의 도움으로 즐겁고 알찬 장터가 열릴 것을 기대합니다.
>
> ● 장날 : ○○○○년 5월 4일(화)
> ● 장터 : 들꽃중학교 3학년 2반 교실
> ● 사고 팔 물건 : 책(소설, 시집, 요리책), 참고서, 장난감, 운동기구, 의류, 신발류, 가정용품, 노래 테이프 - CD, 컴퓨터 소프트웨어, 학용품, 그릇류, 기념품 등

<예시 6> **알뜰장터 쿠폰** (여러 장 준비했다가 한 장씩 떼어준다.)

100원	100원	100원	100원	100원
100원	100원	100원	100원	100원
300원	300원	300원	300원	300원
500원	500원	500원	500원	500원

<예시 7> **알뜰장터 물품대장**

번호	낸 사람	품목	번호	낸 사람	품목

<예시 8> **알뜰장터 판매대장**

번호	품목	가격	번호	품목	가격

울 초청장은 한 모둠에서 전담해도 좋고, 조회 시간 등을 이용해 다 같이 만들어도 재미있다. 시간이 충분하지 않다면 컴퓨터와 복사기를 이용할 수 있다.

초청장을 만들 때 쿠폰(<예시 6> 참고)도 미리 만들어 둔다. 또한 물품대장(<예시 7> 참고)과 판매대장(<예시 8> 참고)도 만들어 그 내역을 잘 적어두고 평가회 때 결산 보고에 활용한다.

행사 당일의 진행

우선 교실 입구와 주변에 알뜰장터 안내 포스터와 안내 화살표를 붙여 분위기를 띄운다. 부모님들을 위해 학교 현관부터 안내 화살표를 붙이거나 안내요원을 배치하는 것도 재미있다. 매장을 설치하는 동안, 다른 아이들은 손님 안내를 하거나 복도 청소를 하는 등 자리를 비켜주는 것이 좋겠다.

교실에도 칠판과 벽에 풍선 등으로 장식을 하고 매장 앞쪽에 오색테이프를 매어둔다. 준비위원, 각 모둠장, 부모님 대표, 선생님이 함께 약속한 시간에 오색테이프를 끊는다. 카세트를 준비해 팡파르를 울리거나 장터에서 엿장수들이 많이 쓰는 각설이 타령 등을 배경 음악으로 쓰면 적당하게 시장 분위기가 잡힌다.

매장은 교실을 빙 둘러 사각형으로, 혹은 석삼(三)자 형으로 책상을 붙여놓고 물건이 잘 보이도록 늘어놓은 후 가격표를 붙여둔다. 의류, 학용품, 가정용품 등 품목별로 매장 표시를 해놓고 그럴듯한 안내문을 붙여 구매 욕구에 '불을 질러' 보는 것도 재미있다.

"와 싸다! 헬맷표 후라이팬 한 개가 500원!"
"별거 다 있다! 우리 동생 쭈쭈병에서 밥주걱까지!"
"우리 반 최고 롱다리 상두박사 청바지가 단돈 1000원!"
"현철에서 보아까지! 좋아하는 노래를 즉석에서 틀어드립니다. 노래만 잘 부르면 공짜!"

어느 정도 물건이 팔리고 나면 '반짝 세일' '떨이 세일' 등으로 남은 물건을 판다. 그래도 남는 물건은 중앙에 주의를 집중시킨 후 경매에 부친다.

마무리 — 장터 평가회를 한다

장터가 끝난 후에는 다 같이 청소를 한다. 이때 판매를 맡았던 아이들은 남은 물품 정리, 판매대장 기입, 수익금 계산 등으로 마무리를 한다.

다음 학급회의 시간을 이용해 꼭 평가회를 연다. 평가회에서는 거두어진 물품 수 와 판매된 것, 남은 것의 결산, 총 수익금 등 결산 보고와 더불어 잘된 점과 잘못된 점 을 짚어주는 평가 보고서 발표가 있어야겠다. 이 일은 장터를 열기 전 미리 평가 모둠 을 짜거나 진행위원의 역할 분담에 포함시킬 수 있다. 보고가 끝나고 나면 간단한 설 문조사로 평가를 마무리하고, 다음 행사에 대한 예고와 간단한 훈화로 행사 전체를 마무리한다.

"여러분이 거두어간 친구나 가정의 물건들은 여러분의 손으로 다시 태어난 것이 나 다름없다. 그만큼 자연을 살린 것이기도 하다. 이 행사를 통해 싹튼 '아끼는 마음' '함부로 버리지 않는 마음' '자연을 살리고자 하는 마음' 들을 키워서 이 다음에 종이 기저귀를 함부로 쓰지 않는 엄마, 자연이 주신 생명을 함부로 죽이지 않는 아빠, 미래 의 인류와 우리 후손들에게 잠시 빌려 쓰는 이 지구를 소중하게 여기는 어른들이 되 어주기 바란다."

주의! — 재미있다고 너무 자주 하지는 말자

판매에 너무 열을 올리거나 수익에 연연해하면 역효과가 날 수도 있다. 의류는 많 이 걷히는 데 비해 판매가 저조하다. 물건을 걷기 전에 조절해줄 필요가 있다.

수익금의 결산과 사용에 대해 명확하게 공개해야 한다. 또한 장터의 취지에 맞게 '이웃 돕기'의 목적을 취하는 것이 바람직할 것이다. 시기에 따라 수재의연금, 고아 원 방문 기금으로 활용하는 것도 좋겠다. 신문에서 결식 아동, 소년소녀가장, 실직자 가정, 불치병으로 고생하는 아이들, 무의탁 노인들에 대한 기사를 스크랩하거나 인 쇄해서 소외된 이웃에 대한 의견을 나누고 토론하는 등의 '학습'과 이 행사를 병행하 면 그 의미가 한결 살아난다. 물론 이런 의의를 두지 않아도 알뜰장터는 그 자체로 재 미있는 행사가 될 수 있다.

그러나 너무 자주 하면 부담스럽고 열기가 떨어지므로 일년에 한 번이나 학기당 한 번 정도가 적당하다. 가능하면 남는 물건이 없도록 신경을 쓴다. ■

우리 반 바자회에 초대합니다

"선생님, 들어가도 돼요?"

시작도 하기 전에 창문과 문 밖에는 아이들이 새카맣게 몰려와 아우성이다. 조금만 더 기다리라고 말했지만, 결국은 힘에 밀려 아이들이 쏟아져 들어왔다. 점심 시간 30분 만에 거의 모든 물건이 동이 나고, 먹을 것도 떨어지고 말았다. 종이 치자 아이들은 아쉬운 듯 "선생님, 다음 시간에도 해요?" 하고 묻는다.

내가 '요리 경연대회'나 '학급 바자회', '학급 야영' 등을 즐겨 하는 것은, 오로지 공부만 하는 데 지쳐 있는 아이들에게 '일─놀이─공부'를 연결시켜 보려는 소박한 의도이다. 전보다 더 눈에 띄게 이기적이고 게을러지는 아이들의 모습을 보면서, 어떻게 협동과 책임을 가르치고 '공동체' 정신을 기를 수 있는지에 대한 고민의 결과인 셈이다.

지난 학교에서는 학급 바자회 기금을 정신대 할머니들이 사는 '나눔의 집'에 기증하고, 봉사활동을 하고 온 적이 있다. 이번에도 불우이웃 돕기나 봉사활동비, 또는 학급비 마련을 위해서 쓰기로 약속하고 2주 전부터 계획을 세웠다.

우선 집에서 쓰지 않는 물품들을 아이들에게 기증받고, 나도 집안을 뒤져 물품을 가져왔다. 또 밖에서 기증받을 물품이 있는지도 알아보았다. 그런 한편으로는 두레별로 어떤 상점을 차릴 것인지를 의논하고 바자회 포스터, 초대장을 만들었다. 바자회를 하는 날은 물품에 가격표를 붙이고, 교실 둘레에 책걸상을 배치하여 상점을 차리고 가게 이름을 붙였다. 여기에 메뉴표, 상품 선전을 붙이고 풍선을 다니, 제법 가게 분위기가 생겼다. 두레별 가게 이름과 취급 품목은 다음과 같다.

● 장기두레 (토끼와 거북이 의류점) ─ 의류, 가방, 모자 취급

● 오목두레 (아울렛잡화) ─ 장식품, 잡화류

〈예시 9〉 두레별 바자회 안내문

학우 여러분께

이 더운 여름날 학우 여러분들은 어떻게 지내시는지요?

저희는 2학년 5반 천하장사두레입니다. 다름이 아니라 저희 2학년 5반에서는 6월 2일 점심 시간부터 5교시 쉬는 시간 그리고 끝나고……, 바자회가 열립니다. 필요한 물건이 많으니 모두 오시기 바랍니다. 그리고 저희 두레에서는 음식을 준비하오니 돈을 준비하십시오. 그럼 이만.

선생님 들께

선생님 안녕하신지요. 저희 2학년 5반은 이번 학종이 따먹기를 계기로 바자회를 열려고 마음먹었습니다.

6월 2일 점심 시간부터 쉬는 시간 그리고 수업이 끝난 뒤에 열리니 선생님들께서는 이 글을 보시고 선생님들께서 가르치는 모든 학생들에게 얘기를 해주시면 감사하겠습니다.

참고로 1학년 여학생들도…….
선생님들도 환영합니다.

- 붉은악마두레 (뉴마트) — 책, CD, 문구류

- 천하장사두레 (꺽꺽분식) — 라면, 음료수, 빵

- 컴두레 (배고파식품) — 떡볶이, 샌드위치, 과자, 음료수

- 문화두레 (인간과 괴물점) — 운동기구, 양초, 벽걸이

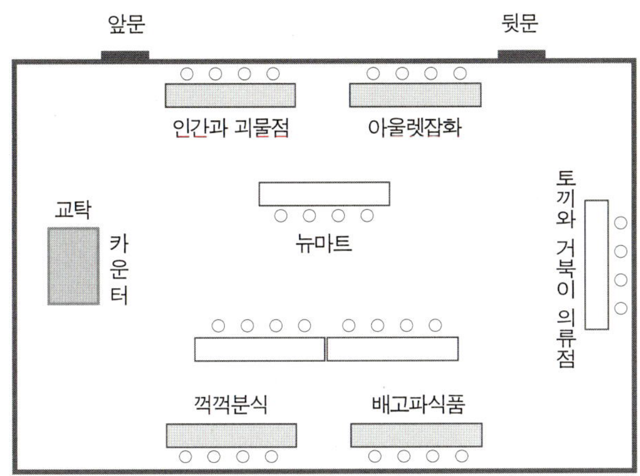

교탁에 카운터를 설치하고, 100원짜리부터 1,000원짜리에 이르기까지 다양한 상품권을 만들어두었다. 물건을 사려는 아이는 카운터에 와서 돈을 내고 상품권을 구해서 그것으로 상점에서 물건을 사도록 했다. 판매를 할 때는 상품권을 받고 품목을 적어둔다. 나중에 아이들은 이것을 종합하여 자신들의 수입 총계를 낸다.

이날 결산을 해보니, 무료로 기증받은 전교조 참교육사업단 물품(양초, 벽걸이, 가방, 모자)이 큰 도움이 되어, 총 수입이 10만원 정도 되었다. 음식물 준비 등에 든 비용을 빼고 나니, 순수익은 6만원 선이었다.

평소에는 장난꾸러기였던 녀석들이 장사를 한다고 책상 위에 올라가 "골라, 골라!"를 외치기도 하고, 목이 쉬도록 판촉 활동을 하니 장터가 따로 없었다. 그 순간만큼만은 온 교실에 생동감이 넘쳐흘렀다.

나중에 우리 반 아이들 가운데 몇몇은 지식인이 될 것이지만, 몇몇은 장사꾼이 될지도 모른다. 또 몇몇은 택시 운전사나 기술자가 될 것이다. 아이들이 커서 무엇이 되건, 자신이 하는 일에 열정을 가지고 더불어 사는 사회인이 되도록 돕는 것이 교육의 역할이 아닐까?

김은형 / 전 서울 당산중 교사

부대껴야 사랑한다, 학급 체육대회

학급회의를 통해 체육대회의 성격과 골격을 정한다. 체육대회만 단독으로 개최할 것인지, 다른 행사를 곁들여 학급 단합대회 형식으로 치를 것인지, 모둠별 체육대회로 할 것인지, 혹은 모둠 연합 형식으로 크게 갈라서 할 것인지, 종목은 무엇으로 할 것인지 정하고 그에 따른 진행 계획을 짠다. 학급운영위원회를 통해 미리 구체적인 안을 정하고 그것을 학급회의에 부치는 방법도 있다.

담임을 맡으면 바로 농구팀부터 만드는 교사가 있다. 그는 또한 토요일마다 아이들을 남겨 축구시합을 한다. 당연히 가을 체육대회에서 농구를 비롯한 구기대회 우승을 휩쓴다. 그는 이런 체육 활동으로 상담이며 아이들 생활지도까지 다 해결한다.

그러나 남자 중학교의 여교사라면? 움직이는 것을 괴로워하는 여자 아이들의 담임이라면? 그래도 할 수 있다. 강약을 조절하기 나름이다. 몸놀림이 재빠른 사람만 할 수 있는 운동이 아닌 다른 형태의 체육대회도 기획하기에 따라 얼마든지 가능하다. 얼굴을 마주 대고 부비고 싶지 않다면 감히 '그를 사랑한다.'고 말할 수 없다. 사랑은 몸이 제일 먼저 안다. 그래서 쓰다듬고 부비고 바라보는 일은 참으로 중요한 것이다. 아이들이 서로 사랑하게 하자.

진행요원을 정한다

어떤 방식으로 진행하든 체육대회는 질서 유지와 진행의 시스템이 중요하다. 특히 혈기왕성한 남학생들은 몸으로 부대끼다가 운동장에서 싸우는 경우도 생길 수 있으므로, 교사가 전체 질서를 잡아야 한다. 진행요원을 잘 뽑아 그들에게 질서 유지와 운동 진행을 맡겨보자. 교사의 역할은 진행요원에 대한 권한 부여와 사전 교육, 그리고 행사 당일 전체적인 교통정리를 잘하는 것이다.

학급에서 지도력 있고 운동 잘하는 아이들을 진행요원으로 뽑는다. 공명심이 있으면서 정의감도 있는 아이어도 좋고, 늘 인정받고 싶어하지만 별로 인정받을 거리가 없었던 아이, 평소 마음에 울분과 스트레스가 많아 아주 특이한 방법으로 발산하곤 하는 아이도 적격일 것이다.

진행요원들이 권한을 가지기 위해서는 체육대회의 기획을 그들 스스로 해내도록 해야 한다. 준비물 챙기기, 운동장 사용 시간 확보 등도 책임지게 한다. 필요하다면 운동이나 게임 방법을 사전 교육할 수 있다. 만일 모둠 대항으로 치르는 경우라면 진행요원들도 자기 모둠 시합 때 참가할 수 있도록 배려하고, 상황에 따라 교사가 대신 참가하는 융통성을 발휘할 수도 있다.

체육대회와 함께 할 수 있는 행사

● 고사 지내기

대회 전에 고사를 먼저 지내도 재미있다. 돼지 머리(그림으로 대신해도 된다.)를 놓은 고사상을 차리고, 아이들이 쓴 축문을 읽은 후 절을 하고 음복(음료수)을 하는 방법도 있고, 솟대를 준비해 그것을 향해 비는 방법도 있다. 긴 장대 끝에 나무로 깎은 새를 한두 마리 매달아 솟대를 만들 수 있다. 고사가 끝난 후 솟대를 운동장 한가운데나 귀퉁이에 세워둔다.

● 음식 나누기

체육대회가 토요일 오후에 열린다면 점심을 먹어야 할 것이다. 아니면 대회가 끝난 후 뒤풀이 행사로 음식 나누기를 할 수도 있다. 간단한 음식도 좋고 운동장에서 삼겹살 파티를 할 수도 있다.

체육대회 진행

1. 개회 선언
2. 고사 지내기
   고사가 준비된 경우에 치른다. 음식 나누기를 계획했다면 이 시간을 통해서 한다. 너무 길게 늘어지지 않도록 조절한다.
3. 준비 체조
   딱딱한 체조 대신 신나는 노래에 맞춰 맞춤을 춘다.
4. 본 경기
   질서 있게 진행한다. 반드시 구급약을 준비한다.
5. 시상식
6. 정리 체조
   역시 맞춤을 추며 마무리한다.
7. 담임의 정리 말씀
8. 폐회식
   반가나 모둠가를 부르고 자리를 정리한다.

〈예시 10〉 체육대회 진행 계획

변형 경기식 종목 (팀 대항 놀이)

홀짝 번호를 기준으로 반을 크게 두 팀으로 나눌 수도 있고, 모둠 대항으로 토너먼트를 벌일 수도 있다. 모둠 대항 토너먼트로 체육대회를 하는 경우에는 시합 수를 조절해야 정해진 시간 안에 시합을 마치고 뒷마무리를 할 수 있다.

체육대회에 들어가기 전에 준비 체조 삼아 맞춤을 춘다. 4박자의 경쾌한 곡에 맞춰 출 수 있는 춤이다.

● 말춤 추기

① 두 주먹을 쥔 상태에서 오른손은 이마에, 왼손은 등에 댄 채 가볍게 박자에 맞춰 두 번 친다. 이때 발은 오른발을 왼발보다 앞으로 내민 상태에서 손으로 치는 박자에 맞춰 두 번 살짝살짝 뛴다. (하나, 두울) 몸은 앞으로 약간 굽힌 자세가 된다.

② 손과 발의 방향을 바꾸어 ①의 동작을 한다. (셋, 넷)

③ ①, ②의 동작을 한 박자씩 네 번

반복한다. (다섯, 여섯, 일곱, 여덟)

④ 두 팔을 들고 머리 위까지 쭉 뻗은 상태에서 박자에 맞추어 손뼉을 두 번 치는
데, 이때 두 발은 모은 상태에서 두 번 뛴다. (둘, 둘)

⑤ 두 팔을 등 뒤로 내려 두 번 손뼉 치는 동시에 발은 ④번처럼 뛴다. (셋, 넷)

⑥ ③번처럼 ④, ⑤의 동작을 한 박자씩 네 번 반복한다. (다섯, 여섯, 일곱, 여덟)

● 캥거루 뛰기

쌀자루에 들어가(두 명이 같이 들어가도 재미있다.) 깡충깡충 뛰면서 반환점을 돌
아 이어달린다. 경기 도중 다치지 않도록 주의한다.

● 3인 줄넘기

세 명이 서로 손을 맞잡는다. 맨 왼쪽 사람은 왼손으로 줄을 잡고, 맨 오른쪽 사람
은 오른손으로 줄을 잡고 돌리며 반환점을 돈다.

● 긴 봉 잡고 달리기 (또는 팔짱 끼고 반환점 돌기)

긴 봉을 두 명 또는 세 명이 같이 잡고 반환점을 돌아 이어달린다. 또는 장애물을
여럿 설치하고 모둠원 모두가 봉을 잡은 채 장애물을 피해 돌아오기 시합을 할 수도
있다.

● 럭비공 굴리기

나무 막대기를 이용해 제멋대로 구르는 럭비공을 굴려 반환점을 돌아오는 시합이
다. 두 명이 서로 협력해서 굴린다.

● 운수 좋은 날

주사위를 던져 나온 숫자만큼 매트에서 구르기를 하고 뛰어 반환점을 돌아온다.
이어달리기 형태로 하는데, 진행요원이 잘 감독해야 반칙이 나오지 않는다.

● 돼지씨름

바닥에 2m 정도의 원을 그린다. 각 편에서 한 사람씩 나와 쭈그리고 앉은 상태에
서 두 팔로 무릎을 감싸안는다. 시작 신호가 나면 어깨나 등, 엉덩이로 상대편을 밀어
내는데, 상대를 넘어뜨리거나 원 밖으로 몰아내면 이긴다. 손이 먼저 풀려도 진다.

● 거머리 뜯어내기

두 모둠씩 한다. 한 모둠은 공격, 한 모둠은 수비를 한다. 수비 모둠은 서로 끊어지
지 않게 앞사람의 허리를 꽉 잡고 나무 기둥이나 축구 골대에 매달린다. 공격 모둠은
서로 엉켜붙어 있는 수비 모둠을 한 사람씩 떼어낸다. 수비 모둠이 다 떨어지면, 공격
과 수비를 바꿔 같은 방식으로 뜯어낸다.

시간을 재어 빨리 뜯어낸 모둠이 이긴다. 이때 옷을 당기거나 간지럼을 태우지 않

도록 지도한다. 홀짝으로 나누어 하는 경우에는 남녀 비율을 같게 조절한다. 이때 남자는 남자만, 여자는 여자만 뜯어낼 수 있게 규칙을 정한다.

● 잠수왕

날씨가 더울 때 할 수 있다. 양동이 두 개에 물을 채우고 시작과 동시에 얼굴을 물속에 넣고 누가 오래 숨을 참는가 시합한다. 각 모둠이나 팀에서 대표를 선발하여 할 수 있다.

놀이마당식 종목(모둠 대항 미니올림픽)

운동장 곳곳에 놀이마당을 만들어놓고, 모둠별로 각 마당을 돌며 경기를 하고, 그 점수를 합계하여 우승 모둠을 가리는 방법이다.

각 마당에는 진행요원(심판)을 배치한다. 진행요원은 아이들이 맡을 수도 있지만 교사(부담임이나 다른 반 담임과 품앗이를 한다.)가 맡을 수도 있다. 각 놀이마당에는 '줄넘기터' '제기차기터' 등의 표지판과 점수판(혹은 점수 기록장)이 있어야 한다. (자세한 경기 방법은 104쪽 '놀이마당' 그림 참고)

마무리

체육대회가 끝난 뒤 간단한 시상식을 한다. 각종 종목의 우승 모둠에게 상을 주는 것은 물론, 질서를 잘 지켰거나 마음을 잘 모았던 모둠도 반드시 격려하도록 한다. 토요일 오후에 체육대회를 했다면 시상은 월요일 학급활동 시간으로 미루어도 좋다. 체육대회가 끝난 기념으로 어두워지기 전에 사진 한 장 찍는 것을 잊지 않는다.

마침 저녁 어스름이 되었다면 원을 그린 후 제자리에 앉으라고 한다. 다시 머리를 원 안으로 하고 눕게 한다. 어두워가는 저녁 하늘은 눈이 부시지 않아 한참 바라볼 수 있다. 나뭇잎이 초저녁 바람에 흔들리는 것을 누워서 바라본다. 별을 한두 개 볼 수도 있다.

"여러분이 속으로 미워했던 친구와 오늘 얼마나 많이 부대꼈는지, 오늘 한마음으로 뛰었던 친구들에 대한 사랑이 몇 센티나 자랐는지 한번 생각해보자. 이렇게 땀 흘리고 나서 돌아가 몸 씻고 밥 먹을 수 있는 집과 가족이 있음을 고마워하자. 나는 오늘 여러분이 열심히 뛰는 모습이 정말 아름답다고 생각했다."

이런 요지의 마무리 말을 나즈막한 목소리로 들려준다. 진심을 다해서. 그리고 일어나서는 앞에 있는 친구 등에 묻은 흙을 털어주고 구호를 외치거나 노래를 한 곡 부르고 마친다. 마무리는 확실하게 해주는 것이 좋다. ■

길어지지 않는다면 촛불 의식으로 마무리할 수도 있다. 돌아가며 업어주기를 하거나, 인간 시소(서로 등을 마주 대고 번갈아가며 한 사람씩 하늘을 보도록 추어주는 것)를 해보는 것도 좋다.

몸과 마음을 살찌우는 우리 반 행사 · 4

정까지 나누어 먹는 음식잔치

자고로 먹는 것 좋아하는 사람치고 인간성 나쁜 사람 없다. 왜냐하면 음식을 맛있게 잘 먹는 사람은 음식에 대한 고마움을 알고 음식 만든 이와 음식의 재료를 거둔 이들에 대해 고마워할 줄 알며, 사랑하는 사람과 맛난 음식을 나누고 싶어하는 법이기 때문이다. 우리나라 사람들은 좋은 일, 궂은 일이 있을 때마다 이웃과 음식을 나누어 먹었다. 그것도 푸짐하게. 아이들과 맛있는 음식을 해보고 나누어 먹으며 음식에 대해, 어머니에 대해, 자연에 대해, 너와 나에 대해 이야기할 시간을 마련해보자.

우리를 망설이게 하는 것들

아이들과 뭐 좀 새롭고 재미난 것을 해보려 할 때 가장 무서운 것이 "귀찮아요, 하지 말아요."라는 소리이다. 그리고 반대보다 더 무서운 무관심……. 그러나 아이들이 이런저런 것들에 시달려왔다는 점을 감안하면 지레 '삐칠' 필요는 없다. 따뜻한 말과 흥미를 끌 만한 미끼로 '회유' 하면 거뜬하다.

"심리학에선 말이지, 식욕이 강하면……." 어쩌구 하며 '학술적 근거(?)' 를 제시하기도 하고, "야, 우리 학교 정원에서 진달래 따다 진달래 화전 부쳐 먹을까?" "나 어렸을 땐 장작불 피워서 개구리 뒷다리 그슬러 먹고 남은 재에다 감자 구워 먹었는데, 너희도 개구리 뒷다리 먹어볼래?" 등 경험담을 통해 동기 유발을 할 수도 있고, 막판엔 조종례, 수업 시간을 가리지 않고 계속 음식 이야기를 하는 것이다.

어느새 아이들도 세뇌가 되어 '언젠가, 뭔가를 해먹고야 말겠구나.' 하는 운명을 느끼게 될 것이다.

문제는 교실 밖에 있다. 가장 큰 문제가 '불' 이다. 번듯한 가사 실습실이 있고, 교장 선생님의 마음이 '열려' 있으며, 담임이 가정 교사와 인간적으로 가깝다면 별로 문제가 없겠지만, 셋 중 어느 한 가지라도 없으면 참 곤란해진다. 특히 가사 실습실이 없다면 교실이나 운동장에서 하는 수밖에 없고, 아이들이 휴대용 가스버너를 가져오는 수밖에 없기 때문이다. 대부분의 교장 선생님은 '안전' 문제 때문에 휴대용 가스버너 사용을 허락하지 않는다. 아이들을 설득한 솜씨로 교장 선생님을 설득해보자.

● **교육학 이론을 들이대며 설득한다**

아이들 스스로 몸을 움직여 무언가를 만드는 일이 아이들의 창의성 제고에 얼마나 큰 기여를 하는지, 음식을 나누어 먹음으로써 아이들이 얻게 될 공동체 정신과 민주 시민 정신, 질서의식 등이 얼마나 큰지, 나눔을 통해 아이들이 소외를 극복하고 '왕따' 등의 문제를 해결하는 데에도 일조하며 등, 음식 만들기의 교육적 측면을 강조하며 설득한다.

혹은 다른 학교에서 이와 비슷한 수업, 특별활동 요리반 운영 등을 시행한 예를 들며, 마치 허락해주지 않으면 시대에 뒤떨어진(?) 교장이라는 생각이 들게 유도한다.

● **학부모 대동행사로 기획한다**

학부모와 함께 음식 만들기를 하면 안전 관리나 책임 문제에서 부담을 덜 수 있다. 또한 학생 생활지도 효과도 높고 학부모와 대화할 수 있는 기회도 얻을 수 있다. 이와 같은 행사의 의의를 말하면 허락을 받아내기 쉽다.

● **불 없는 음식 나누기 행사로 워밍업을 한다**

방과후나 점심 시간을 이용해 불 없이 나눌 수 있는 음식 행사를 가끔 한다. 샌드위치를 만들어서 교무실에 돌린다든지, 집에서 가져온 음식으로 뷔페를 차려 교장 선생님을 초대한다든지, 여름에 과일화채를 만들어 소문을 낸다든지…… 이렇게 두어 차례 하다보면 우리 반이 음식 공동체의 독특한 문화를 만들어가고 있음을 다른 교사나 교장도 인식하게 되어 불이 필요한 행사에 허락을 받아내기 쉽다.

● **동지를 구한다**

요리를 잘하거나, 덕망을 인정받은 선배 교사, 혹은 교장 선생님과 친한 교사, 평소에 다양한 학급 행사를 하고 싶어하지만 선뜻 벌이지 못하던 동료교사 등과 함께 행사를 기획한다. 힘을 써서 학년 행사로 기획하면 더 큰 힘을 얻을 수 있다.

푸짐한 뷔페로 먹기

점심 시간이 길지 않으므로 사전 준비를 잘해야 하는 문제가 있지만, 먹는 데는 별로 시간이 걸리지 않는다. 좀 걸판지게 먹고 싶다면 방과후나 토요일을 이용할 수도 있다. 학급 체육대회나 생일잔치를 하는 날에 뷔페를 한다면 행사가 더욱 알차게 진행될 것이다.

먼저 준비위원 3~4명을 뽑는다. 준비위원회에서는 메뉴 선정, 진행과 질서 지도, 시상, 음식 이외의 준비물, 뒷마무리 등을 논의한다. 모둠별로 음식을 준비하는데, 5인 모둠이라면 약 10인분 정도 준비하면 된다. 교사들을 초청하거나 음료수, 과일,

과자 등 배부르지 않은 음식으로 메뉴가 짜였다면 양을 더 늘려야겠지만 부담이 될 정도는 좋지 않다.

가능한 메뉴는 김밥, 만두, 떡, 샌드위치, 찐 감자나 고구마, 과일, 빵이나 케이크, 식혜나 수정과 같은 집에서 만든 음료 등이다.

교실 중앙에 책상을 원형으로 붙여 돌아갈 수 있게 해놓고 개인 접시를 들고 이동하면서 음식을 먹는다. 욕심을 부리면서 많이 먹는 아이가 있을 수 있다. "음식 먹을 때 인간성이 보인다. 건강한 식욕과 식탐은 다르다."는 이야기도 해주고, 먹다 말고 교사가 "잠깐!" 하고 외치면 먹던 모습 그대로 멈추기를 해본다. 이때 사진을 한 방 찍어주는 것도 좋고, '잠깐' 시간 다음에는 음식을 집어서 최근에 자기랑 사이가 안 좋았던 친구(혹은 자기가 제일 좋아하는 친구, 사귀고 싶은 친구 등) 입에 넣어주기를 해도 재미있다.

지나치게 어수선해지는 것이 걱정이라면 준비위원이나 질서위원을 활용하거나 노란 딱지 — 혼자많이먹음죄, 밥풀튀김죄, 환경오염유발죄(뒤적거리며 먹는 사람) — 를 등에 붙여주는 방법도 재미있다.

메뉴 마련이 어려우면 '김밥 뷔페(모두가 김밥을 싸와서 원형 테이블에 늘어놓은 후, 각자 자기 도시락 뚜껑과 젓가락을 들고 돌아가며 한 개씩 먹기)'를 하거나 '반찬 뷔페'(반찬을 뷔페식으로 늘어놓고 먹기)를 한 후, 가장 맛있는 김밥왕, 맛있는 반찬왕을 뽑아보는 것도 재미있다. 많은 인원이 함께 돌기가 부담스러우면 모둠별로, 혹은 10명 단위로 테이블을 만들 수도 있다.

대부분 학교에서는 식사 예절이라는 이름으로 아이들이 돌아다니며 먹지 못하도록 지도하지만, 점심 시간만큼은 자유롭게 밥을 먹으며 즐길 수 있어야 한다. 단, 힘센 아이들이 돌아다니며 약한 아이들의 반찬을 섭렵하여 문제를 일으킨다면, 위에 소개한 '노란 딱지'나 '뺏어 먹은 아이 도시락 싸주기' 등의 벌칙을 주며 개인적으로 지도할 일이다.

불 없이도 해먹을 수 있다

● **샌드위치 박람회** 식빵, 햄, 치즈, 참치, 과일(토마토, 사과 등), 야채(양배추나 양상추, 피망, 오이, 양파 등), 마요네즈, 음료 등을 준비한다. 과일과 야채는 집에서 썰어오면 좋다.

참치샌드위치, 햄샌드위치, 달걀샌드위치, 치즈샌드위치, 과일샌드위치 등 재료에 따라 다양한 맛과 모양의 샌드위치를 만들 수 있다. 빨리 만들기, 예쁘게 만들기, 맛있게 만들기 대회를 열어본다. 만들기 전에 손을 잘 씻는 것이 중요하다.

● **과일 깎기** 여러 가지 과일이 나오는 여름이나 가을철에 할 수 있다. 모둠별로 다양한 종류의 과일을 가져오도록 한다. 과도와 작은 도마 혹은 쟁반, 접시, 포크 등을 준비한다. 사과나 배 빨리 깎기, 과일 가짓수가 가장 많은 모둠 뽑기, 동물 모양으로 깎기, 접시에 예쁘게 담기 등 대회 형식으로 진행한다. 또는 깎아 담는 시간을 정해준 후 책상을 모아 만든 테이블에 죽 늘어놓고 뷔페로 진행할 수도 있다. 칼 사용에 주의해야 하겠다.

● **쌈 싸먹기** 여러 가지 쌈거리를 준비해오도록 한다. 상추, 깻잎, 찐 양배추, 청경채, 쑥갓, 케일, 다시마 등. 고추장과 된장도 준비한다. 가장 특이한 쌈거리를 가져온 모둠, 가장 맛있는 장을 가져온 모둠, 가장 여러 가지 재료로 쌈을 싸먹는 사람(혹은 입큰개구리) 등을 뽑아본다. 물론 밥은 따로 싸와야 한다.

● **화채** 여름에 할 수 있다. 각종 과일(집에서 씻어온다), 음료수(탄산음료나 오렌지주스), 화채볼(또는 큰 바가지), 개인별 컵이나 화채그릇, 과도와 쟁반 등을 준비한다. 모둠별로 예쁘고 맛있는 화채를 만들어본다. 색깔이 예쁜 화채, 맛이 좋은 화채, 그릇이 예쁜 화채, 장식이 예쁜 화채, 짠돌(순)이 화채(손을 잘 안 씻어서 짭짤한 맛이 나는 화채), 심심해 화채(가장 적은 종류의 재료로 만든 화채) 등을 뽑아 상을 준다.

● **비빔밥** '비빔밥에 관한 ××모둠의 보고서' 대회를 열어본다. 비빔밥대회(비빔밥에 들어갈 재료는 각자 준비하기로 한다.)를 예고한 다음 날, 한 사람이 준비한 큰 바가지에 밥과 반찬을 쏟아넣는다. 물론 참기름, 깨소금, 고추장을 따로 준비해올 사람을 정하는 게 좋다.

그리고는 준비한 보고서 용지에 모둠 이름, 구성원 이름, 바가지와 기름, 깨소금, 고추장 등을 준비해온 사람의 이름, 열심히 비빈 사람의 이름 등 역할과 재료를 아주 자세하게 쓰는데, 특히 비비면서 생긴 일도 상세히 적는다. (예 : 우진이가 비비는 동안 광후가 계속 떠들어서 침이 한 말은 튀었다. 한참 비비다보니 머리카락이 하나 나왔는데 어떤 반찬에서 나온 것인지, 비비다가 빠진 것인지, 비비다 빠졌다면 과연 누구의 머리카락인지 도무지 알 수 없다.)

먹기 전에 보고서를 앞칠판에 갖다 붙인다. 교사는 돌아다니며 비빔밥을 먹어보고 품평회를 하여 '가장 맛있는 비빔밥' '가장 특이한 재료가 들어간 비빔밥' '가장 여러 가지 재료가 들어간 비빔밥' 등을 뽑는다.

제대로 해먹자 — 불을 피워서

● **해물파전** 부침가루, 각종 해물(집에서 손질해온다.), 야채(깻잎, 호박, 양파 등), 프라이팬, 식용유, 큰 바가지, 국자, 부침 뒤집개, 접시, 간장 등을 준비해온다. 부침가루를 물에 잘 풀고 준비한 해물과 야채를 잘게 썰어 재료를 준비한다. 물에 푼 부침가루의 묽기 정도가 중요하고 재료를 너무 많거나 적게 넣지 않아야 한다는 것을 알려준다.

부칠 때에는 프라이팬을 충분히 달군 후 기름을 두를 것, 재료를 한 국자 정도 붓고 가운데서부터 골고루 펴가며 모양을 만들 것, 처음엔 약간 센 불에 부치다가 뒤집은 후에는 불을 줄일 것 등의 요령을 미리 설명해준다.

기름에 물이 튀어들어가지 않도록 할 것, 화상을 조심할 것 등의 주의사항도 일러준다.

● **감자 부침** 감자, 프라이팬, 식용유, 뒤집개, 강판을 준비한다. 먼저 감자 까기 시합부터 한다. 모둠별로 왕감자 5개씩을 들고 나온다. 도구는 무엇이라도 좋다. 과도이거나 숟가락이거나 혹은 손톱, 이빨 등. 빨리 까는 모둠을 뽑는다.

다음은 감자 갈기. 강판에 대고 간다. 간 감자를 대접이나 바가지에 놓아둘 때 그릇을 조금 기울여둔다. 윗물은 버리고 가라앉은 간 감자에 소금을 조금 넣어 간을 한 후 떠서 부친다.

점성이 적어 잘 부쳐지지 않으므로 자그마하게 부치고 한 면이 완전히 익은 후에 뒤집어야 잘 뒤집어진다는 것을 일러준다. 밀가루를 조금 섞을 수도 있지만 어디까지나 편법. 가장 예쁘게 부쳐진 작품을 뽑는다.

● **진달래 화전** 찹쌀가루, 진달래꽃, 소금, 설탕, 참기름, 식용유, 프라이팬, 뒤집개, 접시를 준비한다. 학교 화단이나 뒷산에 진달래가 많이 핀다면 요리를 하기 전 '진달래 따오기'를 먼저 하는 것도 괜찮다.

찹쌀가루에 소금을 약간 넣고 뜨거운 물로 연하게 반죽한다. 반죽을 한 입 크기 정도로 납작하게 빚어 지진다. 뒤집자마자 진달래 꽃잎을 붙여 약한 불에 살짝 지진다. 지지기 전에 반죽에 꽃을 붙이면 노랗게 색이 변해버려 꽃 색깔을 보기 어렵다. 뜨거울 때 설탕을 뿌려 먹을 수도 있다.

그 밖에 해먹을 만한 것으로는 홍합탕, 삼겹살, 튀김, 라면과 떡볶이 등이 있다.

운동장에서 벌일 수 있는 음식잔치

체육대회나 단합대회 전후로 음식 해먹기를 한다면, 진달래 화전이나 감자 부침이 가능하다.

야영이나 체육대회에서 모닥불 놀이가 끝난 뒤, 감자, 고구마, 달걀이나 콩(깍지째) 등을 알루미늄 호일에 싸거나 그냥 재에 묻어 익혀 먹을 수도 있다.

시합 시간이 모자라거나 특별한 경우가 아니라면, 모둠끼리 둘러앉아 구워 먹는 삼겹살이 그 중 푸짐하고 무난하다. 남학생들이 먹는 양은 가히 상상을 초월한다. 음식 해먹기에 관한 한 먹은 양과 재미는 비례한다.

음식 해먹기에서 주의해야 할 몇 가지

우선 위생과 안전에 신경을 써야 한다. 음식을 해먹고 배탈이 난다거나 칼이나 불 따위에 다치는 일이 생기면 곤란하다. 다음에 행사를 하기 어려울 뿐 아니라, 다른 반이 '따라' 하기도 힘들게 된다. 이 사실을 아이들에게 주지시켜 최대한 조심하도록 한다.

둘째, 경제적 부담을 골고루 나누어야 한다. 특히 집안 형편이 어렵거나 어머니가 없는 아이들이 소외될 수 있다. 어머니가 너무 열성적으로 음식을 준비해 보내주는 아이가 한둘 있게 마련인데, 상담으로 해결하거나 누구인지 눈치 채지 못하도록 조절할 필요가 있다.

셋째, 뒷정리를 말끔히 하자. 그릇 설거지와 청소를 잘해야 한다. 장소나 도구를 빌렸다면 더욱 신경 써서 깨끗이 닦고 돌려줘야 한다. 역시 뒷정리를 제대로 못했을 때에는 다음 행사를 열기가 곤란하다는 사실을 잘 일러둔다. 또 일회용품을 많이 쓰거나 쓰레기가 많이 나온다면 '자연을 배우는' 이 행사의 취지가 무색해질 수 있다. '편리'와 '배부름'만을 추구하는 행사가 아님을 깨닫게 하자. 음식을 남기지 않고 먹는 습관, 어른이 먼저 드시도록 하는 습관, 먹기 전에 꼭 감사하는 마음을 갖는 태도를 키울 수 있도록 한다. 나누어 먹고 싶은 '다른 이'를 생각할 시간을 갖는 것도 좋을 것이다. 맛있게, 또 정갈하게 먹는 예절 등을 함께 지도한다.

넷째, 반드시 평가회를 열 것. 다음 날 조회 시간 등을 이용해 반드시 평가회를 연다. 책임자나 책임 모둠을 정해놓고 간단히 평가를 해도 된다. 설문지를 이용하면 다음에 해먹고 싶은 음식에 대한 의견을 들을 기회를 가질 수 있다.

덧붙여, 행사를 자주 한다면 진행과 기획을 전담할 아이들을 따로 구성하는 것이 좋다. 그 아이들에게 책임을 지워주고 권한을 부여해보자. 교사의 힘을 덜어줄 뿐 아니라 아이들에게 스스로 행사를 이끌어간다는 뿌듯함도 준다. 다른 반 친구나 선생님들과도 자주 나누어야 한다. ■

신나는 우리들 잔치

연극 보기, 목욕하기, 농촌 봉사활동

나는 왜 선생이 되었는가?

대학 때 교육에 관련된 여러 책을 읽고 고민하면서 아이들에게 인간다운 꿈을 찾아주고 싶다는 꿈을 가졌다. 그러나 그 꿈을 이루기가 얼마나 어려운 것인지를 깨닫는 데는 그리 오래 걸리지 않았다. 그럴지라도 아이들에게 경쟁의식만 키워주는 교사로 남고 싶지는 않았다. 제도교육 속에서 꿈과 희망을 키우는, 더불어 사는 교육이 어렵다는 비판과 회의를 갖는 사람들도 많지만, 제도와 틀을 먼저 바꾸기 위해 현재의 교육 내용을 다음으로 미루는 교사는 되고 싶지 않았다.

나는 수업 시간 외의 학급 행사에 시간을 많이 투자하는 편이다.

흔히 교사와 아이들은 톱니바퀴처럼 맞물려 돌아가고 있다지만, 자세히 보면 수업 시간을 빼고 교사가 아이들과 접촉하는 장면은 생각보다 적다. 나는 시간을 좀 많이 들이더라도 아이들이 처한 환경이 세상의 전부가 아니라는 것을 체험하게 하고 싶었다. 특히 여러 학급 행사를 통해서 서로 배려하며 함께 어우러져 살아가면 훨씬 기쁘고 아름답다는 것을 깨닫게 하고 싶었다. 빨리 깨달을수록 좋다. 혼자 살아가는 것이 얼마나 어려운지, 남을 누르고 내가 올라선다는 것이 얼마나 재미없는 일인지.

졸업한 아이들이 가끔 찾아오곤 한다. 대학생이 된 녀석도 있고, 어엿한 회사원도 있다. 철판구이집 주방장 녀석도 있다. 이들은 모이기만 하면 재미있었던 옛날 이야기를 들춘다. 아이들은 멋진 추억이었노라고 말하지만, 추억으로만 남지 않았다는 것을 안다. 사람과 사람이 얽히고 살아가던 모습을 잊지 못하는 것이다.

우리 학교에는 아이들과 참 열심히 생활하는 교사가 있다. 그런데 그 선생님은 공부 잘하고 잘나가는 아이들에게 상대적으로 많은 시간을 투자한다. 그렇지 못한 아이들에게는 또 다른 절망을 주고 있다는 느낌을 받곤 한다. 선생님에게 접근하고 싶어도 쑥스러워서 다가오지 못하는 아이들에게 기회를 주고 싶었다. 또 모두가 소중한 존재라는 것을 일깨워주고 싶었다.

연극 보기나 목욕탕 가기, 농촌 봉사활동 같은 우리 반 학급 행사는 이러한 아이들에게 공개적인 기회로 자리 잡는다.

연극 보기, 세상의 감동 경험하기

대부분의 중학교 아이들은 연극이라는 문화에 익숙하지 않다. 영상매체에 익숙해서 그런지, 연극이라면 자신과 상관없는 고급 성인 문화로 치부해버리고 만다. 그러나 연극은 나 이외의 주위를 돌아보게 하고, 사회와 세계를 바라보게 한다. 또한 그런 과정을 통해 자신을 발견할 수 있는 좀 더 다양한 '사건'을 체험하게 된다. 특히 평면적인 영상매체보다 입체적이고 생생한 연극은 아이들을 사로잡기에 충분하다. 실제로 연극을 두세 편 정도 본 아이들은 영화 보자는 이야기는 꺼내지도 않는다.

이러한 연극 관람은 대도시에서, 특히 서울 지역에서나 가능할 것이다. 서울이라고 해도 변두리 지역의 학교는 여전히 어려운 상황이지만, 다행스럽게도 우리 학교는 지리적으로 연극 관람이 비교적 쉬운 위치에 있다. 지하철로 15분 정도만 가면 대학로에 도착할 수 있기 때문에 시험 때와 학기말을 이용해서 일년에 너댓 차례 볼 수 있다. 연극을 보러 가자고 하면 뒷꽁무니를 빼는 녀석들이 많이 있다. 연극에 익숙해지기 위해서라도 처음에는 의무적으로 반 전체를 데리고 간다.

교사가 해야 할 일은 예약을 하는 것과, 아이들을 극장까지 인솔하는 것 정도다. 연극 감상문은 제출하고 싶은 아이들만 제출한다. 아이들에게 부담을 주지 않기 위해서다. 강제하지 않아도 대여섯 명 정도는 정성스럽게 써서 낸다.

좋은 연극을 보기 위해서 미리 준비해야 할 일들이 몇 가지 있다.

우선 정보에 민감해야 한다. 그리고, 부지런을 떨어야 한다. 누구와 어떤 연극을 보고 나올 때든지 극단에 꼭 학교의 교사임을 밝히고, "다음에 좋은 연극을 하면 공연 안내지를 보내달라."고 부탁하는 것도 잊으면 안 된다. 이렇게 부탁을 해놓으면 (사실 극단에서는 이렇게 부탁하는 사람을 더 반긴다.) 새로운 공연 때에는 어김없이 안내지가 온다. 이런 식으로 발을 넓혀가면 교무실에 앉아 있어도 연극판 돌아가는 상황을 고스란히 읽을 수 있다. 이렇게 하는 것이 좋은 또 하나의 이유는 종종 무료 관람표가 오기 때문이다. 이 표를 이용해서 내가 연극을 먼저 맛본 뒤, 아이들과 같이 볼 것인지를 판단할 수 있다. 이것은 연극과 아이들의 간격을 좁히는 데 매우 중요한 과정이다. 나에게는 많은 극단에서 무료 관람표가 온다. 늘 아이들을 단체로 데리고 다니는 주요 고객이기 때문이다.

또 다른 방법은 인터넷 홈페이지를 이용하는 것이다. 관련 사이트의 문화 정보란에 들어가면 각 극단에서 상연하고 있는 공연을 안내받을 수 있다. 공연 기간과 가격은 물론이고 줄거리 등이 자세하게 나와 있기 때문에 연극을 고르는 시간과 수고를 아낄 수 있다.

연극 보기는 경험의 확대라는 측면에서 추진하고 있다. 연극은 학교와 교사가 줄 수 없는 말과 행동을 대신해준다. 아이들과 같이 대학로를 싸돌아다니면서 거리 공연도 보고 춤 동작을 연구하기도 한다. 순대볶음을 먹으면서 서로 많이 먹겠다고 싸우기도 한다. 이런 활동을 통해 아이들은 마음을 열고 다가오곤 한다.

그 밖의 방법으로는 신문이나 잡지, 청소년 소식지 등의 공연 안내를 통해 도움을
받는 것이다. 적당하다 싶은 연극 안내를 복사하거나 오려서 교무수첩에 꼼꼼히 붙여
둔다. 적당히, 즉흥적으로 결정한 연극은 후회할 가능성이 크다.

연극 관람에서 아이들이 제일 어려워하는 부분은 입장료 문제다. 학생 단체 할인
을 적용해도 보통 1만원 안팎에서 결정된다. 교사로서는 좀 더 싼 입장료를 고집하고
싶지만 한계는 있다. 아이들에게 이 점을 미리 알려준다.

알몸으로 부딪치기 — 아이들과 함께하는 목욕

남학교에 근무하면서 누릴 수 있는 특권 중의 하나가 아이들과 함께 목욕하는 것
이다. 서로 알몸으로 웃으며 때를 밀어주고 나면 왠지 형처럼, 동생처럼 생각하게 된
다. 옷을 벗는다는 행위에는 참으로 대단한 위력이 있다. 단체 활동이지만 서로 때를
밀어주는 관계 속에서 개인 대 개인의 두터운 애정도 생긴다.

아이들에게 교사는 무엇일까? 아이들이 교사를 만나는 것은 고작 수업 시간 정도
다. 담임이라고 해도 크게 다르지 않다. 형식적인 면담 시간에, 다소 짜증스런 조종례
같은 일상생활 시간이 덧붙여질 뿐이다. 이런 속에서 인간 관계가 제대로 맺어지지
않으면 아무리 좋은 교육 활동이 기획되더라도 별다른 효과를 얻을 수 없다.

우리 반은 전체 여덟 모둠으로 각 모둠의 모둠원은 5~6명 정도이다. 다짜고짜 목
욕탕에 데리고 가는 것은 예의가 아니므로, 집단상담과 연계해서 진행한다. 먼저 모
둠별로 청소가 끝나는 날, 교실에 남아 집단상담을 한다. 별명 지어주기, 서로의 장점
과 단점 이야기하기, 고민 이야기하기, 담임 이야기 등을 나누고 나면 아이들의 마음
은 벌써 많이 열려 있다. 이쯤이면 '옷 벗을 준비'로는 충분하다. 집단상담이 끝나면
같이 목욕탕으로 직행한다.

나는 아이들과 목욕탕에 가기 며칠 전에 목욕탕 주인과 입욕료 흥정(?)을 미리 마
무리 짓는다. 내가 교사라는 것을 밝히고 "이러이러한 학급 행사로 며칠에 걸쳐 우리
반 아이들이 모두 올 것이다. 입욕료를 좀 낮춰달라."고 하면 대부분 그대로 받아준
다. 마음씨 넉넉한 주인은 교사는 무료 입장, 아이들은 일정한 할인 혜택을 준다. 까
탈스러운 경우에도 교사는 면제받을 수 있다. 며칠 내리 목욕을 해야 하는 상황에서
는 요금을 면제받는 것도 중요하다.

처음에는 쭈뼛쭈뼛하는 녀석들도 교사가 과감하게 옷을 벗고 앞장서면 저희들끼
리 낄낄거리면서도 다 따라온다. 아이들과 함께 욕탕에 앉아서 이런저런 이야기를 나
누는 맛이란 안 해본 사람은 모른다. 평일 5, 6시경의 목욕탕은 비교적 한산하다. 다

른 사람도 없으니 아이들은 온통 목욕탕을 휘젓고 다닌다. 나는 아이들의 등을 모두 밀어준다. 살이 피둥피둥 찐 녀석들은 꼬집어가면서, 때가 많이 나오는 녀석은 은근슬쩍 놀려가면서, 살이 까만 녀석은 밀어도 밀어도 하얗게 안된다고 너스레를 떨면서 모두 밀어준다. 물론 아이들은 내 등을 민다. 나올 리 없는 때가 무지 나온다고 뻥을 치면서 등이 아프도록 민다. 팔도 아프고 등도 아프다. 그러나 마음만은 황홀하다.

목욕탕을 나오면 학교 앞 라면집으로 간다. 거기서 라면과 떡볶이를 먹을 때쯤이면 이미 친구 사이로 발전(?)해 있다. 라면 값은 저희들이 각자 부담하지만, 떡볶이는 내가 사주면서 목에 힘을 팍팍! 준다.

이렇게 3, 4주에 걸쳐서 목욕하기 행사는 계속된다. 모둠별로 목욕 날짜를 정해 오면 다시 담임과 조정해서 날짜를 확정한다. 그래야만 이리저리 핑계를 대는 녀석들을 다 데리고 갈 수 있다. 이 행사는 서로가 어느 정도 익숙해진 4월이나 5월에 진행하는 것이 좋다. 비용이 문제인데, 집단상담 때 드는 과자나 음료수 값은 학급비로 해결하고, 목욕과 라면 값은 각자 부담한다. 교사가 또 신경 써야 하는 점은 (다른 모든 행사도 마찬가지겠지만) 부모님께 가정통신문을 통해 행사의 취지를 미리 알리는 것이다. 귀찮다고 생각할지 모르나, 작은 일이라도 부모에게 미리 알리면 그것이 다 믿음으로 쌓인다.

농촌 봉사활동

농촌 봉사활동은 도시에서 자라고 성장한 아이들이 한두 번쯤 꼭 체험해야 할 과정이다. 무작정 떠났던 여행 대신, 농촌 봉사활동을 하게 된 것은 땀 흘려 일하는 것의 소중한 의미를 몸으로 느끼는 경험이 꼭 필요하다는 확신 때문이다.

초임 시절, 여름방학만 되면 반 아이들을 데리고 여행을 떠났다. 주로 바닷가를 갔는데, 변산반도, 만리포, 동해안 등을 다녀왔다. 그러나 지금 그때 일을 돌이켜보면 등골이 오싹해지곤 한다. 아이들은 '움직이는 사고의 가능성'이다. 변산반도에 가서는 익사 사고의 위기가 있었고, 만리포에서도 그랬다. 동해안에 가서는 오직 아이들의 안전사고에만 신경을 쓰고 눈을 부릅떴는데, 엉뚱하게 밥 먹고 나서 야구하던 녀석이 눈가가 찢어지는 사고를 당했다. 단 한 번도 사고 없이 지난 적이 없다. 특히 바닷가에, 그것도 사내아이들을 단체로 데려간다는 것이 이젠 엄두조차 나지 않아서 다른 방법을 찾기로 했다.

처음에는 꽃동네 봉사활동이나 정신대 할머니들의 쉼터로 갈까 싶었는데, 반 전체가 다 움직인다는 것이 부담도 되고, 뭔가 근본적인 삶의 체험이 필요하겠다는 판단이 들어서 농촌 봉사활동으로 정했다. 장소는 동료교사의 고향으로 잡았다. 꼭 연고자가 있는 장소가 아니어도 상관없다. 장소 물색이 쉬운 일은 아니지만, 농촌 봉사활동 경험이 있는 대학 후배나 학생회에 선을 대면 의외로 쉽게 찾을 수 있다.

일단 봉사활동 장소로 답사를 갔다. 미리 전화 연락을 한 이장님을 만나뵙고 취지를 설명했지만 시큰둥한 반응이다. 하여간 잠자리는 마을회관에서 해결하고, 주변을 깨끗이 쓰겠다는 다짐과 함께 허락을 받았다.

버스 한 대에 가득 찬 우리 반은 씩씩하게 떠났다. 우리가 간 곳은 담배 농사를 주로 짓는 산간 지역으로, 논농사도 짓고 강원도 명물인 옥수수 농사도 하는 곳이었다. 나는 도시 태생이기 때문에 농촌을 잘 모른다. 경험이라고는 대학 때 떠났던 농촌 활동이 전부이다. 그러나 그 경험은 아주 실전적인 것이어서 아이들 한 부대를 이끌고 다니며 이런저런 필요한 것을 가르치는 데에 아쉬운 대로 버팀목이 되었다.

아침 6시에 일어나서 체조하고 청소하고 아침 식사 준비를 한다. 아이들을 채근해서 부지런히 밥을 먹고 아침 일을 나간다. 11시 정도만 되어도 볕이 뜨거워 일을 하기 어렵기 때문에 다그쳐서 되도록 일찍 일터로 보낸다. 일감은 전날 저녁에 인사 겸 마을을 돌아다니면서 얻어낸다.

오전에 서너 시간 일을 하고 돌아오면 바로 점심을 해먹고 쉰다. 우리가 묵었던 마을회관 옆에는 개울이 있어서 아이들은 밥을 먹고 대부분 개울로 뛰어든다. 내가 농활을 했을 때는 잠시도 쉬지 않고 뙤약볕에서도 일을 했는데, 아이들에게 그것까지 요구한다는 것은 무리였다.

오후엔 열기가 다소 식는 3시부터 시작해서 저녁 먹기까지 약 4시간 정도 일을 한다. 담배 순을 따다보면 담뱃진이 묻어나기 때문에 꾀를 부리는 녀석들이 많이 나온다. 담배 순을 따는 일을 비롯하여 논의 피 뽑기, 고추밭 매기, 콩밭 매기, 옥수수 따기 등 생전 처음 하는 일을 감당하느라 낑낑거리는 모습이 안쓰럽기까지 하다.

컴컴한 저녁에 밥을 지어서 먹고 나면 하늘에는 별이 쏟아진다. 아이들이 주워온 나뭇가지들을 태우면서 노래도 하고 이야기도 나누는 시간은 정말 평화롭다. 교실에서 쭈뼛거리던 녀석들도 신이 나서 놀곤 한다. 일찍 자라고 이야기하지 않아도 12시 전에 모두 곯아떨어진다. 농사라는 것이 얼마나 고된 일인가.

농촌 봉사활동을 3년째 하고 있는데, 첫해에는 시큰둥하던 마을 분들도 아이들 일손의 위력을 실감하면서(일머리는 없어도 단체의 힘은 크다.) 나중에는 서로 와달라고 부탁을 했다. 마을을 떠날 때는 이장님께서 내년에도 꼭 와달라고 부탁을 할 정도였다. 이 마을도 대부분의 농촌과 비슷해서 젊은 일꾼은 정말 하나도 없다. 제일 젊은

분이 40대 후반이었던 것으로 기억된다. 이러한 농촌 실정은 아이들에게 진지한 삶의 문제를 던져준다.

많은 동료들이 아이들을 어떻게 통제하느냐며 걱정을 한다. 그러나 나는 통제에 대한 걱정을 해본 적이 없다. 그동안 다져진 신뢰 속에 스스로 하는 습관이 몸에 배어 있기 때문에 웬만한 것은 알아서 잘한다. 그래서 평상시 교실활동이 중요하다.

아이들에게 농사일에 대한 경험은 소중하다. 우선 자신들의 먹을거리에 상당한 애정을 갖게 된다. 모둠별로 지어 먹는 음식을 남겨서 버리는 법이 없다. 4박 5일 동안 벌겋게 익은 얼굴로 돌아가는 아이들의 모습은 대견함과 기쁨, 바로 그것이다. 졸업한 녀석들이 찾아와 나누는 추억담 가운데 으뜸은 방학 동안의 농촌 봉사활동 이야기다. 그 경험으로 지금의 어려움을 견딘다는 녀석도 있다.

농촌 봉사활동은 방학 둘째 주나 셋째 주에 떠나는 것이 좋다. 방학 초반에는 장마가 지거나 그 뒤끝이기 쉽다. 방학 전에 학부모께 미리 알려서 각 가정의 휴가 계획과 겹치지 않도록 배려하는 것이 좋다. 농촌 봉사활동을 하는 것에 찬성하는 부모가 무척 많다. 비용은 염려할 정도로 비싸지는 않다. 사실 돈 들어갈 곳이 없다. 먹을거리는 모둠별로 다 준비를 해온다. 잠자리도 준비되어 있겠다, 돈이 들어갈 곳은 차비와 과일 등의 간식거리, 그리고 공동으로 준비하는 약간의 부식거리와 약값 정도이다. 차량은 전세버스를 빌리는 것이 좋다. 고속버스나 기차를 이용해도 되지만 번거롭기만 하고 비용 절감에도 도움이 안 된다.

농촌 봉사활동에 적응하지 못하는 아이들의 문제를 짚어볼 필요가 있겠다. 이 녀석들이 제대로 해낼까 싶지만 막상 가보면 일 자체가 힘들어서 견디지 못하는 아이는 없다. 물론, 막연히 놀러 간다는 생각을 갖고 왔는데 고된 일을 하다보니 꾀를 부리는 녀석들도 있기는 하다. 그런 아이들에게는 강제로 뭘 시키기보다는 비교적 쉽고 재미있는 일, 이를테면 옥수수 따는 일이나 말린 담배 나르는 일 등을 시키면서 적응력을 높인다. 그래도 꾀를 부리는 녀석들이 있는데 농민들이 불쾌하게 여길 정도는 아니다. 마지막 밤에 봉사활동을 정리하면서 서로의 소감을 나누는 시간에 들어보면 그런 녀석들도 나름대로 느낀 점이 많다.

생활에 적응하지 못하는 녀석들도 있다. 배변을 잘 못한다든가 식사를 잘 못하는 경우가 그것이다. 특히 시골 화장실 문화에 적응하지 못해 배변을 못하는 녀석들이 제법 있다. 이때는 교사가 세심하게 배려해야 한다. 모두 일을 나갔을 때 심부름이라는 핑계를 주어 혼자 숙소로 보내서 해결하게 한다.

조장희 / 서울 신일중 교사

쉿! 비밀친구가 보고 있어요

비밀친구 만들기

2학기 행사 가운데 하나로 계획한 비밀친구 만들기를 드디어 시작했다. 여러 친구와 골고루 사귈 수 있는 방법으로 괜찮겠다 싶어서 하는 것인데, 아이들이 무척 좋아하는 놀이 가운데 하나다. 반 친구들의 이름을 적은 쪽지를 통에 담은 뒤, 한 장씩 뽑는다. 이름만 기억하고 쪽지는 구겨서 한군데 모아 버린다. 그리고 자신이 기억한 이름의 주인공을 혼자 마음에 담고서 몰래 관찰도 하고 도움도 주는 비밀친구로 생활한 다음, 다음 주 이 시간인 목요일 아침 시간에 20분 일찍 등교해서 발표하기로 했다.

뽑고 난 후 절대로 비밀을 지키자는 것이 첫 번째 원칙이었는데, 다음 날 '나의 발자국' 공책에는 자기 비밀친구 특징을 적어놓고 맞춰보라는 둥 너무나 쉬운 문제들을 내는 입(?) 가벼운 아이들도 있고, 누군가가 자기를 보고 있는 것 같아서 행동을 제대로 하기 힘들다는 아이들도 있었다. '바로 이거야!' 나는 만세를 불렀다.

"너희들 자기 비밀친구가 자신을 지켜보는 거 알지? 실망시키지 마라! 다음 주 월요일엔 너희들의 모습이 낱낱이 밝혀져……. 어쩌고저쩌고……." 하며 협박하였다.

누가 편지라도 받으면 우르르 달려가 글씨를 보고 짐작해보기도 하고, 서랍 속에 사탕이 들어 있었다고 자랑을 하면 부러워하기도 했다. 한번은 인혜가 꽤 값나가 보이는 커다란 앨범을 선물받았는데, 본인은 물론 다른 아이들도 대단한 관심을 보이며 부러워했다. '이건 아닌데…….' 싶으면서도 내색 못하고, "정말 좋겠구나!"라고 했지만 기회를 봐서 얘기해야겠다고 생각했다.

비밀친구임을 들키거나 이미 짐작으로 알게 된 아이들도 있었지만, 대부분 궁금증을 키우며 일주일을 보냈다. 발표를 하루 앞두고 "내일은 일찍 오는 거 잊지 마! 본인도 없이 비밀친구 얘기를 하면 속상할 테니." 하고 주의를 주었다.

집에 가는 길에 달걀을 두 꾸러미 사서 삶아놓았다가 다음 날 교실에 가지고 갔다. 각자 한 개씩 가져가서 달걀에 자신의 비밀친구를 그리거나 글을 적어서 비밀친구를 발표한 후 달걀을 전해주도록 했다. 달걀에 열심히 글을 쓰거나 그림을 그리기도 하는 아이들의 모습을 보며 작은 수고가 충분히 보상되는 듯한 느낌에 흐뭇했다. '나의 발자국' 공책에 내용을 적어와서 발표하기 때문에 말을 잘하는 아이는 가끔씩 참고해

가며 재미있게 발표하고 수줍음이 많은 아이는 보고 읽을 수 있어 좋았다.

맨 처음 장난꾸러기 성호가 발표를 했다. "나의 비밀친구는 아주 촉새인데……, 일주일 동안 잘 관찰하려고 애썼더니 하루에 10분쯤은 조용할 때도 있다는 것을 알고 퍽 놀랐습니다. 월요일 체육 시간에 뜀틀을 넘을 때, 나의 비밀친구 차례가 되자 가슴이 조마조마해서 차마 눈을 뜨고 볼 수가 없었어요. 결국 개구리처럼 납작 고꾸라지고 만 그 친구 때문에 저는 뜀틀이 원망스러웠어요. 이렇게 자상한 제가 점심 시간에 복도에서 놀고 있는데 그 친구가 치마에 밥알을 붙이고 친구들과 지나가기에 떼어주려고 하니 막 화를 내더군요. 또 머리칼에 뭐가 묻어서 털어주려고 했는데 또 화를 내더라고요. 비밀친구만 아니라면 머리라도 한 대 쥐어박았으련만 저는 꾹 참고 그 수모를 견딘 채 친구에게 상냥하게 질문하였습니다. '너는 치마에나 머리에나 무엇을 묻히는 것이 취미니?' 하고. 그러자 그 친구는 또 화를 냈습니다. 이렇게 까다로운 저의 비밀친구는……" 하자 아이들이 이미 얼굴이 홍당무가 된 진미를 바라보며 와르르 웃었다. 진미는 앞으로 나가 달걀을 받고 자신의 비밀친구를 소개하였다.

"저의 비밀친구에게 두 통의 편지를 몰래 주었는데 들킬까 봐 왼손으로 썼습니다. ……." (아이들은 발표하는 내내 웃고 고함치며, 일부는 선물을 건네기도 하며 너무 즐거워했다.)

월요일 학급회의 시간에 비밀친구 만들기를 다음 주에도 또 하자는 의견이 거의 만장일치로 통과되었다. 그리고 다행스럽게 '지나친 선물은 다른 사람에게 부담이 되고 경쟁심을 부추길 수도 있으니 주의하자.'는 의견도 나와서, 선물을 할 수 있는 것으로는 '편지나 손수 만든 것, 아무리 비싸도 천원을 넘지 않는 것'이라 정하였다.

비밀친구 만들기는 교실 분위기를 바꾸어놓는 효과가 있었다. 자신이 한 친구를 지켜보듯 누군가가 자기를 지켜보리라는 생각은 아이들을 긴장하게 했고, 수업이나 청소 시간에도 참여도가 나아진다는 느낌을 받았다. 물론 언제나 그렇듯 무관심한 아이도 몇 있었지만.

그 뒤 비밀친구 만들기는 여러 번 더 계속되었다. 처음의 들뜬 모습은 많이 없어졌지만 새록새록 재미를 더해가는 것을 느낀다. 스페인 말로 '마니또'라고 하는 이 놀이는, 흔히 하는 것이지만 그것을 어떻게 창조적으로 받아들여서 하느냐에 따라 결과도 달라진다. 우연히 자신의 세계 속으로 들어온 한 존재에 관심을 기울인다는 것, 그 존재를 위해 조건 없이 무엇이든 하고 싶어진다는 것은 남을 생각하고 돌보는 일이 오히려 자신을 기쁘게 하고 행복하게 한다는 것을 깨닫는 기회가 될 수도 있다.

박계해 / 전 경남 개운중 교사

단합대회는 아이들을 하나로 모은다

학급 단합대회 열기

나는 해마다 한 학기에 한 번씩, 일년에 두 번 학급 단합대회를 연다. 소속감과 공동체 의식이 상대적으로 빈약한 대도시 아이들에게 학급 단합대회는 좋은 처방전이 된다. 그래서 아무리 바쁘더라도 단합대회는 꼭 치르고 넘어간다. 시기는 1학기, 2학기 중간 고사가 끝나는 5월 중순과 10월 중순의 토요일 오후로 잡는다. 날씨도 좋고, 시험도 끝난 뒤라 홀가분한 마음으로 모두 참여할 수 있기 때문이다.

단합대회 날짜가 잡히면 2주 전에 공고한다. 그래야 준비를 충분히 할 수 있다. 공고에는 일정과 프로그램에 대한 내용을 상세히 담는다. 우리 반은 올해 모둠별 요리 경연대회, 장기자랑, 운동 시합을 주된 프로그램으로 운영했다.

공고가 나간 후 2, 3일 후에 모둠별 요리 계획서, 장기자랑 계획서를 받는다. 아이들은 단합대회를 한다고 하면 들떠서 북적거리지만, 실상 체계적인 준비는 엉망일 때가 많다. 그러므로 교사가 중간에 끼어들어 세밀하게 관찰하고 지도해야 한다.

모둠별 요리 계획서에는 어떤 요리를 할 것인지, 누가 어떤 준비물을 가져오기로 했는지 등을 구체적으로 적게 하고, 장기자랑 계획서에도 프로그램 내용과 역할 분담을 자세히 쓰게 한다. 단합대회 하루 전에는 모둠장을 통해 준비 상황을 마지막으로 점검한다.

토요일 오후, 다른 반 친구들이 모두 하교한 뒤 단합대회의 본격적인 막을 올린다. 첫 순서인 요리는 가사실에서 한다. 처음에는 교실에서 했는데 부탄가스에 대한 위험도 있거니와 물을 쓰기가 아주 불편했다. 가사실을 이용하면 이런 문제가 깔끔하게 해결된다. 모둠별로 떡볶이, 라면, 카레, 피자, 만두, 삼겹살 등 다양하고 맛있는 요리가 준비된다. 탁월한 솜씨를 보여주는 아이, 젓가락 하나만 들고 이쪽저쪽을 기웃거리는 아이, 요리 경연대회 상품을 노려 로비 활동을 하는 아이들까지, 한결같이 요리 과정을 참 좋아한다. 모둠별 요리 과정을 지켜보면서 조금씩 도와주기도 하지만 나의 주된 역할은 심사다. 요리가 끝나면 뒷정리를 깨끗이 하고 교실로 돌아간다. (깨끗이 뒷정리를 하지 않으면 다음 단합대회 때 가사실을 빌리기가 어렵다고 엄포를 놓으면 대개 잘한다.)

요즘 아이들은 노는 것은 좋아하지만, 함께 노는 방법은 잘 모르는 것 같다. 장기자랑 준비 상황을 점검할 때 전혀 준비가 안 되어 있는 모둠은 이런 것을 해보라고 구체적으로 방법을 일러준다. 대개 춤, 노래, 간단한 콩트 등을 준비하는데, 만약 준비가 안된 모둠이 있다면 노가바를 권유하는 것도 괜찮다. 작년 단합대회 때 어떤 모둠이 'D.O.C와 춤을' 이라는 곡에 성적에 대한 고민을 붙여서 불렀는데 참 좋았던 기억이 있다. 이 장기자랑에도 푸짐한 상품이 걸려 있기 때문에 대부분의 모둠은 기를 쓰고 덤빈다. 올해 대상은 '레슬링 쇼'를 준비한 모둠에게 돌아갔다.

장기자랑이 끝나면 운동 시합을 한다. 축구, 농구, 야구, 씨름 등이 주종목이다. 모둠별 대항으로 치르는 씨름이나 농구는 시합 일주일 전에 '뽑기'로 상대팀을 정해놓는다. 농구는 꼭 다섯 명만 선수로 뛰는 규칙에서 벗어나 모둠 전체(6~7명)가 다 뛰게 한다. 씨름도 모든 친구들이 다 참여하게 해서 준결승, 결승을 치른다.

시간이 많지 않기 때문에 한 경기당 10~15분 정도 뛴다. 운동을 잘하는 아이와 못하는 아이들이 한데 엉겨서 뛰는 터라 실수만발이지만, 그래도 함께 뛰고 나면 많이 친해지는 것 같다. 극성 모둠은 시합을 위해 방과후에 따로 남아서 연습을 하기도 한다. 참 보기 좋다. 야구나 축구는 반을 두 팀으로 나누어 치른다. 모둠별로 뽑기를 통해 네 모둠씩 붙여 양팀으로 가른다. 축구같이 신체 접촉이 많은 운동은 학생들이 다치지 않도록 특히 조심해야 한다. 여기에도 상품을 준비한다.

해마다 이런 식으로 단합대회를 치르고 나면 아이들이 참 즐거워한다. 가끔씩 "시간 없어요."라는 말로 맥을 빼놓거나, 마지못해 참여하는 아이들이 없는 것은 아니지만, 그래도 대부분 아이들이 단합대회를 아주 즐거워한다는 사실에 힘을 얻는다.

어떤 행사도 마찬가지이지만 단합대회를 계획하고 추진할 때, 교사가 부지런을 떨어야 한다. 관심을 갖고 준비 상황을 계속 점검해줄 때 행사가 알차게 치러진다. 모둠을 짤 때 이런 행사에 대한 치밀한 배려도 행사 활동의 '영양가'를 좌우하는 기준이 된다. 잘 노는 아이, 묵묵하게 일의 뒤처리를 잘하는 아이, 운동을 잘하는 아이 등이 고루 섞여야 공부하고 노는 일이 조화롭게 잘 돌아갈 수 있다. 모둠원들은 서로 일정한 영역에서 자기가 특히 잘해낼 수 있는 일거리가 있어야 적극성을 띠게 된다.

우리 반 아이들은 다른 반이 하지 않는 우리만의 행사를 참 뿌듯하게 여긴다. 요즘 우리 학교에서는 요리 경연대회, 장기자랑 같은 행사를 여는 반들도 많아졌다. 교사가 어떤 기획과 어떤 열정을 투자하느냐에 따라 학급 분위기는 달라진다. 처음엔 부담스럽지만 해보면 크게 힘이 드는 것도 아니다. 교사에게 경험은 또 다른 힘이다.

최진 / 경기 백마중 교사

야외 활동 꾸리기

소풍과 야영

약이 되는 이야기

대도시 ● 테마 소풍 길트기

· 지역 문화 시설을 이용한 테마 소풍

· 자연을 주제로 한 탐사 소풍

농어촌 ● 테마 소풍 길트기

· 자연 친화적 소풍

· 답사 소풍

· 박물관 견학 소풍

신나는 소풍 놀이

사례 ● 우리 반 소풍

학급 야영의 몇 가지

사례 ● 우리 반 학급 야영

지역별 박물관 · 미술관 · 기념관 안내

지역별 야영장 안내

부드러운 깃털로 부비는
접촉감으로

유기농법 가운데 청둥오리로 논농사를 짓는 오리 농법이란 것이 있습니다. 이 농법을 가만히 들여다보면 '자연을 빌려 자연을 키우는' 어울림의 극치를 보게 됩니다.

오리과에 속하는 녀석들은 참 먹성이 좋습니다. 오리를 키워본 분들은 잘 아실 터이지만, 잠잘 때 빼고는 먹이를 찾느라 아예 주둥이를 땅 속에 파묻고 살다시피 합니다. 이런 녀석들을 논에 풀어놓으면 먹잇감 많겠다, 수영 즐길 수 있겠다 그런 난리가 없습니다. 벼멸구나 메뚜기 같은 해충들을 순식간에 쓸어버립니다. 구태여 농약을 쓸 필요가 없습니다. 게다가 벌레를 잡느라 그 주걱 같은 주둥이로 풀이란 풀은 다 뒤집어놓고 다닙니다. 제초제가 필요 없습니다. 또 뿌리가 실가지를 뻗고 숨쉬기에 적당할 만큼 갈퀴발로 땅을 헤짚어놓습니다. 먹성이 좋으니 똥의 생산량도 대단합니다. 이들이 논바닥에 싼 똥은 고스란히 거름입니다. 비료를 쓸 필요가 없습니다. 오리가 들어서는 순간 논은 '자연의 손길'로 다스려집니다. 사람의 손은 모를 심고 벼를 벨 때 말고는 가지 않습니다.

여기서 주목할 것이 있습니다. 벼의 생장을 돕는 결정적인 또 다른 손길이 숨어 있다는 사실입니다. 그것은 바로 접촉감입니다. 벼를 부비고 쓰다듬는 오리 깃털의 부드러운 접촉감이 벼를 더욱 튼튼하게 키운다는 것입니다. 사람 발길에 채이는 길가의 잡초가 훨씬 억세게 자라는 이치와 같습니다. ― 자연의 이치는 곧 생명의 이치입니다. 아무렇게나 방치된 것 같아도 생명을 키우는 질서가 어찌 그리 정연한지 그저 놀라울 따름입니다.

학교 역시 생명을 다스려 키우는 곳입니다. 아이들을 성장시키는 원리도 오리가 그 깃털로 부비고 쓰다듬어 벼를 키우는 이치와 다를 것이 없습니다. 아이들을 사랑에 가득 찬 눈길로 바라보는 것, 잘못을 준엄하게 꾸짖는 것, 덧보태 다양한 체험의 바다에 빠뜨리는 것도 사실은 '부비고 쓰다듬는' 깃털입니다.

소풍이나 야영 같은 체험성 행사 역시 그런 손길 가운데 하나입니다. 학급 단위의 행사로 정착돼가고 있는 '주제가 있는 소풍', 이른바 테마 소풍은 그런 점에서 가능성이 풍부한 장치입니다. 말이 나왔으니까 얘기지만 그간의 '떼소풍'은 아주 지난했습니다. 학년(학교) 전체를 한 장소 — 그것도 사람이 바글거리는 공원이나 놀이터 — 에 던져놓고 김밥이나 먹고 끝내는 '떼소풍'은 사실, 소풍이랄 것도 없었습니다. 우리는 개체 밀도와 공격성 간의 상관 관계를 잘 알고 있습니다. 좁은 공간에 그것도 서너 마리씩 갇힌 닭의 그 표독하고 짜증스런 눈빛 — 그간의 소풍을 보면서 안타까웠던 점이 바로 그것입니다.

한적한 자연으로 나가 바람을 쐬거나 자연을 가슴에 품는, 말 그대로 소풍이 가능하지 않은 바에야 학급 단위로 무언가 주제 탐색 기행을 떠나는 일은 두 손 들어 찬성할 일입니다. 물론 선생님의 부담은 늘겠지만, 아이들과 따로 떨어져 그들이 가져다준 '화려한 음식'을 먹고 소풍을 막음하는 그 개운치 않음에 비하면 백 번 감당할 일 아니겠습니까? 물론 테마 소풍에도 경계할 요소가 없는 것은 아닙니다. 단순히 구경꾼 노릇만 하는 소풍은 별달리 취할 것이 못 됩니다. 전시회장이나 놀이장이나 극장 관람 정도는 이미 가정에서 다 경험한 것이니 신선한 창의력을 자극하지 못합니다. 기획의 중심이 아이들 사이의 관계 활동을 중시하는 쪽에 놓일 때 소풍은 풍요로운 체험의 장으로 살아납니다.

그런 점에서 어느 여중에서 시도했다는 추적놀이 형태를 도입한 '도시 체험 소풍'(106쪽 사례 1 참고)은 박수를 쳐줄 만했습니다. 어떤 행사를 치르든 아이들을 중심에 놓으면 생각과 기획의 방향이 달라집니다. 벼를 키우는 청둥오리의 그것보다 더 부드럽고 빛나는 깃털이 따로 있겠습니까? ■

대도시 ● 테마 소풍 길트기

지역 문화 시설을 이용한 테마 소풍

소풍이 바뀌고 있다. 단순히 공원이나 유원지로 몰려가서 밥 먹고, 아무 생각 없이 놀이기구나 타던 소모적인 소풍에서 벗어나 주제와 의미를 찾는 '문화 체험' 쪽으로 방향을 틀고 있는 것이다. 이를테면 테마 소풍이다. 그동안의 소모와 식상함에 견주어보면 백 번 박수칠 일이다. 사실 익숙하지 않아서 그렇지, '아이들에게 어떤 유익한 체험을 선물할 것인가' 혹은 '무엇을 가슴에 담아줄 것인가' 라는 관점에서 출발하면 아이들과 함께 갈 곳, 만나야 할 대상은 도처에 널려 있다. 어떻게 기획하느냐의 문제일 뿐이다.

우선, 좋은 연극이나 노래 공연이 있다면 소풍을 아낄 필요가 없다. 삶을 배우는 격조 높은 문화 체험은 아무 때나 할 수 있는 것이 아니다. 영화 관람도 권할 만하다. 이런 활동은 가능하면 감상문 발표나 토론회 등의 내면화 과정을 거칠 수 있도록 배려한다.

주변에 큰 공원이 있다면 그곳의 자연 학습장을 견학한 후, 간단한 놀이를 하며 하루를 보낼 수 있다. 잘 노는 것도 소풍의 중요한 목적 가운데 하나이다. 준비가 약간 어렵겠지만, 자전거 하이킹도 권할 만하다. 자전거를 빌려주는 공원에서 함께 점심을 나누어 먹고 자전거를 타며 하이킹을 해도 색다른 느낌을 받을 것이다. 자전거 하이킹과 같은 유형으로 인라인 스케이트를 타는 것도 생각해볼 수 있다.

학생들이 잘 가는 번화가나 근처의 유명한 관광지도 좋은 소풍 장소가 된다. 이 경우, 전처럼 반 전체를 한 곳으로 몰아넣기보다는 모둠별로 진행하는 소풍 방식(추적 놀이)을 활용할 수 있다. 주어진 과제를 모둠별로 해결하며 목적지를 찾아가는 훈련은, 재미도 재미려니와 문화에 대한 비판적 시각을 키울 수 있다는 점에서 좋은 체험이 된다.

산에 가서 밤을 줍는 것도, 들꽃 기행을 하는 것도, 봉사활동을 떠나는 것도 모두 소풍의 훌륭한 소재거리다. 이제 소풍은 열리고 있다. 교사가 그에 걸맞는 기획을 해 내느냐에 따라 소풍의 문화 지도가 새로 그려질 것이다. 동료와 머리를 맞대고, 혹은 매체 연구를 통해서, 혹은 아이들과의 다양한 접촉을 통해서 그 씨줄과 날줄을 엮어 보자.

유형 1　공연 관람이 있는 소풍

서울 지역에서 고궁과 능을 빼면, 아이들과 함께 다닐 만한 문화 체험지로는 인사 동과 대학로가 유력하다. 인사동에는 고미술품 상점과 화랑들이 밀집해 있어 규모가 작아도 볼 것이 많고, 젊은이들의 문화가 생생하게 집약된 대학로에서는 다양한 연극 과 노래 공연을 체험할 수 있다.

이 두 지역(걸어도 크게 멀지 않다.)을 하루 일정으로 묶으면 쓸 만한 소풍 코스가 된다. 먼저 '인사동 고미술 상가와 화랑 구경 → 대학로(마로니에공원)로 이동→ 반 별 장기자랑(혹은 보물 찾기) → 점심 식사 → 연극 관람'을 기본 일정으로 프로그램 을 구성한다.

● **전통문화의 거리, 인사동 골목**

인사동 골목은 관훈동과 인사동 그리고 양쪽에 위치한 낙원동 일부와 공평동, 견 지동 일대를 포함한 총칭이다. 이런 인사동 골목 가운데 들러볼 만한 곳으로 경인미 술관이 있다. 이곳은 원래 갑신정변의 주역 박영효가 살던 생가이다. 지금은 집터를 개조해서 경인미술관과 전통다원으로 쓰고 있는데, 99칸 한옥의 고풍미가 고스란히 살아 있어서 잔디와 돌턱, 새 소리 등이 그야말로 어느 대감집 앞뜰에 와 앉은 듯한 기분을 준다. 경인미술관은 한옥 안채를 그대로 살려 쓴 제1전시실과 현대식 건물인 제2, 3전시실에다 동양화, 서예, 조각, 디자인 작품 전시, 서양화 등을 전시하고 있 다. 관람료는 무료이다. 함께 붙어 있는 전통다원은 소달구지 바퀴, 여물통, 떡판 등 을 찻상 삼아 차를 마실 수 있게 해놓아 마치 시골 외갓집 대청마루에 앉아 있는 듯한 푸근한 느낌을 준다. (〈예시 11〉 참고)

유형 2　공원 자연 학습장을 견학하는 소풍

대도시 시민공원은 넓은 것이 최고의 강점이다. 마음만 먹으면 판을 넓게 벌여 신 나게 놀 수도 있고, 운동 시합도 가능하다. 서울의 한강 시민공원 같은 경우, 학급원 이 한 줄로 길게 강변에 서서 하늘 꼭대기까지 연을 날려 올리는 장관을 연출할 수도 있다. 연줄에 종이를 끼워 올리는 시집 보내기의 옛 정취를 곁들이면 맛이 새롭다.

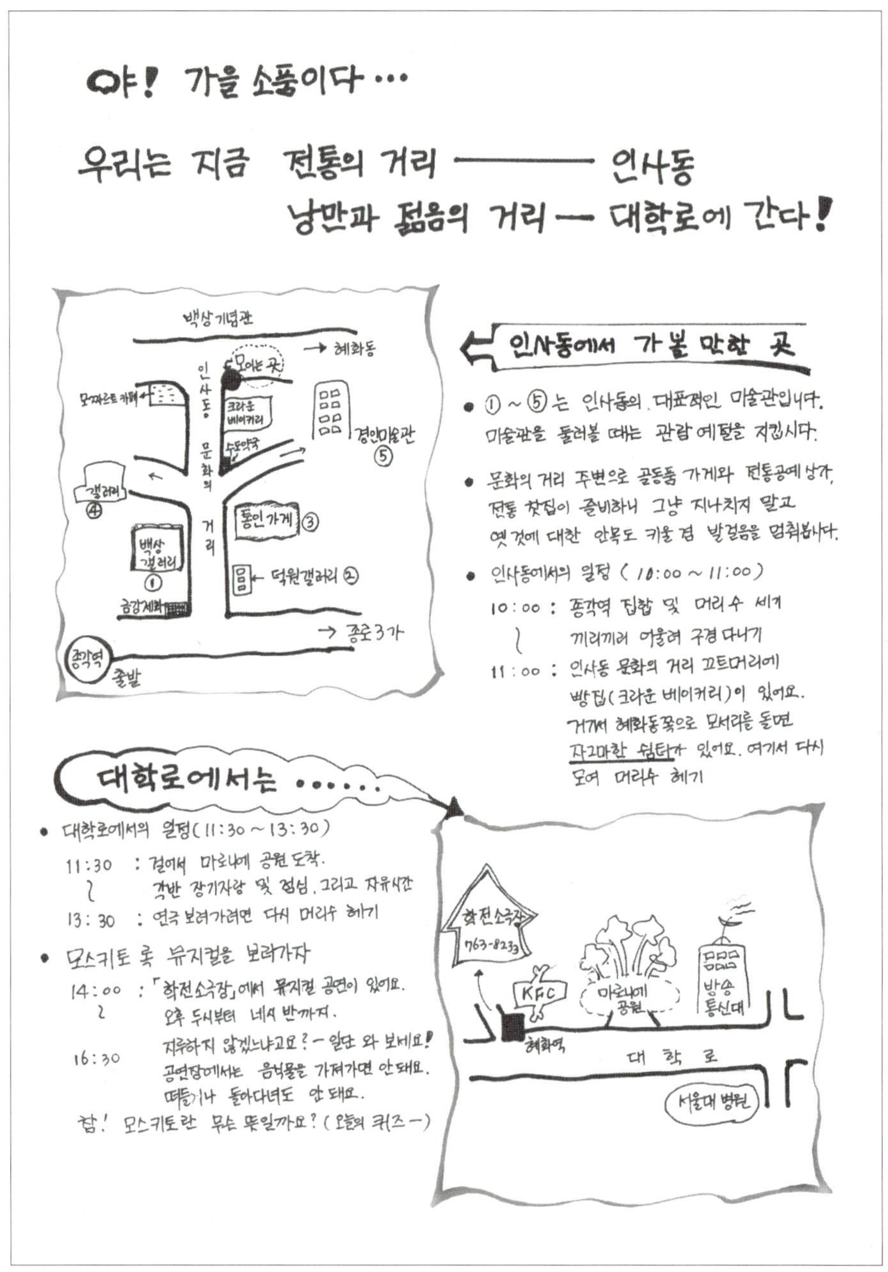

넓은 공간과 자연 학습장, 그리고 근처에 있는 63빌딩을 연결하여 프로그램을 짠다. 63빌딩 아이맥스 영화관에서는 초대형 화면의 영화를 관람할 수 있는데, 단체 입장시 할인 여부를 미리 확인해서 계획을 짠다. 입장료가 다소 비싼 것이 흠이다.

○ 일정 (한강 시민공원의 예)

10:00	한강 시민공원 집합. 인원을 확인한다.
10:00 ~ 11:00	자연 학습장을 견학한다.
11:00 ~ 11:30	넓고 평평하고 사람들이 없는 곳을 찾아 이동, 자리를 잡는다.
11:30 ~ 12:30	모둠 대항 놀이를 펼친다. 놀이마당 형태로 치르는 것이 재미있다.
12:30 ~ 13:30	점심 식사. 취사가 안 되므로 미리 김밥을 싸오도록 지도한다.
13:30 ~ 14:30	편을 갈라 간단한 공놀이를 즐긴 후 63빌딩으로 이동한다.
14:30 ~ 16:30	영화 관람
16:30	인원 점검 후 귀가한다.

남산처럼 오르기에 부담 없고, 문화 시설이 갖추어진 곳도 좋은 소풍 장소가 된다. 위의 일정과 같이 진행하되 자연 학습장 대신 식물원을 견학하고, 영화 관람 대신 전망대 관람이나 산행, 자연 보호 활동으로 프로그램을 구성할 수 있다.

유형 3 인라인 스케이트를 타며 맘껏 달려보는 소풍

지역의 시민공원에서 퀴즈 대항전과 모둠 놀이를 한 뒤 점심을 먹는다.

점심 식사 후 보물 찾기를 하고 인라인 스케이트를 타며 실컷 논 뒤 귀가하는 프로그램이다. 일정이 다소 단조롭다 싶으면, 학급 상황에 맞는 특색 있는 프로그램을 끼워넣어 판을 짠다. 자전거를 대여해주는 곳이 있어도 재미있는 소풍이 된다. 그런 경우 다음 일정에서 자전거를 타고 공원 주변을 달리도록 한다.

○ 일정

10:00	시민공원 도착. 인원을 확인한다.
10:00 ~ 12:00	퀴즈 대항전이나 모둠 놀이. 퀴즈 대항전은 미리 꼼꼼하게 준비해야 한다.
12:00 ~ 13:00	점심 식사. 이때 교사와 몇몇 모둠장들은 점심을 빨리 먹고 학생들이 눈치 채지 못하게 근처에 보물을 숨긴다. 새우깡 1봉지, 사탕 5개, 청소 2일 면제, 지율 학습 3일 면제 등 보물 내용을 다양하게 구성하면 재미있다.
13:30 ~ 14:00	보물 찾기. 보물을 찾은 사람에게 해당하는 상을 준다. 특별히 큰 보물을 찾은 아이는 재주나 장기를 자랑하게 한 뒤 시상해도 재미있다.
14:00 ~ 15:30	인라인 스케이트 타기. 안전에 주의한다.
16:00	주변을 깨끗이 정리한 뒤 인원 점검을 하고 귀가시킨다.

그 밖에 해볼 만한 소풍 주제

1) 추적놀이 : 모둠별로 미리 정해놓은 코스를 차례로 추적하여 제시받은 과제를 풀고, 마지막으로 전체가 모여 노래 공연을 보고 귀가한다. 최근 각광을 받고 있는 소풍 유형으로, 단순한 놀이의 의미를 벗어나 삶의 현장을 직접 탐색하며 협동심과 모험심을 키울 수 있다는 장점이 있다. (106쪽 사례 1 참고)

2) 서울 근교에서 자연 즐기기 : 대성리나 강촌에 가서 점심을 직접 해먹고, 자전거를 타며 그윽한 경치를 마음껏 품을 수 있다. 강가에서 나란히 서서 물수제비를 뜨는 묘미도 있다. 출발은 청량리에서 하며, 기차표는 왕복으로 미리 예매한다. 봄·가을에는 인파가 많이 몰리므로, 특히 돌아올 때 표를 미리 구해놓지 않으면 곤란을 겪을 수 있다.

3) 도자기도 빚고 추억도 빚고 — 이천 도예촌 체험 소풍 : 경기도 이천의 도예촌을 방문하여 일일 도예 체험을 하는 소풍도 가능하다. 이천 시내와 도예촌에 있는 도자기 제작소 가운데 수십 개 소가 체험 교실을 열고 있다. 일일 체험을 하는 데는 그릇 크기에 따라 가격 차이가 있다. 소풍 당일 만든 도자기는 일정 기간이 지나면 찾을 수 있다. 차편을 제공하지 않으므로 따로 버스를 전세 내야 한다. 각 체험 교실은 많은 인원을 수용하기 힘들기 때문에 한 학급 단위가 알맞다. 도자기 빚기 체험은 선인들의 숨결을 느끼면서 우리 도자기 문화를 배울 수 있는 좋은 기회가 될 것이다.

4) 답사 모임을 활용한 문화·역사 기행 소풍 : 최근 문화유산 답사가 붐을 이루면서 다양한 답사 안내 모임이 속속 생겨나고 있다. 계절별로 각각 다른 주제 기행을 주관하는 이 답사 모임을 통하면 역사 기행을 겸한 소풍을 떠날 수 있다. 이 소풍의 장점은 대학교수들로 구성된 전문가의 안내를 받을 수 있다는 점이다. 그러나 기행 일정에 따라야 하기 때문에 소풍다운 맛을 느끼기 어렵다는 점과 기행 비용이 다소 비싸다는 점이 걸림돌이다. 기행지나 주제는 상의하여 결정할 수 있다. (《한겨레신문》 등에서 제공하는 정보를 스크랩하면 언제든 일정을 잡을 수 있다.)

도자기 교실 (2004. 3. 1. 현재)

조선도요 031) 632-7034	해강도자미술관 031) 632-7017
동해도요 031) 634-4998	예원도요 031) 634-2244
지선도예 031) 638-2502	일월도예 031) 635-0595
남당도예 031) 638-8912	신원도예교육센터 031) 287-3071
도예농 031) 637-6555	이천도자기 031) 633-2574~5
원점도예 031) 638-2502	석봉도자기미술관 033) 638-7711
무형도요 051) 508-5260	잿골도예 052) 239-0920
토와공방 053) 581-1586	도연도예 054) 852-5280
전통도예 황담도요 054) 572-1765	

도자기 교실 관련 문의	이천 시청 도예 담당 031) 644-2280~2283
	이천 민속 도자기 조합 031) 633-6381

관련 사이트	도자기 정보 전문 검색 www.ceramic.biz
	이천 도자기 축제 www.ceramic.or.kr
	세계 도자기 엑스포 wocef.com
	Claypark.net www.claypark.net

답사 모임

터사랑 02) 725-1284	문예아카데미 02) 739-6856
한문화탐방 02) 3292-1417	투어데어(고인돌) 02) 745-2626
여래지 02) 3445-0202	돌장승 02) 723-4554
뿌리와샘 02) 3675-0625	국토문화연구회 02) 2266-0220
우리문화답사 02) 335-7137	옛돌 답사여행 02) 2266-1233
열린답사 02) 2282-0624	에버교육여행 02) 080-445-8220

자연을 주제로 한 탐사 소풍

자연을 주제로 한 소풍의 참맛은 생명과 자연의 소중함을 되새기는 데 있다.

생태 기행이나 들꽃 기행은 자연에 대한 경이와 함께 환경 보존의 필요성을 깨닫는 계기가 된다. 갯벌이 있는 바닷가나 해수욕장에서 벌이는 탐사 활동도 같은 맥락에서 의미가 있다. 이 탐사 활동에는 조개와 게를 잡는 채취의 재미가 덧보태진다.

특히 자연을 주제로 한 탐사 형태의 소풍은 꼼꼼한 준비 과정을 거쳐야 그 취지를 살릴 수 있다. 그리고 단순히 노는 것만 즐거운 것이 아니라 기행이나 탐사 같은 학술적인 활동도 참으로 재미있고 보람 있는 활동이라는 것을 경험할 수 있게 한다.

들꽃 기행이나 생태 기행은 전문가의 안내가 있으면 아이들에게 큰 도움이 된다. 소풍을 가기 전에 주변에 전문가가 있는지 알아보고, 만약 있다면 동행할 수 있도록 도움을 청한다. 아이들에게 백과사전이나 식물도감을 활용하여 사전 지식을 습득하고 떠나면 더욱 많은 것을 얻을 수 있다는 사실을 미리 일러준다.

바다로 가는 소풍도 단지 바다에 가서 '재미있게 놀다 오는 것'에 그치지 않도록 사전 지도를 한다. 어떤 일도 마찬가지이지만 준비 여부가 결정적인 차이를 만들어낸다. 일단 소풍의 목적을 갯벌 탐사로 정했으면 자습 시간에 〈갯벌은 살아 있다〉와 같은 비디오를 보며 갯벌의 환경적 의미를 학습시키는 준비가 필요하다.

아이들은 일단 바다를 보면 앞뒤 헤아리지 않고 마구 뛰어들거나, 조개를 잡는 데만 욕심을 내기 일쑤다. 채취에만 치중하지 않고 탐사 쪽으로 가닥을 잡도록 지도한다. 교사는 사전에 답사를 철저히 하여 반드시 바다의 상태를 알고 가야 한다. 밀물과 썰물 때가 언제인지, 장소에 따라 뻘의 상태가 어떻게 다른지 등은 지역주민에게 확인해두어야 낭패를 보지 않는다.

시간대를 잘못 맞추면 갯벌은커녕 바다만 바라보다 돌아올 수도 있다. 만약 시간이 맞지 않으면 계획을 수정하는 것이 좋다.

한편, 기행이나 탐사 소풍은 하루 일정 프로그램에 대해 특별히 고민하지 않아도 된다는 이점이 있다. 크게 장소로 이동하는 시간과 점심을 먹는 시간, 활동하는 시간, 귀가하는 시간 등으로 구분해서 계획을 짜면 별 무리 없이 진행할 수 있다.

유의할 사항이 있다면, 아이들이 준비물을 잘 챙길 수 있도록 도와야 한다는 것과, 운송 수단의 시간표를 확실히 챙겨두어야 시간을 절약할 수 있다는 점이다. 배편 등을 정확히 알아두지 못하면 길에서 낭비하는 시간이 많아진다.

> 기행이나 탐사 소풍은 장소가 산과 바다이기 때문에 위험요소가 있다. 소풍 가기 전에 만일의 사고에 대처할 수 있도록 미리 여행자 보험을 들어두는 것이 좋다. 보험료는 그리 비싸지 않다. 많은 아이들이 움직이는 만큼 준비할 수 있는 것은 다 준비해야 한다.

놀이와 생태 조사를 겸하는 소풍

놀이와 생태 조사를 겸할 수 있는 지역으로 선정한다. 이때의 소풍은 두 프로그램으로 나누어 오전은 모둠 대항 놀이, 오후는 생태 조사를 진행한다. 생태 체험을 하기에는 아이들에게 익숙한 지역이 유리하다. 아이들이 한두 번쯤 다녔음직한 산이나 계곡으로 정한다.

생태 조사 활동은 한 번으로 끝내는 것보다는 일년 동안의 유기적인 계획을 짜서 실시하는 것이 좋다. 봄소풍 때는 전체적인 산의 짜임새를 조사하고, 여름방학쯤 해서는 산의 생태를 조사하고, 가을소풍에는 자연 환경의 보존 상태를 중점적으로 살펴보도록 하는 식이다. 그렇게 하면 자연의 소중함을 깨닫고 적극적인 자연 보호에 대한 인식을 높일 수 있다. 소풍이 끝난 다음에는 보고서 작성이나 슬라이드 제작을 통해 자료를 남긴다. 생태 조사에 관심이 많거나 그 분야에 전문적인 동료교사와 짝을 이루는 것이 좋다.

사진 촬영에 익숙한 교사가 아니라면, 자동사진기에 슬라이드 필름(따로 판매)을 넣어 찍은 후 현상한다. (반드시 슬라이드 현상이라고 말해야 한다.) 꽃이나 곤충을 근접 촬영하고 싶으면 '접사필터'를 부착하면 된다.

〈예시 12〉 **부천 원미산 생태 조사 일정**

10:00	레포츠공원 도착
10:00~11:30	모둠 대항 놀이
11:30~12:20	점심 식사
12:20~15:00	원미산 탐사 활동(식생 조사, 식물 채집 활동)과 슬라이드 촬영
15:00	레포츠공원 도착 인원 점검 뒤 귀가

근처 야산의 들꽃을 찾아보는 들꽃 기행

가까운 곳에 산이 있다면 봄에 들꽃을 찾아보고, 그 아름다움을 발견하는 소풍도 권할 만하다. 식물도감이나 '꽃산행' 류의 책자를 보며 미리 꽃에 대한 지식을 습득한 후 소풍을 떠나야 학생들의 흥미를 불러일으킬 수 있다. 들꽃은 활엽수림에 많이 있으며, 가을소풍보다는 봄소풍이 들꽃 기행에 알맞다는 사실을 미리 알아둔다. 필름을 많이 준비해야 들꽃을 충분히 찍을 수 있다.

생태 기행 소풍(숲 탐방)을 위한 준비

● **숲 탐방에 적절한 복장** ― 긴팔 상의, 긴바지, 스웨터, 등산화, 모자, 장갑, 머플러, 손수건

계절에 맞추되 간편하고 밝은 빛깔의 옷이 좋다. 여름철에는 긴바지와 긴팔 상의를 입는 것이 해충이나 유해한 식물로부터 몸을 보호하기에 좋다. 등산화를 신고 모자를 쓴다. 장갑과 머플러, 손수건도 준비한다.

●**촬영과 관찰을 위한 준비물** — 사진기, 망원경, 돋보기, 확대경, 전등

나무 위에 앉아 지저귀는 새를 눈으로 보고 귀로 듣는 것만으로는 만족스럽지 못하다. 또 눈, 잎, 꽃, 열매 등 식물의 기관과 곤충의 생김새 등을 자세히 살펴보고 싶기도 하다. 이런 때를 위해 필요한 기구들이다. 그냥 지나치기 아쉬운 것은 나중을 위해서 촬영해두면 좋다. 환등기를 가지고 있거나 사용할 수 있는 기회가 있으면 슬라이드 필름을 사용한다. 될 수 있으면 휴대하기에 간편하고 다루기 쉬운 것이 좋다.

●**기록을 위한 준비물** — 공책(작지만 두꺼운 것), 볼펜(수성펜은 피한다.), 소형 녹음기

보고 듣고 느낀 것을 글로 남기는 것은 탐사 소풍에서 가장 중요한 일이다. 공책은 휴대하기에 편하고 크지 않은 것이 좋다. 일회성 소풍이 아니라 숲의 생태에 따라 계절별 연속 소풍을 기획한다면, 되도록 오래 쓸 수 있도록 겉장이 비닐 커버로 된 두꺼운 것으로 준비한다. 필기구는 번지지 않고 습기에도 견딜 수 있는 것으로, 연필보다는 볼펜이 좋다. 자연의 소리를 생생하게 담을 수 있는 소형 녹음기도 준비하면 좋다.

●**문헌을 참고하려면** — 야생화·수목·버섯에 관한 원색도감, 새·곤충 관련 도감

동·식물 전문가라 할지라도 현장에서는 처음 보거나 아리송한 것을 만나는 경우가 많다. 이럴 때는 식물도감이나 동물도감이 유용하다. 요즘에는 휴대하기에 편하게 편집한 소형 도감들도 많이 나와 있다.

●**채집을 위한 준비물** — 신문지, 종이, 비닐봉지, 투명테이프

채집한 식물과 곤충을 싸거나 담을 수 있는 신문지, 종이, 비닐봉지 등이 필요하다. 특별한 연구가 필요한 동·식물을 발견했을 때는 부득이 채집해야 하는 경우가 생긴다. 그러나 채집 대상이 희귀종일 수도 있으므로 채집은 되도록 삼간다. 대신 촬영을 해두거나 그 특징과 모양을 상세하게 기록하고 스케치하여 나중에 전문서적을 참고하는 것이 좋다.

●**응급처치를 위하여** — 옻 탄 데, 벌레 물린 데, 삔 데 바르는 약, 반창고, 붕대, 해열제

숲에는 여러 가지 유해한 식물과 해충이 살고 있어서 탐방 중에 예기치 않은 피해를 당할 수 있다. 또 발을 헛디뎌 넘어지거나 실족할 수도 있다. 이런 경우 깊은 산중에서는 도움을 구하기 어려우므로 미리 구급약을 준비해 가는 것이 필수다.

●**간단하게 할 수 있는 기록 활동**

① 나무 껍질 모양 뜨기

숲에서 나무를 관찰할 때는 나무 껍질의 특징을 조사하고 사진을 찍거나 얇은 종이(한지 등)에 모양을 뜨는 것도 좋은 방법이다.

• 장구핀이나 투명테이프를 이용하여 화선지 같은 얇은 종이를 나무 둥지에 붙인

숲을 제대로 즐기며 공부도 하는 탐사 소풍을 위해서는 몇 가지 준비가 필요하다. 교사가 먼저 챙겨 아이들에게 주의사항을 일러주고 식물 조사표도 만들어주면 한결 알찬 생태 기행 소풍이 가능할 것이다.

다. (크기 : 16절지 정도의 크기)

- 연필이나 목탄을 비스듬히 잡고 가볍게 문지른다.
- 연필 대신 거즈로 싼 솜뭉치에 먹물이나 물감을 묻혀 살짝 두들겨도 된다. 연필보다 훨씬 풍부하고 자세한 질감을 얻을 수 있다. 단, 너무 세게 누르듯이 두들기면 나무 껍질의 특징이 잘 보이지 않는다.

② 식물 조사표 만들기

식물을 자세히 관찰하기 위해서는 식물 채집과 조사표 만들기 등의 방법을 쓸 수 있다. 조사표는 아래와 같은 양식을 활용하고, 도감을 준비하여 확인 작업을 할 수 있도록 한다.

〈예시 13〉 식물 조사표

내가 지은 풀의 이름		지은 까닭	
관찰 그림	전체 모양		자라는 곳
	잎(눈) 모양		맛
	뿌리 모양		그 밖의 특징

도감을 찾아보니	식물 이름 :
	분류 :
	잘 자라는 곳 :
	다른 이름 :
	꽃 피는 때 :
	열매 따는 때 :
	쓰임 :

생태 기행인만큼 쓰레기가 나올 수 있는 간식거리보다는 사과나 오이처럼 환경을 오염시키지 않는 간식을 준비할 수 있도록 한다. 또한 탄산음료보다는 보리차나 생수를 준비해 오도록 하고, 점심도 일회용 용기에 넣어 오지 않도록 단단히 주지시켜야 한다.

유형 2　맨발로 뻘을 밟고 조개도 잡는 갯벌 탐사

갯벌은 그 환경적 가치도 가치지만, 넓고 광활해서 학생들이 마음껏 활동하기에 제격이다. 프로그램을 구성하기에 따라 생태 체험도 가능하고, 다양한 놀이도 가능하다.

갯벌 체험 소풍을 위해서는 대상 장소에 대한 정보를 미리 알아두어야 한다. 지역마다 갯벌의 종류와 서식하는 생물들이 약간씩 다르며, 계절에 따라서도 약간의 차이가 있기 때문이다. 우선 학교에서 가깝거나 이동이 어렵지 않은 갯벌을 선정한 뒤 그 갯벌이 위치한 군청이나 민간환경단체에 전화를 걸어 들어갈 수 있는 지역인지를 확인하고 그 갯벌에 대한 정보를 요청한다.

몇 년 전부터 갯벌로 탐사 소풍을 가는 경우가 많아졌다. 갯벌의 환경적 가치가 널리 확산되고 있는 것이다. 그러나 부작용 또한 만만치 않다. 갯벌을 배우러 간 학생들이 오히려 갯벌을 파괴하는 경우도 적잖기 때문이다. 환경에 대한 인식 부족과 충분히 준비되지 않은 프로그램이 그 원인이다.

날짜 · 시간 선택하기

갯벌에 가면 그늘이 없기 때문에 햇볕이 강한 맑은 날보다는 약간 흐린 날이 좋으며, 비가 약간 오는 날도 괜찮다. 중요한 것은 바닷물이 나가고 들어오는 물때를 미리 알아두는 것이다. (국립해양조사원에서 운영하는 조석 예보 안내 전화는 032) 887-3011이다. 홈페이지는 www.nori.go.kr) 예를 들어 만조 시각이 13시라면, 13시까지는 바닷물이 차 있고 13시 이후에는 서서히 바닷물이 빠진다. 그렇기 때문에 14시 이후가 되어야 갯벌 체험 활동이 가능하다. 다시 물이 들어오기 시작하면 금방 차므로 빨리 나와야 한다. (간조와 만조의 주기는 대략 여섯 시간)

현장 답사하기

탐사 소풍에서 현장 답사는 매우 중요하다. 아무리 완벽한 준비를 하더라도 현장에 나가면 예상하지 못했던 사건이 생기기 때문이다. 그러므로 현장 답사를 해서 대상 장소의 특성과 지리 조건 등을 미리 확인하고 익혀두어야 한다.

현장 답사를 할 때, 취사 장소와 손발을 씻을 수 있는 간이수도가 있는지 미리 파악해둔다. 없는 경우에는 주변에 있는 민가의 도움을 받아야 하므로 미리 조치를 해두어야 한다.

갯벌과 모래에서 할 수 있는 활동

●**각종 체육 활동** : 각종 구기 활동이 가능하다. 개흙이 곱다면, 이어달리기나 축구, 씨름 시합을 하면 재미있다. 순식간에 아이들은 눈만 남고 모두 개흙을 뒤집어쓰

게 된다.

- **조개 잡기** : 조개를 많이 잡은 모둠, 큰 조개를 잡은 모둠, 특별한 조개를 잡은 모둠을 뽑는다.
- **조개 껍데기 전시회** : 모래사장에서 주운 조개 껍데기로 전시회를 한다.
- **모래 조각** : 뻘 주변에 있는 모래사장에서 모둠별로 모래 조각 전시회를 연다.

준비물

- **학급** : 놀이 기구(공, 비치볼, 사진기, 구급약품)
- **개인** : 도감, 채취용 삽, 호미, 채집통, 돋보기, 필기구, 모자, 목이 긴 양말 두 벌, 양파망 또는 바구니, 비닐봉지, 면장갑, 속옷과 여벌의 야외복(개흙물은 빨래를 해도 지워지지 않으므로 얼룩이 져도 괜찮을 허름한 옷을 입는다.)

정리하기

갯벌 생물은 사는 곳에 두고 관찰하거나 만지도록 하며, 갯벌 생물이 무섭다는 인상을 가지지 않도록 유도한다. 불가피하게 갯벌 생물을 서식지로부터 옮겼을 경우에는 반드시 되돌려놓는다. 쓰레기는 정해진 장소에 버리거나 되가져온다.

무엇보다 중요한 것은 갯벌에 대한 가치를 느끼게 해주는 것이다. 갯벌은 쓸모없어 보이지만, 그 자체가 생명체의 보고이며, 육상 생태계와 해양 생태계를 연결하는 중요한 역할을 한다는 것을 일깨워준다.

갯벌에 대한 서적·영상물

《한국의 갯벌》	홍재상, 대원사
《갯벌》, 《살아 있는 갯벌 이야기》	박용해, 창조문화
《갯벌탐사 도감》	김종문, 예림당
《갯벌, 그 자연의 생명력 속으로!》	녹색연합
《우리나라의 갯벌》	해양수산부
〈갯벌은 살아 있다 1, 2〉	MBC 영상미디어

관련 단체 사이트

그린훼밀리운동연합	www.greenfamily.or.kr	02) 732 - 0890
녹색연합	www.greenkorea.org	02) 747 - 8500
환경운동연합	www.kfem.or.kr	1588 - 3337
한국해양연구원	www.kordi.re.kr	031) 400 - 6000
해양수산부	www.momaf.go.kr	02) 3148 - 6114

〈예시 14〉 갯벌 학생용 자료

갯벌이 사라진다면?

갯벌은 육지와 바다라는 환경이 판이한 두 세계의 중간에 위치하고 있는 지역을 일컫는다. 육상과 해양이라는 두 거대 생태계가 접하는 곳이기 때문에 점이지대로서의 특징을 보여주며, 두 생태계 사이의 완충 작용을 할 뿐만 아니라 연안 생태계의 모태로서의 역할을 맡고 있다. 개펄, 간석지, 갯벌을 혼용해서 사용하고 있는데 우리말인 갯벌이 가장 무난할 것이다.

갯벌의 기능을 다섯 가지 정도로 요약하면 다음과 같다.

첫째, 어류 생산과 서식지 기능이다. 갯벌은 수산물에 대해 상당히 많은 잠재적 생산성을 가지고 있다. 갯벌의 생산성은 육지의 생산성보다 9배나 높은 가치를 가지고 있는 것으로 알려져 있다.

둘째, 오염 정화 기능이다. 갯벌은 육상에서 배출되는 오염 물질을 정화하는 기능을 가지고 있다. 우리나라는 연안을 따라 여러 도시와 산업 지역이 형성되어 많은 오염 물질을 배출하고 있다. 따라서 갯벌의 정화 기능에 대한 가치는 상당히 높을 것으로 추정된다.

셋째, 홍수 조절 기능이다. 갯벌은 그 지역의 수계 흐름에 영향을 준다. 갯벌은 홍수에 따른 급속한 물의 흐름을 완화하여 저장하는 역할을 하며 물의 흐름을 긴 기간에 걸쳐 조금씩 흘려보낸다. 특히 단시간의 홍수량을 조절하여 홍수에 따른 인명, 재산 피해를 감소시킨다.

다섯째, 태풍 조절 기능이다. 갯벌은 태풍이 연안 가까이 다가옴에 따라 태풍의 영향을 감소하는 완충 역할을 함으로써 육지의 피해를 감소시킨다.

갯벌이 사라지면 다음과 같은 문제점들이 발생한다.

첫째, 자연이 만들어낸 먹을거리를 잃게 된다. 우리가 즐겨 먹는 바지락, 백합, 동죽, 맛조개 등 갯벌에서 나는 먹을거리를 먹기가 어렵게 된다.

둘째, 갯벌의 고유 기능인 오염 물질을 정화할 수 없다. 오히려 매립지 안에 생긴 호수에 도심 지역에서 발생한 유기오염 물질이 흘러들어 오염이 가속화 된다.

셋째, 갯벌에 사는 생물과 강에서 태어나 바다에서 살다가 알을 낳기 위해 되돌아오는 물고기가 갈 곳을 잃어버리게 된다. 바다 생태계가 파괴되는 것이다.

넷째, 갯벌을 삶의 터전으로 삼던 많은 사람들이 새로운 일자리를 찾아 떠나게 된다.

농어촌 ● 테마 소풍 길트기

교사와 학교장의 생각이 먼저 바뀌어야 한다

최근 확산되고 있는 테마 소풍이나 학급별 소풍은 아이들에게 다양한 체험의 기회를 제공한다는 점에서 매우 긍정적인 평가를 받고 있다. 그러나 농어촌 지역의 소풍은 여전히 구태를 답습하고 있는 실정이다.

우선, 담임 교사나 소풍 담당 교사, 그리고 학교장의 인식이 이에 미치지 못하고 있다. 학생들의 입장을 앞세운 소풍이 아니라, 전에 해왔던 대로 그저 일과성 행사로 때워넘기려는 태도를 버리지 못하고 있는 것이다. 누군가 '우리 반만이라도 소풍다운 소풍을 다녀오자.'고 계획을 짜면 별다른 대책도 없이 너도나도 따라가겠다고 나서기도 한다.

또한 소풍이나 답사를 위한 유인물을 그럴듯하게 만들어 복사를 신청하면 '예산'을 핑계로 묵살당하거나 "그런 걸 만들어 애들한테 나누어줘 봤자 다 없애버린다."며 면박만 받기 일쑤다. 테마 소풍이나 학급 단위의 알찬 소풍을 구현할, 말하자면 '등비빌 언덕'이 없다.

지역 학생들의 가정 형편도 무시할 수 없는 요건이다. 농어촌 지역의 경제 사정은 여전히 어렵다. 그 탓에 관광버스라도 대절해 소풍 의식(?)을 치르려면 아이들의 한숨이 터지고 교장이 먼저 고개를 젓는다.

그러나 따지고 보면 농어촌 지역일수록 소풍 같은 행사에 무게를 실어야 한다. 이때가 아니면 언제 제대로 된 문화 체험을 할 것인가. 또한 이때가 아니면 언제 아이들이 스스로 앞장서서 일을 계획하고 추진하는 경험을 맛볼 것인가.

아이들의 입장에서 보면 소풍은 일년에 딱 두 번뿐이다. 이날만큼은 즐겁게 나들이하는 기분으로 떠나야 한다. 이런 소풍을 가꾸기 위해 현실적으로 시급한 것은 학급활동에 대한 학교장의 지원과 배려이다. 그와 함께 담임 교사들의 노력도 중요하다. 교사가 아이들 눈높이로 아이들을 헤아리는 '인간적 시선'을 회복할 때 아이들의 가슴이 보인다. 생각을 바꾸면 길이 보인다. 작은 길을 통하면 큰 길을 만날 수 있다. 소풍도 그런 입장에서 기획되고 추진되어야 한다. 소풍의 소재는 얼마든지 있다.

소풍의 기획

어떤 유형의 소풍이 되었든 소풍 계획은 적어도 소풍 20일 전에 세워야 한다. 소풍 장소를 정할 때 전에 다녀온 곳은 피하는 것이 좋다.

장소가 결정되면 반드시 각 학급의 임원과 사전 답사를 거친 뒤, 일정과 일과 진행, 준비해야 할 것들을 각 반의 반장과 부반장, 부서장(모둠장)에게 맡겨본다. 그동안은 담임 교사나 학년부장 등이 소풍의 기획부터 마무리까지 해왔지만, 이제 그런 일은 아이들 몫으로 넘길 때가 되었다. 아이들이 행사의 주체로 나설 때 또 다른 지평이 열린다. 처음에는 어눌해도 갈수록 놀라운 능력을 발휘하게 된다.

소풍 유인물(일정, 준비물, 안내문 등)도 아이들이 만들게 한다. 담임 교사는 틈틈이 검토한 뒤, 완성되면 복사하여 전체 아이들에게 나눠주는 일만 한다. 아이들이 처음부터 잘할 수는 없겠지만, 잘하도록 유도하는 것 자체가 담임의 역할이다.

1) 자연 친화적 소풍 (한두 학급 규모)

농촌 지역에는 어느 곳이나 시냇물이 흐른다. 적당한 장소를 택해 들풀과 민물고기 등 생태계 조사를 하며, 모둠별로 조사 내용을 보고서 형식으로 작성한다. 이때 한두 모둠은 어항이나 투망(낚시점에서 구입)을 준비해 물고기를 잡는다.

투망과 어항으로 잡은 고기는 관찰이 끝난 뒤 다시 물에 놓아준다. 그 중 일부를 교실로 가져와 학급 어항에 넣고 키우면 좋은 관찰거리가 되기도 한다. 이때 오락 모둠의 모둠원들은 휴대용 가스버너와 부침거리를 준비해 빈대떡이나 떡볶이 등을 만들어 점심 시간에 함께 먹는다. 먹는 즐거움 역시 소풍의 진수가 아닌가.

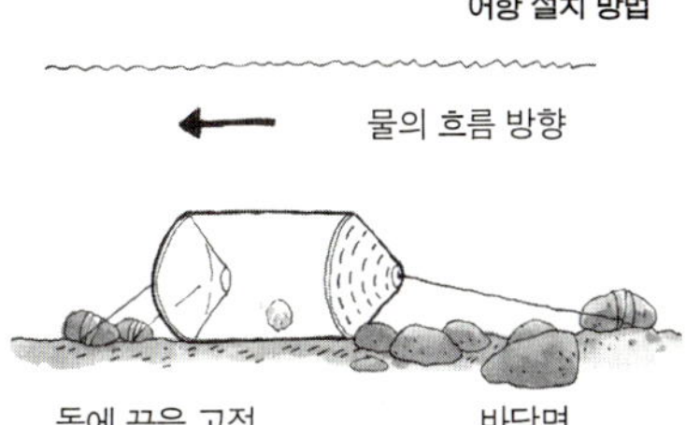

• 주의사항 : 시냇물이 너무 깊은 곳에 들어가지 않도록 주의를 주어야 한다. 투망질은 법으로 금지되어 있으나 생태 조사를 위한 일이므로 무방할 것이다.

부서별 조사 계획

부서(모둠)	활동 내용	준비물	비고
학습부	민물고기 조사	투망 1, 어항 3, 떡밥, 깻묵 또는 된장 3수저, 민물고기 사전, 사진기	
체육부	민물고기 조사	투망 1, 어항 3, 떡밥, 깻묵 또는 된장 3수저, 민물고기 사전, 사진기	
미화부	들풀과 식물 조사	꽃삽 또는 호미 5, 투명테이프, 들풀 사전, 사진기	
봉사부	들풀과 식물 조사	꽃삽 또는 호미 5, 투명테이프, 들풀 사전, 사진기	
오락부	학급 오락 담당	게임 준비, 부침거리 장만(수익금, 학급비), 휴대용 가스버너, 먹을거리 등	

※ 그 밖의 준비물 : 물에 들어가는 아이들의 경우 갈아입을 옷과 양말, 신발, 상비약 등

2) 답사 소풍

우리나라의 완만한 산에는 어느 곳이나 산성이 있고, 유물, 유적, 산사(절) 역시 어느 곳에나 있다. 이런 곳을 답사하기 위한 소풍도 아이들이 계획하도록 한다.

학급 인원을 모둠별로 배치해 답사할 곳의 유물, 유적지를 미리 조사해서 1~3장 정도의 자료를 만들도록 한다. 충분하게 시간을 주면, 아이들은 문화원, 군청, 도서관 등을 찾아 그림, 사진과 함께 컴퓨터로 멋진 자료집(A4 용지 크기)을 만든다. 담임은 모둠별로 모아진 자료를 검토한 뒤 수정·보완하여 한 권의 책으로 만든다. 이 자료집은 소풍 2~3일 전에 미리 아이들에게 나눠준다. 교사가 예습하도록 시키지 않아도, 아이들은 자신들이 만든 자료이기 때문에 하나도 놓치지 않고 보며, 오랫동안 간직한다.

소풍 당일에는 조사를 맡았던 모둠의 대표가 해당 유물에 대한 설명을 맡는다. 자료 조사가 충분한 모둠과 발표를 잘한 아이에게 별도의 시상도 곁들인다. 이런 과정을 통한 소풍이야말로 진정한 테마 소풍이라 할 수 있을 것이다.

학생들이 만든 자료집

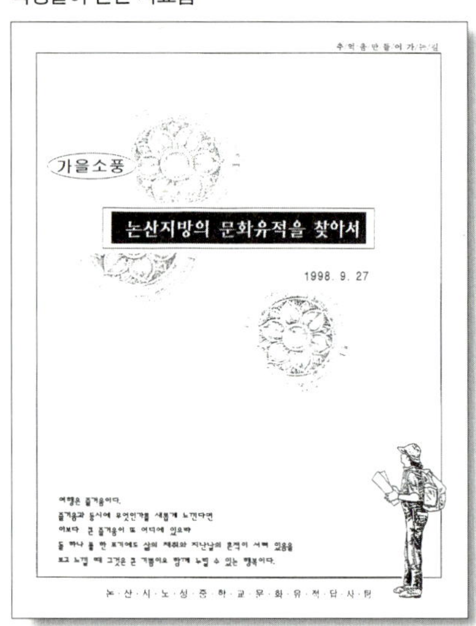

○ 충남 논산 북부 지방 유적 답사 소풍 (두 학급 규모)

10:00~10:40	논산 개태사 답사 · 개태사 절 내력(3-1 학습부), 개태사 삼존석불(3-2 미화부), 개태사 가마솥(3-1 오락부) · 개태사 출토 청동북(3-1 체육부), 개태사 철조탑 - 호암미술관 보관(3-2 봉사부) ※어느 절이나 사전에 주지 스님과 연락해놓으면 자세한 설명을 들을 수 있다.
11:00~11:20	상월 주곡리 장승 내력과 장승제, 솟대(3-2 오락부)
11:30~11:50	이삼 장군 고택 방문(3-1 독서부)
12:00~12:30	노성 윤증 생가 방문(3-2 학습부) · 노성 향교(3-1 미화부), 노성 궐리사(3-2 학습부), 효자 정려비(3-2 독서부)
12:30~14:00	점심 식사와 오락(각 반 오락부가 주재)
14:00~15:00	노성 산성 등산 · 산성 조사 발표(3-1 체육부), 산성 내 소나무에 대한 일본인들의 횡포 조사(3-1 봉사부)
15:30~16:30	학급별 모둠별 뒤풀이

3) 박물관 견학 소풍

예전에 비해 각 지역에 박물관이 많이 생겼지만 교사들마저 자주 찾지 않다보니 학생들도 박물관 하면 고개를 흔든다. 하지만 어느 박물관이나 소풍 2주 전에 미리 연락을 하면 한 학급 정도의 인원은 안내인으로부터 자세한 설명을 들을 수 있다.

대부분 박물관에 설치된 안내문은 전문인이 아니면 알아듣지 못하는 내용으로, 아이들은 그냥 지나치기 쉬운데, 안내인의 설명이 곁들여지면 훌륭한 견학이 된다. 경우에 따라서는 이를 계기로 박물관 회원이 되는 것도 가능하다. 박물관 소장 유물 가운데 꼭 알아야 할 유물을 선정하여 모둠별로 조사하도록 하고, 그 내용을 작성해 소풍 자료집을 만들도록 해보자.

방문할 박물관을 정할 때에는 휴관일을 꼭 알아보고 일정을 잡아야 한다. 대학에 설치된 박물관은 관공서와 비슷하고, 국립박물관이나 사립박물관의 경우는 주로 월요일이 휴관이다. (132쪽 정보쌈지 참고)

4) 기타

반별 혹은 두세 반을 합친 소규모 소풍이라는 점을 전제하면, 그 밖에 시도해볼 만한 소풍 방법은 많다. 가까이에 있는 대도시의 대학과 대형 서점을 묶어 '문화 기행'을 할 수도 있고(사실, 하루 종일 서점에 파묻혀 있는 것도 좋은 체험이 된다.) 이웃 도시로 오붓하게 기차 여행을 갈 수도 있다. 물 좋은 곳이 있다면 모둠별 낚시대회를 떠나도 재미있다. 피라미 몇 마리 넣고 매운탕을 끓여 먹는 것 또한 즐거움 아니겠는가. 꼭 이색적인 장소, 복잡한 프로그램이 있어야 좋은 소풍이 되는 것은 아니다.

환경 답사 소풍을 가고 싶다면?

아이들에게 환경 문제의 심각성을 인식시켜 주거나, 아름다운 환경의 고마움을 깨닫게 하는 소풍을 제안하고 싶은데, 우리 지역에 무엇이 있는지도 잘 모르겠고, 혼자 힘으로 자료를 만드는 것도 막막하다면 환경운동연합에 문의해보자. 가까운 환경운동연합 지부나 본부의 환경교육센터에서는 학교 체험 학습으로 진행되는 환경교육 프로그램과 일정을 무료로 자문해주고 있다. 또 숲 해설이나 체험 지도를 받고 싶을 때에도 강사료 정도만 지급하면 지역 활동가나 환경 전문가의 도움을 받을 수 있다.

(환경운동연합 환경교육센터 02-735-8677)

신나는 소풍 놀이

놀이마당 차려서 놀기

테마 소풍이 되었든 학년 전체가 움직이는 대규모 소풍이 되었든, 공통적으로 놓이는 프로그램은 '놀이' 이다. 대부분의 교사들은 이 '놀이'를 다루는 데 미숙하기 때문에 아이들에 비해 상대적인 부담감을 지닌 채 소풍을 맞는다. 놀이 시설이 있는 곳을 선뜻 소풍지로 택하는 것도, 아이들끼리 놀게 내버려둔 채 교사들끼리 몰려다니는 것도, 사실은 놀이에 대한 부담 때문이다.

별다른 프로그램 준비 없이 아이들을 모아놓고 보면 어색하고 서먹서먹한 게 그야말로 '썰렁하기' 짝이 없다. 간혹 '끼' 있는 아이들이 나와 신나게 몸을 흔들며 노래를 부르면 즐거워도 하지만, 그것도 잠시일 뿐이며 나머지의 어색한 시간은 모두를 더욱 답답하게 만들고 만다. 놀이는 재능을 필요로 하는 대목이 없는 것은 아니지만, 교사가 아이들을 쉽게 데리고 놀지 못하는 것은 '어색함' 때문일 것이다.

이런 교사를 위해 마음만 먹으면 누구든지 큰 어려움 없이 즐겁게 소풍 놀이를 진행할 수 있는 프로그램을 소개한다. 이 프로그램은 보통 '놀이마당' 이라고 부른다. 일종의 경기 방식을 도입한 놀이다.

아이들과 자연스럽게 부대끼다보면 어색함이 없어지고, 어색함이 없어지면 그때부터는 어떤 놀이든 자유롭다.

'놀이마당' 이란

여러 가지 놀이들을 여기저기에 펼쳐놓으면, 아이들은 자유롭게 돌아다니면서 자기가 원하는 놀이에 참가하는 방식이다. 야영, 수련장 등에서 많이 활용되기도 하는데, '열린 수업' 의 코너 학습 형태와 비슷하다고 볼 수 있다.

'놀이마당' 에서 활용할 수 있는 놀이를 유형별로 정리하면 다음과 같다. (104쪽 그림 예시 참고)

놀이마당의 여러 가지 놀이

● 던지기형

목표를 향하여 던지기. 다섯 번 중 세 번 이상 성공하면 성공 도장을 찍어준다.

· 농구, 야구 / 고리 던지기, 화살 던지기

● 씨름형

씨름이나 팔씨름도 할 수 있지만 소풍지에서는 일반적인 씨름 놀이를 변형해 다음과
같은 씨름을 활용하는 것이 좋을 듯하다. 세 사람 이상을 연속으로 이기면 성공 도장
을 찍어준다.

· 줄 씨름 / 손바닥 씨름 / 인디언 씨름

● 단체형

· 단체 줄넘기 / 단체 제기차기

● 기타

· 노래야 나오너라 / 그림 맞추기

준비사항

1) 놀이 선정

유형별로 다양하게 선정하는 것이 좋다. 소풍 가기 며칠 전에 학생들과 함께 놀이
를 선정한다. 그러면 앞에서 예를 든 것 말고도 다양한 놀이가 나올 수 있을 것이다.
새로운 놀이를 만들어낼 수도 있고, 위의 놀이를 여러 가지로 변형시킬 수도 있다. 이
과정에서 창의성 교육이 이루어진다는 점을 고려하길 바란다. 단체 줄넘기처럼 되도
록 모둠원 전체가 동시에 참여할 수 있는 놀이로 개발하는 것이 좋다.

2) 놀이 도구 준비

놀이 도구가 필요한 경우 사전에 미리 점검하여 빠뜨리지 않도록 한다. 직접 제작
해야 하는 경우, 학생들이 귀찮아할 수도 있으므로 잘 챙겨보도록 하자. 뭐든지 돈 주
고 사서 해결하는 요즘, 스스로 제작한다는 것은 교육적으로 무척 의미가 있다. 담당
모둠이 전담할 수도 있고, 각 모둠이 하나씩 맡아 만들 수도 있다.

3) 담당자 정하기

각 놀이마다 한두 명씩 담당 학생을 정한다. 놀이 진행에 대해 충분히 사전에 숙지
를 해야 당일의 상황에 따라 적절히 대처할 수 있다.

4) 상품과 도장

상품이 있으면 놀이 분위기가 더 고조될 수 있다. 각 놀이마다 기준을 통과한 사람에게는 '성공' 도장을 팔뚝에 찍어주거나 미리 도장을 찍어놓은 종이를 나누어준다. 도장을 3개 이상 받은 학생에게는 볼펜을, 전 종목(혹은 5종목 이상)을 성공한 학생에게는 공책을 주는 식으로 시상제를 운영하고 그에 맞춰 미리 상품을 준비한다.

당일 진행에 대하여

최종 목적지에 도착하면, 전체 학생에게 모일 시간을 예고한 후 자유 시간이나 점심 시간을 보낸다. 이때 놀이 진행자는 자유 시간 동안 장소를 선정하여 전체 집합 시간보다 10분 정도 일찍 모이게 한다. 교사는 이들과 함께 집합 시간 10분 전에 장소를 둘러보고 최종 준비 상황을 점검한다.

집합 시간이 되면 전체 학생들과 함께 간단한 놀이 등을 통해 분위기를 형성한 후 놀이 진행 방법과 장소를 안내한다. 그리고 일정한 시간(1시간 정도) 동안 놀이마당을 본격적으로 진행한다. 정해진 시간이 되면 전체가 모여 상품을 수여한 후, 다 함께 노래를 부르며 마무리한다. 이때 단체 줄넘기 놀이는 협동심도 길러주고 매우 재미도 있으므로 상품 수여에 앞서 다 함께 모인 자리에서 해볼 수 있다.

유의점과 제언

· 가능하면 한눈에 전체가 다 보이는 넓은 장소가 좋으나 그렇지 못할 경우 시작 전에 장소에 대해 자세히 안내해야 한다.
· 각 놀이의 진행 방식은 상황에 맞게 적절히 변형시키는 융통성을 발휘한다.
· 놀이마당 수는 학생 수를 고려하여 적절히 조정하되, 인기가 높을 것으로 예상되는 놀이는 마당을 여러 개 설치한다.

소풍을 가면 대개 교사들은 학생들끼리 놀게 내버려둔 채 교사들끼리 음식만 먹고 마는 경우가 많다. 그러다보면 막상 자기 반만 데리고 놀이를 진행하는 것도 눈치가 보인다. '놀이마당'은 진행에 별다른 재능이 필요한 것이 아니므로 교사들 누구나 할 수 있다. 따라서 한 학급을 데리고 하는 것보다 사전에 협의하여, 모든 교사들이 진행을 하나씩 맡아 전체를 대상으로 함께하는 것이 좋다. 아이들과 자주 어울리면 아이들의 호흡을 이해하게 되고 허물없이 '놀 수' 있다. 아이들과 잘 노는 교사가 아이들에게 설득력도 높다.

그 밖의 여유 시간에 할 수 있는 놀이

모둠 대항 놀이

● 단체 줄넘기

긴 줄을 준비한다. 모둠원 두 사람은 줄을 돌리고 나머지 모둠원은 모두 들어가 동시에 줄넘기를 한다. 많이 한 모둠이 이긴다.

● 소지품 잇기

모둠원 전체가 합심하여 각자 가진 소지품을 묶어 가장 길게 늘어놓는 편이 이긴다. 늘어놓은 후 챙기기를 하여 가장 빨리 챙긴 모둠에게 점수를 더 줄 수도 있다.

● 신발탑 쌓기

모둠원의 신발을 이용하여 정해진 시간 안에 가장 높게 쌓으면 이긴다.

● 풍선 불어 터트리기

각자에게 풍선을 하나씩 준다. 일정 시간 동안 가장 크게 불도록 한다. 큰 풍선이 많은 편에게 점수를 준 후 상대방의 풍선을 터트리도록 한다. 터지지 않은 풍선이 가장 많이 남아 있는 모둠에게 점수를 준다. 끝난 후 바닥에 떨어진 풍선 조각 줍기를 해서 가장 많이 주워온 모둠에게 추가 점수를 주면 놀이를 하면서 주변도 치울 수 있어 일석이조다.

● 팔짱 끼고 반환점 돌아오기

반환점을 여러 개 놓고 모둠원 전원이 팔짱을 끼고 반환점을 빨리 돌아오는 편이 이긴다. 도중에 반환점을 하나라도 빠뜨리거나, 팔짱이 풀어지면 탈락한다.

함께 즐기는 ○× 퀴즈

학급 학생 전체를 대상으로 하는 퀴즈 풀이다. 학급이나 소풍지에 대한 문제를 20~30개 정도 준비하여, 바닥에 ○ 지역과 × 지역을 표시한 후 문제를 낸다. 학생들은 각 문제에 대하여 답이라고 생각하는 지역으로 이동한다. 틀린 학생들은 중간에 탈락한다. 진행을 하다가 탈락한 학생들을 대상으로 살아날 수 있는 문제를 내서 놀이에 다시 참가할 기회를 준다.

'우리 반에는 빗자루가 6개다.' '영식이는 여동생이 있다.' '담임 선생님의 나이는 34살이다.' 등 학급에 관련된 문제를 내면 학급과 친구들, 담임에게 더욱 관심을 갖는 계기가 되어 좋다. 소풍 지역에 관련된 문제를 낼 수도 있다. ■

야구

라면 상자 등에 적당한 크기의 구멍을 뚫어 공을 던져 그 구멍 안으로 넣으면 성공. 진짜 야구공은 위험하므로 테니스 공을 이용하거나 종이를 구겨 둥글게 말아 사용한다.

농구

소풍지의 적당한 장소(나무 등)에 벽걸이 농구 골대를 설치한다. 요즘 농구가 학생들 사이에 인기가 좋으므로 여러 개 준비하는 것이 좋다.

줄씨름

두 사람이 마주 서서 줄넘기 줄을 S자 모양으로 허리에 감고, 당기고 풀고 하여 상대방을 넘어뜨리는 사람이 이긴다.

노래야 나오너라

'도전 30곡' 등의 이름으로 잘 알려진 놀이. 세 곡을 연속으로 성공하면 성공 도장을 찍어준다.

화살 던지기

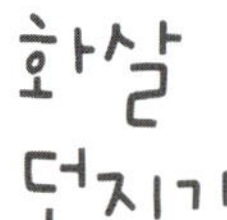

'투호'라고 하는 우리 민속놀이. 철사나 대나무 등을 이용해 30cm 가량의 가는 막대(화살)를 만들고, 이것을 적당한 거리에 떨어져 있는 통에 던져넣는다.

인디언 씨름

두 사람이 서로 몸통을 나란히 하고 반대 방향으로 누워 "하나, 둘, 셋"의 구령에 맞춰 다리를 높이 올려 서로의 다리를 걸어 내린다. 상대방의 몸이 일어나거나 구르면 이긴다.

단체 줄넘기

양쪽에서 줄 돌리는 사람까지 포함하여 한 팀을 만들어 도전.

긴 줄을 양쪽에서 돌리고 그 안에 5명 정도의 사람이 들어가 20번 이상 뛰면 성공. 처음에는 잘 안되지만 몇 번 하다보면 잘된다.

단체 제기차기

5명 정도의 사람이 둘러서서 제기를 찬다. 같은 사람이 연속해서 차면 안 된다. 합격선은 15번 정도가 적당하다.

고리 던지기

어릴 때 가지고 놀던 고리 던지기 기구가 있는 학생이 있으면 활용할 수 있다.

그림 맞추기

그림이 있는 종이를 여러 조각으로 잘라 흩어놓은 것을 정해진 시간(1~2분 정도) 내에 제대로 맞추면 성공.

손바닥 씨름

두 사람이 마주 서서 손을 가슴 높이로 올리고 서로 밀거나 피하여 상대방을 넘어뜨린 사람이 이긴다.

서울을 헤맨 뒤 극장으로 모여라!

도심 체험 오리엔티어링 소풍

소풍에 대한 접근 방법이 달라지면서 교사들은 새로운 고민거리를 안게 되었다. 예전과 달리 학급별로 움직이며, 뭔가 교육적 의미를 탐색하는 과정이 생각처럼 쉽지 않기 때문이다. 게다가 늘 같은 형태의 소풍을 경험하면서 식상할 대로 식상한 아이들의 눈과 가슴을 충격적으로 열어젖힐 테마를 기획하기란 더더욱 어려운 과제다.

몇 해 전부터 이 과제를 해결하기 위해 몇몇 아이디어를 놓고 고민해보았지만, 현실적인 여건이 뒷받침되지 않아 번번이 주저앉고 말았다. 예를 들면, 교외선이나 경춘선 열차를 타고 밖으로 나가 밥도 해먹으면서 자연의 정취를 만끽한다든가, 서해안의 갯벌에서 생명의 신비를 체험하는 유형이었다. 그런데 현실적으로 취사를 허용하는 장소가 극소수에 불과하며, 무엇보다 비용을 감당하기 어려웠다. 그래서 온갖 궁리 끝에 생각해낸 것이 바로 '도심 체험 오리엔티어링 소풍'이다.

'오리엔티어링(Orienteering)'이란 청소년단체에서 실시하는 야영 훈련 가운데 하나로, 야외에서 나침반과 지도만을 이용하여 목적지를 찾아가는 훈련이다. 나는 걸스카우트 지도 교사의 도움을 받아 이것을 응용한 색다른 프로그램을 만들어보았다. 미리 다양한 숙제가 숨어 있는 코스를 개발해서 아이들을 투입시키는 것이다. 아이들은 집단을 이루어 지도를 가지고 도심 속의 목적지를 차례대로 찾아가며 치밀하게 기획된 과제를 수행해야 한다. 적용 결과는 대성공이라 할 만했다. 최후 목적지에 집결해 자신들을 주인공으로 하는 문화 공연에 넋을 놓았던 아이들은, 일생에 기억될 만한 소풍이었다며 엄지손가락을 꼽아 보였다.

준비 1단계　　**장소 선정과 사전 답사**

'도심 체험 오리엔티어링 소풍'에 적당한 장소로는 아이들이 평상시 경험하기 어려운 문화적 환경이 있는 곳이 적당하다. 중심 장소가 결정되면 그곳을 축으로 고궁이나, 미술관, 대학교, 공연장 등 문화적 공간을 포함시켜 기본 코스(A 코스)를 짠다. 일정한 과제를 수행하며 걸어서 세 시간 정도 걸릴 만한(되도록 정확하게) 여정으로 짜는 것이 특히 중요하다. 기본 코스가 결정되면 그 경유 순서를 바꾸어 B 코스, C 코스, D 코스로 응용 코스를 개발한다. 실제 활용해본 코스를 소개하면 다음과 같다. 아이들은 소풍 당일 모둠별로 각 코스에 투입되어 함께 행동한다. 모둠별 구성 인원은 10명이 적당하다.

◐ 개발 코스의 예 (출발지 : 모둠별로 다름. 목적지 : 대학로 야외 공연장)

● A 코스

지하철 3호선 종로 3가역 → 종묘 정문 → 종묘 정전 → 구름다리 → 창경궁 명정전 → 창경궁 정문 → 서울의대병원 정문 → 서울의대 구내(점심) → 서울의대 문(다른 문임) → 대학로 → 종로구민회관 → 성균관대학교 정문 → 명륜당 → 대학로(마로니에공원 야외 공연장) 최종 집합 장소 (13:00)

● B 코스

지하철 4호선 혜화역 → 서울의대 정문 → 서울의대 구내(점심) → 서울의대병원 문(다른 문임) → 창경궁 → 성균관대학교 정문 → 명륜당 → 종로구민회관 → 대학로(마로니에공원 야외 공연장) 최종 집합 장소(13:00)

● C 코스

지하철 1호선 종로 5가역 → 대학로(점심) → 종로구민회관 → 성균관대학교 정문 → 명륜당 → 창경궁 → 서울의대병원 정문 → 서울의대 문(다른 문임) → 대학로(마로니에공원 야외 공연장) 최종 집합 장소(13:00)

● D 코스

지하철 3호선 종로 3가역 → 종묘 → 구름다리 → 창경궁 → 성균관대학교 정문 → 명륜당(점심) → 대학로 → 서울의대 정문 → 서울의대 구내 → 서울의대 정문(되돌아가기) → 대학로(마로니에공원 야외 공연장) 최종 집합 장소(13:00)

〈예시 15〉 개발한 코스를 나타낸 약도

서울이나 수도권의 경우, 이런 코스 외에도 여러 대학교를 연결하는 신촌 코스, 남대문시장과 종로, 광화문, 덕수궁 등을 연결하는 코스, 인사동과 경복궁 등을 연결하는 코스 등도 추천하고 싶은 곳이다. (실제로 개발할 만한 코스는 무척 다양하다.)

코스 결정이 끝나면 교사들은 사전 답사를 통하여 교통편과 코스별 이동 시간, 각 경유지별 해결 과제, 고궁 무료 입장을 위한 예약 등을 조사하고 각 코스별로 세부 활동표와 이동 약도를 작성하여 학생들에게 소풍 당일 나누어줄 수 있도록 준비한다. 이 준비가 매우 중요하다. 조금이라도 착오가 있으면 아이들이 여러모로 곤경에 빠질 수 있다.

코스가 결정되고 사전 답사가 끝나면, 이를 바탕으로 세부 활동표와 각 경유지별 임무 수행 카드, 채점표, 주의사항 그리고 학생 준비물 등이 기록된 유인물을 제작하여 학생들에게 나누어준다. 이때 채점표와 학생 준비물 등은 소풍 2~3일 전에 미리 나누어준다. 그래야 아이들 스스로 준비하고 질서와 규칙을 지키는 마음의 자세를 다질 수 있다.

임무 수행 카드에는 각 경유지에서 해결해야 할 필수 과제와 학생들의 흥미를 유발시키고 관찰력을 기를 수 있는 모둠별 보조 과제를 두세 가지씩 준비한다. 또 각 경유지마다 지정된 특정한 건물을 배경으로 모둠별 단체 사진을 찍어서 보고서 뒷면에 붙여 제출하도록 한다. 그래야 아이들이 코스에서 벗어나는 것을 막을 수 있다. 사진에서 빠진 아이들이 있으면 그 숫자만큼 점수를 깎는다. 이때 주의할 점은 세부 활동표와 임무 수행 카드, 이동 약도는 반드시 출발하는 날 출발 지점에서 각 모둠별로 나누어주어야 한다는 것이다. 이때까지 비밀을 유지해야 아이들의 긴장과 흥미를 한껏 끌어낼 수 있다.

〈예시 16〉 세부 활동표

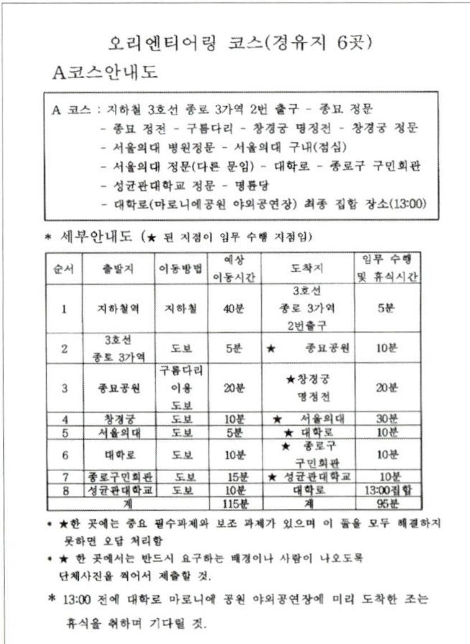

오리엔티어링 코스(경유지 6곳)

A코스안내도

A 코스 : 지하철 3호선 종로 3가역 2번 출구 - 종묘 정문
- 종묘 정전 - 구름다리 - 창경궁 명정전 - 창경궁 정문
- 서울의대 병원정문 - 서울의대 구내(점심)
- 서울의대 정문(다른 문임) - 대학로 - 종로구 구민회관
- 성균관대학교 정문 - 명륜당
- 대학로(마로니에공원 야외공연장) 최종 집합 장소(13:00)

* 세부안내도 (★ 된 지점이 임무 수행 지점임)

순서	출발지	이동방법	예상 이동시간	도착지	임무 수행 및 휴식시간
1	지하철역	지하철	40분	3호선 종로 3가역 2번출구	5분
2	3호선 종로 3가역	도보	5분	★ 종묘공원	10분
3	종묘공원	구름다리 이용 도보	20분	★창경궁 명정전	20분
4	창경궁	도보	10분	★ 서울의대	30분
5	서울의대	도보	5분	★ 대학로	10분
6	대학로	도보	10분	★ 종로구 구민회관	10분
7	종로구민회관	도보	15분	★ 성균관대학교	10분
8	성균관대학교	도보	10분	대학로	13:00집합
계			115분	계	95분

• ★한 곳에는 중요 필수과제와 보조 과제가 있으며 이 둘을 모두 해결하지 못하면 오답 처리함
• ★ 한 곳에서는 반드시 요구하는 배경이나 사람이 나오도록 단체사진을 찍어서 제출할 것.
* 13:00 전에 대학로 마로니에 공원 야외공연장에 미리 도착한 조는 휴식을 취하며 기다릴 것.

〈예시 17〉 임무 수행 카드

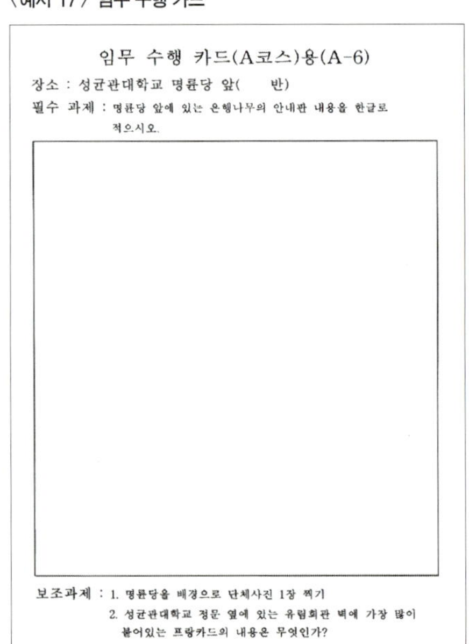

임무 수행 카드(A코스)용(A-6)

장소 : 성균관대학교 명륜당 앞(반)
필수 과제 : 명륜당 앞에 있는 은행나무의 안내판 내용을 한글로 적으시오.

보조과제 : 1. 명륜당을 배경으로 단체사진 1장 찍기
2. 성균관대학교 정문 옆에 있는 유림회관 벽에 가장 많이 붙어있는 프랑카드의 내용은 무엇인가?

　두세 학급이 연대하라

　한 모둠은 10명 안팎으로 짠다. 모둠활동이 활발한 학급이면 모둠을 기준으로 짜고, 아이들이 원하면 자기들끼리 모둠을 자율적으로 새로 구성할 수 있게 한다. 평소에 아이들을 보아온 경험을 바탕으로 담임 교사가 임의로 배정해도 무난하다. 학급별 4개 모둠 정도면 적당하다.

　또한 이 훈련은 한 학급만 단독으로 하기보다 두세 학급이 함께 진행하는 것이 좋다. 각 학급별로 출발 장소를 달리하면 같은 코스를 돌더라도 시간 차이가 있어 별 문제는 없다. 단, 네 학급을 넘으면 지나치게 모둠 수가 많아져서 산만해지므로 코스 진행에 신경을 많이 써야 한다.

　아이들 준비물은 아래와 같이 준비할 수 있도록 2~3일 전에 미리 알려준다.

● **학생 준비물**

　도시락, 음료수, 지하철 요금, 간편한 복장과 운동화, 각 모둠별로 시내 지도 1장, 지하철 노선 안내도 1장

● **주의사항**

아래 사항을 지키지 않으면 지도 교사가 모둠별로 감점 처리한다.

① 고궁과 길거리에서는 절대로 음식물을 먹지 않는다.

② 훈련 코스 중 어느 곳에서도 고성방가를 삼가며, 휴지를 버리지 않는다.

③ 모둠에서 이유 없이 벗어나는 일은 절대 하지 않는다.

④ 모르는 길은 반드시 물어서 가고, 정해진 코스대로 이동한다.

⑤ 길을 묻거나 도움을 받은 후에는 반드시 공손하게 감사 인사를 한다.

⑥ 고궁 입장료는 미리 신고되어 있으므로 무료로 입장하면 된다.

⑦ 임무 수행 중 시간이 초과되면 즉시 다음 장소로 이동한다.

⑧ 임무 수행이 끝나지 않았어도 13시가 되면 무조건 집결지로 모인다.

⑨ 비상시는 반드시 지도 교사에게 연락한다. (지도 교사의 휴대폰 번호를 써준다.)

〈예시 18〉 채점표

채 점 표

제 2학년　　　반　　　조

참가자 명단 :

점 검 내 용	만점	점수
집합 시간 평가 - 09:00이전 도착 모두 만점, - 09:00 이후 도착 5분마다 1명당 1점씩 감점	10	
복장 및 도시락 검사- 위반 항목 당 1점씩 감점	10	
수행 과정 평가 - 코스별로 지도 교사 수시 순찰, 　학생 신분 위반 사항 및 음식물 취식, 　고성 방가 적발 시 1회당 10점 감점	30	
도착 시간 평가 - 13:00까지 마로니에공원 야외공연장 도착 시 만점 - 도착 시간 이후 도착시 5분마다 10점씩 감점	20	
보고서 작성 및 사진 촬영 평가 　- 보고서 미작성시 경유지마다 10점씩 감점, 　- 사진 촬영을 못한 경유지마다 10점씩 감점 　- 사진 촬영에서 빠진 사람마다 1점씩 감점 * 조별 보고서 이외에 1998. 10. 17. (토)까지 16절지 　한 PAGE 이상의 소풍 소감문제출 　- 미제출자 1명당 5점 감점	30	
합　　　계	100	

* **주의사항** (아래사항을 지키지 않을 시 지도교사가 조별로 감점 처리)

1. 고궁에서는 절대로 음식물 취식 금지
2. 훈련 코스 중 어느 곳에서도 고성방가 및 휴지 버리는 행위 엄금
3. 무단 이탈 행위 엄금
4. 모르는 길은 반드시 물어서 가고 정해진 코스대로 이동할 것
5. 길을 묻거나 도움을 받은 후에는 반드시 공손하게 감사의 인사를 할 것.
6. 길거리에서 무단 취식 금지

보조 과제로 경유지에서 찍은
모둠 단체 사진

오리엔티어링 훈련 당일　어떻게 관리하나

훈련이 실시되는 당일 담임 교사들은 출발지에서 출석 여부와 준비물 등을 채점표 기준에 따라 꼼꼼하게 점검한다. 점검이 끝나면, 먼저 모인 모둠부터 자연스럽게 출발시킨다. 출발 직전에 임무 수행 카드와 세부 활동표를 나누어주고, 모둠끼리 간이 회의를 거쳐 자신들이 이용할 교통편과 방법 등 목적지를 정복할 전략을 세우게 한다.

이때 지하철이 있는 도시의 경우는 지하철역을 출발지로 하고(소규모라도 단체가 이동할 때는 지하철역이 출발지로 가장 적합하다.) 지하철이 없는 곳은 버스 정류장으로 하는 것이 좋다. 아이들이 모두 출발하면, 교사들은 아이들이 경유해야 할 장소로 옮겨 지도하는데, 이때 아이들에게 직접적인 도움은 주지 않도록 주의하면서 채점표에 채점을 한다.

물론 경유지를 다 챙길 수는 없으므로, 일부 장소는 부담임의 몫으로 넘겨준다. 부담임은 미리 대기하고 있다가 훈련 과정을 지원하는데, 그 자리에서 즉석 과제를 내주어도 재미있다. (예를 들면, 휴지 줍기나 계절에 맞는 노래 부르기 등) 이러한 활동이 끝나고 집합 시간이 되면, 집합 장소로 옮겨서 출석을 점검하고 마무리 행사를 갖는다.

마무리　언더그라운드 가수 공연 관람

행사의 마무리는 집합 장소에서 간단한 오락회나 봉사활동 등으로 할 수도 있다. 그러나 좀 더 특별한 행사로 마무리하고 싶다면, 대학로나 신촌 일대의 소극장에서 벌어지는 언더그라운드 가수들의 공연을 관람할 수 있다.

우리는 마무리 행사로 대학로에 있는 소극장과 교섭하여 '우리만을 위한' 언더그라운드 가수들의 공연을 아주 싼 가격(60%나 할인된 가격)에 관람하였다. 요즘 아이들의 연예인에 대한 관심은 '자기'를 잃은 것은 아닐까 싶을 정도로 열광적이다. 그러나 이들의 내면을 들여다보면 음악에 대한 열정보다는 단순한 군중심리에서 출발한 경우가 많다. 이런 아이들에게 대중과 인기에 영합하지 않는 음악인의 순수한 열정이 어떤 것인가를 조금이라도 맛보게 하자는 의도였다.

가수들의 노래도 듣고, 자신들이 하고 싶은 노래도 맘껏 부르고, 흥에 겨운 교사들도 함께 무대 위에 오를 수 있었던 공연은 예상을 뛰어넘는 대성공이었다. 아이들의

대학로에 있는 일부 소극장에서는 이런 유형의 학생활동(소풍, 클럽활동 등)을 지원하기 위해 맞춤 공연을 실시하고 있다. 두세 학급 규모이면 맞춤 공연 예약이 가능하다.

반응도 매우 긍정적이었다.

모둠별로 작성한 보고서와 개인별 소감문은 다음 날 사진을 첨부하여 제출하도록 하였다. 가장 성실하게 참가한 것으로 평가받은 모둠은 상을 주어 격려했다. 또 학교 전시회 때에는 각 모둠별로 오리엔티어링 내용을 게시물로 만들어 전시해서 참가하지 못한 학급의 아이들에게 많은 흥미와 관심을 불러일으켰다.

도심 체험 소풍을 잘 끝내긴 했지만 한 가지 아쉬움이 남았다. 낯선 장소를 찾아다니며 과제까지 수행해야 했던 아이들이, 일정에 바빠 여유롭게 풍경을 즐기지 못했다는 것이다. 미리 답사를 하면서 아이들이 길을 잘 못 찾아 헤매거나 과제를 수행하는 데 걸리는 시간까지 계산해서 여유 있게 일정을 짰는데도, 거의 모든 모둠이 예정 시간보다 훨씬 이른 시간에 최종 목적지에 도착했다. 혹시 늦을까 봐 걱정하며 점식 식사도 예정된 장소가 아니라 최종 목적지에 도착해서 도시락을 먹기도 하고, 굶기도 했다.

처음에 교사들은 오히려 아이들이 이탈하거나 늑장을 부릴까 걱정을 했다. 다음 소풍에서는 아이들이 충분히 계절의 정취를 즐기고 여유 있게 주변을 둘러볼 수 있도록 하는 과제를 군데군데 끼워넣는 것으로 프로그램을 '버전업' 해야 할 것이다.

'도심 체험 오리엔티어링'은 별다른 경비나 시설 없이 실시할 수 있는 소풍 프로그램이다. 그러나 이 행사를 제대로 해내려면 일반 소풍보다 훨씬 더 많은 교사들의 사전 준비와 노력이 필요하다. 그럼에도 이 행사를 권장하고 싶은 것은 타성적인 행사에 지쳐 있는 아이들에게 신선한 경험과 아름다운 추억, 그리고 사물을 새롭게 보는 눈을 선물할 수 있기 때문이다. 아이들의 기쁨에 젖은 눈은 교사들의 가슴에서 열 배의 기쁨으로 되살아난다.

이 프로그램은 이제 시작일 뿐이다. 각 지역 선생님들의 치열한 열정과 번득이는 아이디어로 좀 더 멋진 지역별 문화 체험 프로그램으로 거듭나길 기대해본다.

양한재 / 서울 애화학교 교사

※ 이 글은 필자의 전임지인 서울 명성여중에서의 이야기입니다.

소풍, 놀면서 공부하기

지역 문화와 환경을 탐색하는 답사 소풍

소풍은 학교의 일정 속에 들어가 있는 하나의 행사이며 업무일 뿐이었다. 공부에 억눌려 있는 아이들을 하루쯤 풀어주는 날 아니겠는가. 지난해 계획서에 날짜만 바꾸어서 소풍을 계획하면 아무런 문제가 없었다. 장소는 학교에서 1시간 정도 거리에 있는 강변이나 숲으로 정하는데, 이곳은 아이들이 초등학교 때부터 단골로 드나들던 소풍 장소이다. 아이들은 아이들대로 불만이 많을 수밖에 없다. 몇백 명이 북적대는 곳에서 몇몇의 장기자랑을 보며 박수를 치고, 놀이 기구를 타다가 끝나는 소풍이 좋을 리가 없는 것이다. 아이들에게 소풍은 그저 수업을 면제받고, 김밥을 먹으며, 약간의 용돈을 쓰는 날일 뿐이다. 예정된 시간보다 일찍 소풍을 끝내고 교사들은 집으로, 아이들은 PC방으로 달려간다. 이게 우리들의 썰렁한 소풍 풍경이다.

이런 소풍을 반성하면서, 지난해 가을소풍이 다가오자 학교 선생님들 사이에서 뭔가 새롭게 해보자는 의견이 나왔다. 몇몇 선생님들이 상의한 결과 학교 근처의 송학면 지역을 답사하자는 쪽으로 의견이 모아졌다. 내가 사는 곳에 대한 이해와 관심이 곧 나를 이해하는 계기가 된다는 취지였다.

1학년은 송학면의 산업을 조사하기로 하고, 농공단지 안에 있는 공장과 목장 등을 대상지로 선정하였다. 2학년은 지역 문화재를 답사하기로 하고, 군지 등을 참고해 장소를 선정하였다. 3학년은 수질 오염을 중심으로 환경 탐사를 하기로 하였다.

사전 준비는 학년별 담당 교사를 중심으로 진행하고, 관련 교과에서 사전 교육을 하였다. 환경 탐사를 하는 3학년의 경우에는 과학 시간에 환경 오염도 측정 방법을 배운 뒤에 국어 수업을 통해 환경에 대한 글읽기와 쓰기를 했다. 같은 맥락에서 음악 시간에는 환경에 대한 노래를 배웠다. 이른바 소풍을 위한 교과 통합 수업을 진행한 셈이다. 각 교과 통합 수업은 학년별 교과협의회를 통해 이루어졌다.

18개 모둠이 약속한 장소에서 만나는 것으로 소풍은 시작되었다. 달랑 김밥만 들고 오던 아이들이 자료와 조사 카드를 들고 모여들었다. 공장, 목장, 농장으로 흩어진 1학년 가운데 소시지 공장에 간 학생들은 소시지를 만들어 시식하는 과정을 직접 체험하였다. 2학년들은 탑·선돌·정자 등을 찾아갔는데, 산을 오르던 모둠이 그만 벌

	1학년	2학년	3학년
	지역 산업 현장 답사	지역 문화재 답사	환경 탐사
답사 지역	신우음향, 소시지공장, 표고버섯 농장, 목장, 채석장, 태흥농원	포천리 점말동굴, 장곡리, 관란정, 소악사지, 선돌, 남산, 홍사구 묘, 고인돌, 효자비, 영정각	장곡 환경 탐사 송학, 입석, 장곡(상, 중, 하류) 수질과 토양 오염 정도 조사
중점 조사 내용	송학 지역 산업별 특색 유통 과정 조사 산업 현장의 이해	지역 문화재의 특색 전설, 민담 조사 문화재 보호 대책	상·중·하류의 오염 정도 조사 상·중·하류의 오염 원인 조사 상·중·하류의 서식 생물 조사
사전 지도 교과	기술, 국어, 사회, 과학, 미술	역사, 사회, 국어, 가정, 미술	과학, 사회, 국어, 음악, 미술
참고 자료	제천시지	제천시지 지역화 자료 민족문화대백과사전	충북의 자연 환경 자연·환경·생명(비디오) 초롱이의 환경 지키기(비디오)

구분	모둠	조사 분야	준비물	공동 준비물	비고
상류	1반 A	어류 조사	어류 채취 기구	일지, 연습장, 필기구, 모둠별 사진기 1대	
		수중 생물 조사	생물 채취 기구		
	2반 A	수질 조사	온도계, 산도 시험지, 자(1m), 모종삽		
		식물 조사	1m 크기로 자른 막대(4개)		
중류	1반 B	어류 조사	어류 채취 기구		
		수중 생물 조사	생물 채취 기구		
	2반 B	수질 조사	온도계, 산도 시험지, 자(1m), 모종삽		
		식물 조사	1m 크기로 자른 막대(4개)		
하류	1반 C	어류 조사	어류 채취 기구		
		수중 생물 조사	생물 채취 기구		
	2반 C	수질 조사	온도계, 산도 시험지, 자(1m), 모종삽		
		식물 조사	1m 크기로 자른 막대(4개)		

침 세례를 받기도 했다. 그러면서도 아이들은 아무 생각 없이 놀던 곳에 이렇게 깊은 역사가 담겨 있는 줄은 몰랐다며 즐거워했다.

　3학년은 학교 앞으로 흐르는 하천을 상류, 중류, 하류로 나누어 수중 식물, 민물고기, 수질 등을 조사하였다. 직접 물 속에 들어가 여러 조사 활동을 벌였는데, 오염 실태에 매우 놀라워했다. 조사를 마치고 발표와 오락으로 끝을 맺었다.

　소풍을 다녀온 뒤 학년별로 조사한 내용을 발표하는 시간을 가졌다. 그 결과를 정리해서 복도에서 전시회도 열었다. 다소 힘든 과정을 거치긴 했지만 아이들은 자신이 살던 고향을 새롭게 깨닫게 되었다며 스스로 대견해했다. 교사들도 긍정적인 평가를 내렸다. 너무 학습 위주로 흘렀다는 점, 기획 과정에서 학생들의 주도적인 참여가 보장되지 않았다는 점은 개선해야 할 문제점으로 남았다. 이러한 문제점을 보완해서 새로운 프로그램을 도입한다면, 지역 답사를 통한 소풍이 아주 의미 있는 행사가 될 수 있을 것이다.

한종희 / 충북 청운중 교사

※ 이 글은 필자의 전임지인 충북 송학중에서의 이야기입니다.

소풍 가는 길, '멋진 놈들!'

입맛대로 골라 가는 학급 자율 소풍

월요일 교무회의 시간, 학생부에서 소풍은 반별, 과별, 학년별 등 자율적으로 실시하되, 가능한 테마별로 했으면 좋겠다는 당부를 한다. 그동안 소풍은 으레 학교 전체가 움직였다. 잘되었다. 나는 그 틀에서 좀 빠져나와 보고 싶었다.

아이들에게 소풍날을 가르쳐주고, 장소 선정 문제를 학급회의에 넘기니, 별다른 의견이 없다. 하긴 그동안 언제 아이들의 의견이 반영된 적이나 있는가. 그래서 내가 나섰다. "우리 반 소풍은 외달도로 가자."

그러자 한 녀석이 나서서 선비가 얼마나 드냐고 묻는다. 오천원쯤 되다고 하자, 비싸요, 어쩌구 하는 것을, "마, 너희들 군것질하는 것 보면, 엄청나게 쓰더라."는 말로 간단히 눌러버렸다.

결정되었다. "그럼 프로그램을 짜라." 아이들은 스스로 조를 나누고 역할 분담을 한다. 놀러갈 때 역할 분담은 어쩌면 저렇게도 자율적으로 잘될까. 부담임 선생을 찾아갔다. 같이 가시자. 어려우면 찬조는 어떠냐. 나는 찬조금까지 챙긴다. 그리고 학급에 와서 바람을 잡는다.

"야, 너희 부담임 선생님께서 너희들 소풍 잘 다녀오라고 찬조금을 주셨다."

와아! 함성에 박수 소리. 일단 소풍 전야제에 분위기는 띄워놓았다.

소풍 전날 퇴근하면서 식육점에서 돼지 목살 3만원어치를 예약했다. 아침 일찍 출발해야 하기 때문이었다. 내심 걱정이 되었다. 가난한 녀석들이 많아서 선비 5천원에 또 저희들 용돈이 들어갈 테고, 또 어떤 녀석들은 옷도 쫙 빼 입으려고 할 텐데.

아침 일찍 기숙사에서 축구공을 빌릴 때까지만 하더라도 은근히 아이들의 결석이 걱정되었는데, 약속 시간이 되자, 아이들은 한 명도 빠짐없이 목포항만 터미널에 나타났다. 정민이는 책임 단위도 아니면서 선비를 걷기 시작했다. 이 녀석은 사회적 능력이 있다. 작은 리더다. 쫄바지에 양어깨를 흔들고 다녀 껄렁껄렁해 보이지만, 나는 이 녀석이 좋다. 녀석은 중학교 때까지만 해도 배드민턴 선수였다. 키가 자라지 않아서 운동을 그만두고 공고로 전학 온 것이다.

선비를 흥정하는데 해운회사 부장은 친절했다. 에누리도 해주고 아이들에게 우유와 빵까지 나눠주었다. 그리고 목포 인근 섬에 관한 안내 팸플릿도 주었다. 모든 것이 순조로웠다.

목포는 공단이 없어서인지 하늘이 맑고 깊었다. 전형적인 한국의 가을 하늘, 푸르디푸른 물살이 그 하늘에 닿을 듯했다. 갑판 위에서 먼 바다를 바라보는 아이들, 카메라를 들고 여학생을 좇는 아이들, 소풍날의 느낌을 쓰기 위해 미리 메모하는 아이들, 모두 즐거운 모양이다. 나는 그대로 두었다. 그래, 바다와 하늘과 섬을 호흡해라.

고하도, 달리도를 지나서 작은 꼬막처럼 떠 있는 외달도에 도착했다.

섬 마을을 지나서 고개를 넘었다. 저희들끼리 조별로 자리를 잡는다. 시골 녀석들이라 달랐다. 벌써 몇 놈은 폐가가 된 집으로 달려가 슬레이트를 떼어온다. 은박지를 깐다. 마늘을 깐다. 상추를 나누고, 고추를 자르고, 바닷가에서 시간이 흘러간다. 철망에 구운 고기는 어쩌면 이렇게도 쫄깃쫄깃하게 기름기가 다 빠져 비계마저 맛이 있나. 왕성한 식욕들을 채우느라 판에 고기가 남지 않는다. 섬에서 온 진영이가 금세 바다에서 게 몇 마리를 잡아왔다. 빨갛게 구워진 게를 젓가락으로 집어 내 입에 넣어준다. 그러자 여기저기서 선생님, 선생님, 나는 연방 몇 점을 먹는다. 배가 부르다.

배를 채운 아이들 몇몇이 축구공을 가지고 논다. 모래사장 위에서는 힘의 우열도 없다. 단지 달리고 차는 원시적인 유희만이 있다. 평소에 소극적이던 녀석들이 이 바다에 오자 의기양양하게 잘도 논다. 멀리, 몇몇 짝을 이루어 바닷가를 따라서 조개 껍데기를 줍는 여학생들이 보인다. 그 모습도 참 예쁘다.

실장 율이가 쓰레기 봉지를 준비해 왔다. 시키지 않은 일인데도 참 장하다. 사소하지만 자기 스스로 일을 찾아한다는 것은 얼마나 아름다운가.

돌아오는 배에는 고하도로 단체 소풍을 나온 초등학교 학생들이 먼저 승선해 있었다. 진민이라는 아이가 있다. 학교 보컬 그룹의 리드싱어다. 어머니는 이혼하여 서울에 계시고, 건축 공사장에 다니시는 아버지와 초등학교 3학년에 다니는 여동생과 함께 산다. 이 가난한 녀석이 악어 가죽 무늬의 양복을 입고 코가 길게 난 구두를 신고 왔다. 잘 어울려 보였다. 그래서 "너는 가수다."라고 칭찬해주었더니, 그 말을 들었는지, 5, 6학년 여학생들이 저 오빠가 정말 가수냐고 묻는다. 고개를 끄덕여주었다. 진민이는 배가 목포항에 도착할 때까지 그 아이들의 사인 공세에 시달렸다. (그런 진민이가 요즈음 학교에 오랫동안 결석하고 있다. 가정이 무너져도 너는 무너지지 말아라. 너는 너의 기둥으로 너를 지탱해라. 돌아오면 이렇게 격려해줄 것이다.)

장주섭 / 전남 과학고 교사

※ 이 글은 필자의 전임지인 전남 목포기계공고에서의 이야기입니다.

학급 야영의 몇 가지

야영은 학급 단합대회 차원에서 자주 이루어지고 있는 행사이다.

사실 1박 2일 정도의 야영이라면 그리 어려울 것도 없다. 텐트 치고 밥 해먹고 나면 저녁이 되고, 대충 자유 시간 주고 장기자랑 조금 하다가 학생들을 텐트 안으로 밀어넣어 자고, 아침이 되면 텐트 걷어 집에 가면 그것으로 끝이다. 그렇지만 이렇게 '치러내는 것'에 의미를 두면, 친한 친구끼리 몰려서 하루를 지냈다는 것 외에는 별 의미가 없다.

야영은 단순히 하룻밤을 같이 지냈다는 재미와 호기심 충족에서 벗어나 공동체 생활의 경험을 통해 친구 사이의 이해심을 키우고 자신의 역할을 배운다는 목표 설정이 뚜렷해야 한다. 그렇지 않으면, 자기들끼리 은밀하게 '해서는 안 될 것'을 맛보는 재미 충족용을 벗어나지 못한다. 그러므로 야영을 실시할 때는 사전 지도를 철저히 하고 준비부터 진행, 마무리까지 학생들과 함께해야 한다.

야영을 일관성 있게 꾸려나가기 위해서는, 학생들과 야영의 목적을 공유하고, 야영을 통해 무엇을 얻을 것인지를 구체적으로 정해야 한다. 목표가 분명한 야영은 아이들의 관계와 생활 태도에 보이지 않는 영향을 준다. 어떤 경우에는 아이들이 친구나 교사를 대하는 태도에서 그 결과가 확연히 드러나 보일 때도 있다. 목표는 급훈 짓 듯 추상적으로 정하지 말고, 좀 더 구체적으로 눈에 보이게 정해서 아이들이 피부로 느낄 수 있도록 한다. 예를 들면, '모둠원들의 단결을 위하여' 라든가 '아름다운 추억 만들기' '모두에게 말을 걸어보고 서로에 대한 이해를 높이기' 처럼, 왜 이런 학급활동을 하는지 학생들이 이해할 수 있게 정하는 것이 좋다. 목표가 분명해야 아이들의 행동과 마음가짐도 구체성을 띤다.

야영을 준비할 때 유의할 사항 몇 가지

야영을 실시하기에 가장 좋은 때는 6월이다. 그 이전은 밤에 너무 춥고, 그 이후는 장마와 겹쳐 운동장을 사용하기 힘들다. 그리고 시험 기간을 피해야 학급 학생 전원이 참여할 수 있다. 야영은 모든 학생의 참여를 원칙으로 해야 한다. 학교에서 토요일부터 1박 2일로 치르는 야영의 경우, 늦어도 다음 날 9시 이전에 끝내도록 해야 아침에 교회 가는 학생들이 망설임 없이 참여한다.

야영을 하기 전에 반드시 가정통신문을 보내 야영의 목적과 프로그램 내용을 상세히 소개한다. 가정통신문 끝에는 회신서를 두어 참가 허락 표시를 할 수 있게 하고, 그 회신서는 야영이 끝날 때까지 보관한다.

만약의 경우 비가 올 때를 대비해야 한다. 가정통신문에 비가 올 경우 야영이 연기가 된다는 것을 미리 알리고, 학생들에게도 사전에 통보해둔다. 사정이 여의치 않아 비가 와도 야영을 연기할 수 없거나, 혹은 야영을 하는 도중에 비가 왔을 때를 대비하여 학교 건물을 이용할 수 있도록 미리 조처를 취해놓아야 한다.

일기예보를 주의 깊게 듣고 실내에서 할 수 있는 대체 프로그램을 따로 준비하되, 모둠별로 하는 놀이와 심성 계발 프로그램을 중심으로 구성한다. 실내에서는 화기 사용에 특별한 주의를 기울여야 한다. 화기 사용은 복도나 현관에서 하도록 단단히 주의를 준다.

야영을 하기 전에 내부 결재를 내야 만약의 문제가 발생해도 해결이 쉽다. 이때 내부 결재를 내는 동시에 근처 파출소에 협조 공문을 보내서 한 시간에 한 번씩 순찰해 줄 것을 요청하면 교사와 학생이 마음 놓고 야영을 할 수 있다. 혹시 동네 주민들이 신고를 해도 파출소에서 대신 양해를 구해주기 때문에 편하다. 만약 불꽃놀이나 모닥불 놀이 프로그램이 들어 있다면 동네 소방서에 미리 양해를 구해두어야 한다.

1박 2일짜리 야영이라면 늦어도 두세 시 이전에 아이들을 재워야 한다. 아이들은 들뜬 마음에 밤을 새려 하지만, 아침 6~7시쯤 되면 밀려오는 졸음을 이기지 못하고 주변 정리를 미룬 채 잠만 자려고 한다. 그렇게 되면 마무리가 좋지 못하고 교사가 본의 아니게 화를 내는 일도 생겨 끝이 좋지 않다. 남학생의 경우 술이나 담배, 화투, 카드 등을 준비하는 경우가 대부분이다. 텐트에서 나오지 않거나 전체 놀이에 참여하지 않는 학생이 있는지 꼭 살펴보고, 중간중간에 텐트를 열어서 점검을 한다.

텐트를 미처 준비하지 못하는 모둠이 생길 수도 있다. 그럴 때는 운동장에서 가까운 1층에 위치한 학급의 담임 교사에게 미리 양해를 구해서 교실을 얻어둔다. 대신 그 모둠에게는 돗자리와 이불을 충분히 준비하도록 하여 교실에서 잠을 자는 데 불편이 없도록 한다. 물론, 식사는 운동장에서 함께 하게 한다.

대도시는 대부분 학교 야간 경비를 외부 용역업체에 맡겨서 처리하기 때문에 교실 이용이 쉽지 않다. 사전에 협조를 구하거나 정황을 파악한 뒤 야영 형태를 결정하는 것이 중요하다.

어떻게 준비할 것인가

비교적 간단한 야영이기 때문에 부담이 적고 진행이 순조롭다. 그럴지라도 '야영 준비위원회'를 구성하여 진행한다. 스스로 준비하고 챙길 때 참여도도 높아진다.

야영을 위하여 특별히 모둠을 구성할 수도 있지만, 되도록 기존의 모둠(혹은 학급 HR 조직)을 그대로 활용하는 것이 좋다. 어떤 행사든 절차의 번거로움을 줄여야 내실을 기할 수 있다. 기존 조직을 이용하면, 각 모둠원들은 자신의 소속을 다시 한 번 인식하고 서로를 확인하는 계기가 된다. 이런 인식은 야영 후 원활한 학급운영으로 그 결과가 나타난다. 야영의 목표는 친구에 대한 이해와 모둠원의 단결이다.

야영 준비위원은 자발적인 의사에 따라서 구성하는 것이 좋다. 학급에 행사를 담당하는 모둠이 있다면 그 모둠에 원하는 학생들을 덧붙여 준비 작업과 당일의 진행을 맡긴다. 준비위원들은 프로그램 구성과 각 모둠의 준비 상황 점검, 미비 사항 지원, 당일 프로그램 진행을 책임지고 야영의 전 과정을 사진으로 찍는다.

각 모둠에서는 모둠별 회의를 통해 야영 당일 점심과 저녁거리를 준비한다. 점심은 보통 도시락으로 해결하는데, 모둠별로 비빔밥을 해먹도록 권하면 점심이 재미있고 특별한 행사가 된다. 비빔밥 대신 삼겹살을 구워 먹는 것도 아이들이 좋아하는 먹기 행사다. 점심은 집에서 해결하고 저녁만 학교에서 해먹을 수도 있다. 복장은 교실 청소를 끝낸 뒤, 체육복이나 간단한 사복으로 갈아입는다.

진행 일정

【13:00 ～ 14:00】 **모둠별로 비빔밥 해먹기**

모둠원 각자가 싸온 도시락을 큰 그릇이나 바가지에 넣고 비벼서 먹는다. 야영 전에 각 모둠원이 의논하여 반찬을 결정하는데, 주로 나물류로 준비하도록 한다. 고추장과 참기름, 밥을 비빌 큰 그릇, 주걱도 각자 나누어 준비한다.

【14:00 ～ 16:00】 **모둠 대항 체육대회**

모둠 구호 외치기로 분위기를 띄운다. 부담임의 협조를 얻어 놀이마당 형식으로 운용하는 것이 가장 무난하나, 아이들의 취향에 따라 구기대회나 색다른 종목을 끼워 넣어 운영해도 좋다. 단 소외되는 모둠이나 아이가 없도록 신경 써서 놀이 종류를 구성해야 한다.

토요일을 활용한 당일치기 야영은 텐트가 필요 없기 때문에 비교적 준비하기가 쉽다. 점심은 도시락으로 해결하고, 저녁을 같이 해먹고 놀이와 장기자랑을 준비한다. 학기말 잔치 형식으로 치르는 것이 좋다.

· 제기차기 : 전 모둠원이 찬 횟수를 누계하여 점수를 준다.

· 병 굴리기 : 럭비공으로 하면 재미있다. 럭비공이 없을 경우 유리병(음료수병)을 신문지로 둘둘 말아 단단하게 테이프로 붙여 만든다. 막대를 이용하여 병을 굴리면서 반환점을 돌아온다. 모둠원 이어달리기 형식으로 진행한다.

· 6인 7각 반환점 돌아오기 : 반드시 6인 7각일 필요는 없고 모둠원 숫자에 맞게 발을 묶어 반환점을 돌아온다.

· 짝피구 : 남녀 합반인 경우 짝피구가 재미있다. 남녀가 손을 잡은 상태로 공을 피하는데, 손을 놓치거나 공에 맞으면 죽는다. 이때 동성이 던진 공을 맞으면 죽지 않으므로 남학생이 공을 던질 경우 손을 잡은 남학생이 몸으로 여학생을 막아줄 수 있다.

· 캥거루 뛰기 : 커다란 자루(비닐봉지는 여러 겹으로 해야 찢어지지 않는다.) 안에 두 사람이 들어가서 반환점을 돌아오는 경기다. 역시 이어달리기 형태로 진행한다.

【16:00 ~ 17:30】　휴식과 장기자랑 준비

【17:30 ~ 18:30】　모둠 대항 장기자랑

모둠별로 미리 준비한 내용을 발표할 수 있게 한다. 교사가 짬짬이 준비 내용을 확인해야 빠지는 모둠 없이 참가할 수 있다. 준비가 지지부진한 모둠은 노가바 같은 간단한 놀이를 조언해준다. 장기자랑은 따로 시상해야 적극적으로 참여한다.

【18:30 ~ 20:00】　저녁 해먹기

저녁은 라면과 같은 인스턴트 식품을 사용하지 말고 반드시 밥과 찌개를 해서 먹도록 한다. 교사는 각 모둠을 돌아다니며 쌀과 찌개의 양, 밥물, 화기 상태를 점검한다. 야영 시작 전에 음식물의 양을 점검해서 지나치게 많이 준비하지 않도록 하고 음식물이 남아서 버리지 않도록 지도한다. 뒤처리를 깔끔하게 한다.

【20:00 ~ 21:30】　모닥불 놀이

모닥불을 피워놓고 노래도 부르고, 삼삼오오 모여 앉아 이야기도 나눈다. 여학생 반이나 남녀 합반의 경우는 모닥불을 피워놓고 노래를 부르거나, 앉아서 하는 놀이만 해도 재미있게 진행되지만, 남학생 반의 경우 실패할 확률이 크다. 그렇기 때문에 모닥불과 함께 폭죽을 준비해서 터트리도록 한다. 폭죽은 위험하기 때문에 반드시 교사가 다룬다.

【21:30】　전체 사진 촬영과 인원 점검, 귀가

늦은 시간이므로 곧바로 집으로 돌아갈 수 있게 지도한다. 각 모둠장들은 집에 도착하는 즉시 학교로 전화를 하도록 일러둔다. 헤어질 때는 서로 어깨를 걸고 노래를 부른 뒤 덕담을 나누며 끝낸다.

역시 야영 준비위원회를 구성해서 일정을 준비한다. 1박 2일 야영은 규모가 조금 크기 때문에 모둠원끼리 자주 모여 야영 준비물과 장기자랑을 준비하도록 한다.

모둠은 이미 구성되어 있는 모둠 그대로 하거나 따로 야영 모둠을 구성해도 되는데, 이것은 교사가 상황에 따라 판단해서 결정한다. 각 모둠은 텐트와 취사 도구, 그리고 이불을 준비한다. 텐트는 소유자가 그 모둠에 있어야 설치와 관리가 쉽다.

야영 전에 학급 전체 회의를 열어 놀이 프로그램과 야영 규칙 같은 것을 정하는 것이 좋다. 놀이 종류는 구기 종목보다는 전래놀이류로 해야 여학생이나 운동을 싫어하는 학생들이 소외되지 않으며, 야영 규칙도 함께 의논해야 힘이 없힌다.

한편 교사는 1~2주 전에 가정통신문을 보내야 한다. 통신문에는 뒤뜰 야영의 의미, 일정, 준비물 등을 안내하고 비가 올 경우를 대비한 방안도 알려주면 좋다.

모둠별로 준비하기

평소에 모둠을 구성하여 학급활동을 한 것이 아니라면, 야영 모둠을 따로 구성해야 한다. 이때 야영 모둠은 한 모둠당 5~6명 정도가 적당하다.

모둠에서 모둠장 또는 야영 책임자를 정한 다음, 모둠 준비물을 각자 나누고 개인별 준비물도 정한다. 식사는 한 끼분이므로 너무 많이 준비하지 않도록 한다. 이때 라면과 같은 인스턴트 음식은 금하고 반드시 밥과 찌개를 해서 먹도록 한다. 또한 밥물을 미리 맞추어 온다든지 물만 붓고 끓일 수 있는 '준비된 찌개' 등 부모님의 도움을 많이 얻는 경우가 있는데, 야채를 씻고 다듬는 것부터 아이들이 직접 하도록 지도한다. 스스로 일을 해봐야 남에 대한 이해의 폭이 넓어진다. 이는 야영에서 얻어야 할 중요한 목표 가운데 하나다.

'모둠별 점검표'(〈예시 20〉 참고)를 만들어 활용하자. 이 점검표를 활용하면 장기자랑 내용에서부터 각 영역에 대한 역할 분담, 음식물 준비 상황, 텐트나 다른 준비물의 분담과 준비 상황 등을 빠짐없이 점검할 수 있다. 교사가 양식을 개발하여 모둠장에게 미리 나누어주어 작성하게 한다.

이것을 야영 며칠 전에 걷어서 한 부씩 복사해서 교사용을 만들고, 원본은 각 모둠에 돌려준다. 담임은 모둠장을 통하여 이 점검표대로 진행되고 있는지 수시로 확인하며, 문제가 있는 모둠은 지원해준다.

〈예시 20〉 모둠별 야영 점검표

야영 점검표

● 모둠 이름 : ____________________

● 모둠장(야영 책임자)과 모둠원 : ______________________________

● 모둠 구호 :

● 우리 모둠 장기자랑 (배정 시간은 5분입니다. 연예인 흉내는 피합시다.)

  1. 제목 :

  2. 내용 :

  3. 출연 인원 :

● 준비물 점검

  1. 저녁 식사 (밥과 찌개를 끓여 먹읍시다.)

    ① 찌개 종류 :

    ② 준비할 음식 재료와 가져올 사람

      (모둠장) : ________________   (   ) : ________________

      (   ) : ________________   (   ) : ________________

      (   ) : ________________   (   ) : ________________

    ③ 음식 만드는 데 필요한 준비물을 꼼꼼하게 나눕시다. (담당자 이름을 쓰세요.)

      · 휴대용 가스버너 2개 : ________________

      · 코펠 2조 : ________________

      · 프라이팬, 냄비(볶음밥이나 카레용) : ________________

      · 도마, 칼, 국자, 깡통 따개 : ________________

      · 설거지 세제, 수세미, 행주 : ________________

      · 양념(소금, 간장, 된장, 고추장, 조미료, 참기름 등) : ________________

  2. 텐트와 그 밖의 장비

    ① 텐트 2(큰 것은 2채, 작은 것은 3채) : ________________

    ② 돗자리 2장(밥 먹을 때, 놀 때) : ________________

    ③ 텐트를 위한 기타 장비(플래시, 걸이 등) : ________________

  3. 기타

야영 일정

수업을 마치고 집으로 가서 점심을 먹는다. 그리고 준비물을 챙겨 3시까지 학교 운동장에 집합한다.

교사는 수업이 끝나면 점심을 빨리 먹고 운동장에서 야영하기 좋은 곳(식수대와 화장실이 가깝고 직사광선을 가릴 수 있는 곳)을 야영지로 잡은 뒤, 학생들이 오기 전에 모둠별로 텐트 칠 곳을 정해놓는다. (준비위원과 함께 하는 것이 좋다.) 야영 일정을 전지에 써서 잘 보이는 곳에 붙여놓고 시간에 맞춰 진행할 수 있도록 한다.

사진기를 미리 준비해온다. 마음이 맞는 동료교사나 담임 교사 혹은 학생 중에서 담당자(담당 모둠)를 선정하여 순간순간의 장면을 찍어놓도록 한다. 야영이 끝난 후 교실에 게시해두면 야영 평가를 겸할 수 있을 뿐 아니라 두고두고 좋은 추억거리가 될 것이다.

두 개 반 이상이 연합해서 야영을 하는 경우에는 학교 방송을 활용하는 것이 좋다. 퇴근 전에 미리 마이크 시설을 부탁해놓자. 마이크 시설은 한낮에만 쓰고, 밤에는 절대 사용하지 않는다.

【15:00 ~ 16:00】 텐트 치기

학생들이 오는 대로 텐트를 치고 장비 점검을 하게 한다. 이때 모든 텐트의 입구는 같은 방향을 향하게 하거나 가운데 일정한 공간을 두고 동그랗게 둘러서 입구가 중앙으로 오게 하는 것이 좋다. 또한 텐트 간의 간격은 약 3m 정도로 하고, 밤에 텐트 줄에 걸려 넘어지지 않게 흰색 종이나 비닐을 줄에 감아둔다.

먼저 텐트를 친 모둠은 끝나지 않은 다른 모둠을 돕도록 하여 동시에 텐트 설치를 끝낸다. 텐트 안에서는 화기 사용을 하지 않도록 단단히 주의를 주고, 텐트 밖에 취사 도구를 정리하게 한다.

학교 운동장이기 때문에 배수로를 팔 필요는 없고 만약 비가 올 경우를 대비해서 미리 부탁해서 빌려둔 교실(야영 장소와 가장 가까운 교실)을 일러둔다.

다음 날 아침에 조기축구회가 몰려들 경우를 대비하여 텐트는 되도록 축구장 가장자리에 친다. 어쩔 수 없이 운동장 안으로 들어간 경우는 일찍 일어나야 한다.

【16:00 ~ 18:00】 모둠 대항 놀이

모둠 대항 놀이는 예를 들면, 비석치기, 사방치기, 오징어 놀이, 와리가리, 나이먹기, 얼음 땡, 개뼉다귀 등 전래놀이류로 구성한다. 미리 놀이 종류와 방법을 설명한 자료를 만들어두었다가 복사해서 나누어주면 좋다. 당일치기 야영에서 소개한 모둠 대항 놀이를 활용하는 것도 좋다.

【18:00 ~ 20:00】 저녁 식사

저녁 식사 후 설거지할 때 음식 찌꺼기가 하수구로 들어가지 않도록 한다. 또한 밥이 남거나 누룽지가 생기면 끓여서 다 먹을 수 있도록 미리 이야기해둔다. 음료수는 청량음료를 먹지 말고 되도록 숭늉을 끓여 먹도록 한다.

【20:00 ~ 22:00】 야외 추적놀이

야외 추적놀이란 일정한 인원이 정해진 마당을 찾아가, 그 마당에서 주어진 과제를 정확하고 빠르게 해결한 후 다음 마당으로 옮겨가는 놀이다.

야외 추적놀이의 마당 수는 모둠 수대로 마련한다. 각 모둠별로 각각 다른 마당에서 출발하여 그 마당에 주어진 과제를 해결하면, 다른 마당으로 이동한다. 모둠원 모두가 단결하여 각 마당의 과제를 다 해결하면 진행자에게 오는데, 가장 빨리 완벽하게 끝낸 모둠이 이긴다. 각 마당의 진행은 학부모나 다른 교사의 도움을 받는다. 여의치 않은 경우, 모둠장들이 각 마당을 하나씩 맡아 진행해도 된다.

야외 추적놀이 예시

● **1마당 — 성냥개비 용도 30가지 말하기**

성냥개비로 할 수 있는 일 30가지를 생각해낸다. 예를 들면, 귀를 후빈다, 스크래치를 한다, 성냥탑을 쌓는다 등

● **2마당 — 물 전달하기**

물이 담긴 종이컵을 입으로 물고 반환점을 돌아와 그 물을 다른 사람에게 전달하는 놀이. 마지막 사람이 반환점을 돌아왔을 때 물이 가장 많이 남은 모둠에게 많은 점수를 준다.

● **3마당 — 외래어 우리말로 바꾸기**

백댄서, 디자인, 커피, 컴퓨터, 플로피 디스크 등의 외래어를 가장 세련된 우리말로 바꾼 모둠에게 많은 점수를 준다.

● **4마당 — 장님 인도**

전 모둠원을 한 줄로 세우고 눈을 가린다. 이때 맨 마지막에 선 사람은 눈을 가리지 않는다. 중간에 여러 가지 장애물을 설치하여 반환점을 돌아오는데, 말로 지시할 수 없고 맨 마지막에 선 사람이 수신호를 전달하여 돌아오도록 한다.

수신호의 예 : 방향 전환 — 어깨 두드리기, 정지 — 머리 두드리기 등

● **5마당 — 몸으로 글씨 쓰기**

모둠원의 몸을 이용하여 바닥에 누워 지시하는 글자(모둠 이름, ××중 등)를 표현한다.

【22:00 ～ 23:00】 촛불 의식 또는 촛불 축구

● **촛불 의식** : 둥글게 앉아 촛불을 켜고 작은 종이에 쓴 자신의 소망이나 단점 등을 읽는다. 그런 다음 종이를 태우고, 다음 사람이 이어나간다. 전원이 다 했으면 남은 촛불을 한데 모아 모닥불에 넣고 반가나 희망찬 노래를 부른다.

● **촛불 축구** : 홀짝 두 편으로 나누어 촛불을 든 채 공 2개로 축구를 한다. 촛불 때문에 조심스럽게 움직이기 때문에 밤이지만 위험하지 않다. 촛농이 떨어져서 화상을 입지 않도록 초를 종이컵에 끼워서 한다. 이때 불이 꺼지면 움직일 수 없으며, 만일 불이 꺼진 경우 자기편이 붙여주어야 움직일 수 있다. 자신의 양초가 다 타면 퇴장한다.

【23:00 ～ 24:00】 모닥불 놀이

모닥불을 피워놓고 모둠 대항 장기자랑을 한다. 장작은 학교 기사에게 미리 얘기해서 준비한다. 동사무소에 가면 폐건축 자재를 얻을 수 있다. 또는 기술 교사에게 얘기해서 얻을 수도 있다. 장작을 미처 구하지 못한 경우에는 문방구에서 폭죽을 구해서 불꽃놀이를 하면 된다. 폭죽은 교사가 다룬다.

장기자랑은 미리 정해둔 사회자가 진행한다. 대형 플래시 등을 이용한 적절한 조명 장치를 활용하면 분위기가 한결 살아난다. 특히 아이들은 자기 모둠 발표가 끝나면 산만해지기 쉬운데, 미리 심사 기준(단결력, 관람 태도 등)을 제시하여 발표하는 모둠에 집중할 수 있도록 한다.

【24시 이후】 자유 시간과 간식 시간

간식은 식빵이나 라면 또는 떡볶이를 만들어 먹는다. 모닥불 놀이를 하기 전에 미리 은박지로 잘 싼 감자를 땅에 묻어놓으면 모닥불 놀이가 끝났을 때는 맛있는 통감자 구이를 먹을 수 있다. 버터나 마아가린을 발라 구운 옥수수도 맛있다. 간식 시간이 끝나면 아이들을 텐트 안으로 들여보내서 조금이라도 잠을 자게 한다.

【다음 날 아침 07:00】

① 늦게 잠든 아이들을 깨우기란 쉬운 일이 아니다. 잠이 덜 깬 아이들을 위해 간단한 아침체조를 하자. 평소에 배운 춤놀이가 있다면(말춤 체조 등) 경쾌한 음악에 맞추어 아침체조를 대신한다.

② 텐트를 걷고 주변을 정리한다. 모두가 피곤하기 때문에 아침 식사는 생략하고 기념 촬영을 하고 반가나 함께 부를 수 있는 노래를 부른 후 귀가한다. 방학식 날 학급 야영을 한다면 귀가하기 전에 소감문을 쓰게 하여 받아둔다. 날짜가 지나면 아무래도 생생한 느낌이 떨어지기 때문이다.

| 방법 3 | 1박 2일 학교 밖 야영 |

학교 밖 야영 준비

학교 밖 야영을 계획할 때는 야영 장소에 대한 정보를 철저히 파악해야 한다. 이동 거리와 방법, 경비 등을 정확히 따져본 후 계획한다. 또한 야영지에서 야영을 하는 데 돈은 얼마나 내야 하는지, 야영 신청은 미리 해야 하는지, 야영지의 공간은 얼마나 넓고 안전한지를 우선 검토해야 한다. 그런 것들이 해결되면 학교에 내부 결재를 내고, 학부모에게 가정통신문을 보내 허락을 얻는다. 그리고 야영지 주변의 파출소나 경찰서에 공문을 띄워 야영하는 동안 경찰이 내내 상주하도록 협조를 구한다.

학교 밖 야영 유의사항

먼저, 주의사항을 미리 일러둔다. 야영지를 어디로 택하든 모둠별로 움직이게 한다. 미리 야영지 행동 수칙 같은 것을 만들어서 어떤 상황에서 어떻게 행동할지 정해두면 좋다. (예 : 해가 진 뒤 화장실은 반드시 2명 이상 같이 간다 등) 또한 모둠장에게 호루라기를 하나씩 주어 연락이 필요하거나 위기 상황을 맞았을 때 활용할 수 있게 한다.

기본 준비는 1박 2일 운동장 야영과 같으나, 식사량은 두 끼분을 준비하여 첫날 저녁과 이튿날 아침을 지어 먹고 올 수 있도록 한다. 출발 당일 점심은 김밥 등으로 해결한다. 야영지나 그 주변에 대한 자료를 미리 만들어 나누어주면 문화 활동도 겸할 수 있다. 또한 과학 교사의 도움을 얻어 별자리 자료를 만들면, 밤에 모둠별로 별자리 찾기 놀이를 하는 데 도움이 된다.

많은 수의 학생들이 할 만한 술래잡기 놀이 두 가지

● 알까기 술래잡기 : 일정한 공간을 정해두고 그 공간을 벗어나면 죽는 것으로 한다. 술래를 대여섯 명 정하고 술래에게 채이면 허수아비가 된다. 모두 허수아비가 되면 놀이가 끝난다. 산 사람이 허수아비의 가랑이 사이를 통과하면 다시 살아난다.

● 어부 술래잡기 : 역시 일정한 공간을 정해두고 그 공간을 벗어나면 죽는다. 술래는 처음에 한 명부터 시작한다. 술래에게 채인 사람은 술래가 되는데, 모두 술래가 되면 끝난다. 술래들은 한 명씩 다니면서 다른 사람을 손으로 채어도 되고 술래 여러 명이 손을 잡고 연결하여 그물을 만들어 다른 사람들을 둘러싸서 잡기도 한다. ■

우리 반 학급 야영

공포 만끽, 학급 밤샘 야영

1박 2일 뒤뜰 야영

한여름 토요일 밤, 학교에서 밤새 계속되는 아이들의 비명 소리에 동네 어른들이 잠을 설치고 있었으니……. 2학년 세 개 반 90여 명의 밤샘 야영이 열리던 날은 정말 공포와 비명의 도가니였다. 그래도 담임이라고, 징징거리며 무섭다고 매달리는 아이들에게 마지막 일침, "내가 네 담임으로 보여?" 아이들은 다시 한 번 자지러진다.

4시부터 시작된 야영은 알뜰 먹을거리 쇼핑, 요리 경연대회, 모둠별 장기자랑, 그리고 공포 체험의 순서로 진행되었다.

저녁 식사는 요리 경연대회를 겸하고 있었기 때문에 상품(밤 간식거리)을 타기 위해 다들 열심히 요리를 했다. 식사 준비는 만원을 넘지 않는 것이 규칙! 여학생들은 깔끔을 떠느라 무릎에 냅킨까지 깔아놓고 밥을 먹는데, 남학생들은 뛰어다니며 던지며……. 밥을 먹는 건지, 먼지 먹기 시합을 하는 건지 구분이 안될 정도였다.

저녁 식사 후엔 잠깐의 자유 시간. 남학생들은 운동장으로 달려갔고, 여학생들은 어디서 많이 본 듯한 부엌 수다를 떨고 있다. 그리고 7시부터 두 시간 동안 신나는 장기자랑이 이어졌고, 10시부터는 이날의 하이라이트라고 할 수 있는 공포 체험이 시작되었다.

불 하나 켜놓지 않은 학교는 그야말로 공포, 음산함 그 자체였다. 거기다가 시작 전에 잠깐 보여준 공포 영화 때문에 아이들은 이미 바짝 '쫄아' 있다. 드디어 첫 번째 조가 출발한다. 그러나 2분도 채 되기 전에 터져나오는 비명 소리! 두 명이 한 조가 되어 주어진 과제를 수행하며 기역 자로 꺾어진 한 층을 통과하는 것이 기본 코스인데, 수시로 비명 소리가 고막을 찢는다. 대체 그들에게 무슨 일이 펼쳐지는 것일까.

아이들은 우선 화장실로 들어간다. 이때 화장실 문을 삐그덕 밀고 나오는 교복 차림의 긴 머리 귀신. 비명을 지르고 쓰러졌다가 그 귀신이 주는 과제물을 받아 화장실을 나오면, 보이는 것이라고는 저 복도 끝에 흔들리는 촛불 하나뿐. 길게 뻗어 있는 어두운 복도에서 뭔가 어슴푸레 움직인다. 바닥을 기어서, 그것도 엄청 빨리 다가오는 엽기적인 귀신! 그 귀신을 통과하면 이번엔 머리를 앞으로 내린 처녀귀신이 코너에서 기다리고 있다가 불쑥 고개를 내민다. 그 귀신을 지나면, 다시 화장실. 촛불이 하늘거리는 화장실 거울 앞에 서서 "캔디맨"을 세 번 외치면 소복 여인이 나타난다. 다음은 캄캄한 교실에 들어가 '내가 가장 무서워하는 것'을 칠판에 적는 것. 물론 이 교실에도 귀신이 앉아 있다. 다만 어둠 속에서 조용하게 응시할 뿐. 다음은 3반 교실. 이곳에서는 귀신 두 명과 함께 '무궁화꽃이 피었습니다' 게임을 한 판 벌여야 한다. 어두운 교실에서 땀을 뻘뻘 흘리며 게임을 마치고 나면, 이제 남은 것은 최종 목적지 인 음악실로 가는 것. 그러나 이때 2층으로 올라가는 계단에서 터지는 콩알탄 두 방! 머리를 산발한 귀신이 표정 없이 콩알탄을 던진다. 그리고 음악실로 들어가기 전에 마주치는 마지막 귀신. 어둠 속에서 "히히히~!" 웃기만 한다. 그렇게 음악실로 들어 가면 체육 선생님이 아이들을 맞이한다. 공포 체험이 끝날 때까지 아이들을 음악실에 모아놓기 위해서다. 공포에 떨며, 비명을 지르며, 복도를 달리며, 여기까지 온 아이 들은 한숨을 쉬며 '이제 살았다'고 생각하지만, 그때 체육 선생님의 한마디. "내가 지금 선생님으로 보이니? 흐흐흐~!" 공포 체험 대성공!

뒤뜰 야영은 원래 학생들의 자립심과 협동심을 기르자는 취지로 시작한 것이었는 데, 내가 그만 "학교에서 야영을 하는데 공포 체험이 빠져서는 안 되죠." 하면서 잘난 척을 한 게 일의 발단이 되었다.

어차피 할 거면 적극적으로! 이때 문득 떠오른 것은 내가 몸담고 있던 인터넷 만화 동호회 사람들이었다. 만화적 상상력으로 똘똘 뭉친 그들은 제안을 기꺼이 수락했을 뿐 아니라, 한 수 더 떠 귀신 분장은 자기들 맘대로 하게 해달라는 적극성을 발휘하기 도 했다. 이번 공포 체험은 이 친구들이 없었다면 불가능했을 것이다. 그들의 귀신 연 기는 놀라울 정도로 완벽(?)해서 야영 뒤, 학교에 '귀신 팬클럽'까지 생겼다.

또 숨은 공신이 있다면, 그건 50년 가까이 된 낡은 학교 교사(校舍)! 삐거덕거리 는 문 하며, 학교라는 공간이 그렇게 무서울 수가 없었다. 그리고 우리 아이들. 평소 엔 어깨에 힘을 주고 얼마나 거만을 떨었던가! 이런 아이들이 지레 겁을 집어먹고 잔 뜩 웅크려 있는 모습에 절로 웃음이 나왔다. 게다가 그 와중에 귀신에게 더할 나위 없 이 예의 바르게(?) 행동했다니.

야영의 이러저러한 교육적 의미를 제쳐두고라도, 학교라는 공간에서 즐거울 수 있 다는 것만으로도 야영은 얼마나 매력적인가. 이 즐거운 밤샘 추억은 영원히 잊혀지지 않을 것이다.

조주희 / 서울 공항중 교사

무엇보다 아름다웠던 그날 밤

1박 2일 학교 밖 야영

'인간은 밤을 같이 보내야' — 1박 2일의 학급 야유회가 결정되다

학급회의 시간에 여러 가지 안건이 나왔는데, 셋째 안건이 학급 야유회에 관한 것이었다.

토요일로 하자는 의견이 가장 유력하였는데, 일요일로 하자는 의견도 만만치 않아서 서로 언성이 높아지려는 찰나, 성수가 "1박 2일로 학급 수련회를 갑시다. 무지개 수련장의 시설을 둘러보니(올해 내가 학생회를 맡게 되어 학생회 임원 수련차 수련장을 답사할 때 보호자를 자청하며 따라왔으나 사실은 나의 티코를 타보기 위함이었음) 지금 한창 녹음이 우거져서 신혼 여행지에 온 것 같은 착각이 들 만큼 좋았습니다. 음침한 곳도 있고……. 역시 인간은 밤을 같이 보내야 서로를 확실히 알 수 있는 겁니다!" 하며 몸을 꼬았다. "야! 알긴 뭘 알아!" 하는 인규의 말에 "너희들 정말 저질이다!" 하는 서정이의 눈흘김…….

"재미는 없지만 아무 곳이나 가서 대충 놀다 오자는 의견과 우리들이 한마음이 되어 밤을 새워 놀며 멋진 추억을 만들자는 의견 중에서 하나를 선택하십시오!" 하는 반장의 완전히 의도적인 발언에 거의 만장일치로 '밤을 같이 보내자!'는 결론이 났고 "우리는 먹고 놀 계획을 짜려면 바쁘니까 구체적인 계획과 부모님의 동의를 구하는 일 등은 그 방면의 전문가이신 우리 담임 선생님께 맡깁시다." 하고 회의를 마무리 지었다.

달빛 가요제, 그 아름다운 밤

오후 다섯 시, 무지개 수련원 입구에는 날아갈 듯한 자유로움을 안고서 아이들이 모여들고 있었다. 나는 내 차(트렁크에 그랜저가 들어 있는 그 유명한 빨간 티코)에 아이들이 들고 가기 불편한 물건을 싣고 올라가고, 아이들은 수련장까지 걸었다. 20분 남짓 걸리는 가까운 거리였지만 양옆으로 한창 푸른 나무가 터널을 이루고 있어 운치가 있었다. 아직 수련을 하기에는 이른 시기라 그런지 수련장에는 모꼬지를 온 대학생들만 눈에 띄고 비교적 조용하였다.

나는 미리 예약해둔 방의 문을 열고, 준비해온 종이를 마름모꼴로 잘라내어 여학생의 얼굴과 남학생의 얼굴을 간단하게 그린 다음, 남학생 방과 여학생 방의 문에 붙였다. 방과 방 사이 벽에는 '우리들의 수련장'이라고 써서 걸어두고.

그러는 사이 아이들이 하나 둘 도착했고, 아이들이 자유롭게 노는 동안 모둠장들을 모아 일정을 짰다. 활동 내용에는 주로 내 의견이 많이 반영되었고, 청소며 식사 당번은 모두가 동참할 수 있게 고려해서 짜도록 하였다. 전체 모임 장소로 정한 여학생 방 벽에 일정표를 붙이고 빈 종이도 여러 장 붙여 '밥 이야기', '수련 자세가 가장 훌륭한 친구', '이런 점은 고치자' 등의 제목을 단 낙서판을 만들었다.

밥을 지어 먹은 일이며 운동장에서 했던 게임도 재미있었지만, 이번 수련회의 가장 큰 즐거움(이라는 말로는 다 표현이 안되지만)은 '달빛 가요제'였다.

밤 아홉 시에 커다란 벚나무를 배경으로 삼아 노래자랑을 했다.

처음에는 잘 노는 아이들이 주로 독점하는 분위기였고, 슬슬 없어지는 아이들도 있어 사회를 보는 동근이가 속이 상해서 자리로 돌아가버리기도 했다. 모둠별로 다시 인원 점검을 하고 "불참 모둠원이 있는 모둠은 학교로 돌아가 일주일간 교실 청소를 하고 단합이 잘된 모둠은 6교시 후 즉시 집으로 간다. 그리고 가장 열심히 노는 사람에게는 상금 오천원을 준다."며 오천원을 높이 들고 흔드는 것을 시작으로 다시 열린 가요제는 마치 뭔가에 홀린 듯 신나게 진행되었고, 모든 아이들이 다 노래를 불렀다.

무엇이든 조금 하다 마는 끈기 없는 은철이가 노래를 끝까지 부르자 아이들은 함성을 질렀고(은철이 부모님이 골칫덩이 아들이 수련회에 진짜 참석했는지 확인하러 오셨다가 몰래 이 장면을 다 보고 갔음) 얌전한 종한이, 반에서 겉도는 승기, 정우, 경혜, 수진이가 노래할 때는 아이들이 더욱 많은 박수를 쳤다. 정말 아이들은 마음이 넓고 따뜻하다는 것, 어떤 어른들보다 더 훌륭한 교사라는 생각이 들었다.

몇 안 남은 벚나무 꽃잎이 바람에 하늘하늘 떨어지는 밤, 달빛 아래에서 불렀던 많은 노래들, 신나게 흔들었던 자유로운 몸, 그날 밤 그 자리가 얼마나 아름다웠는지를 글로 표현하기는 어렵다. 마지막으로 지겨운 반가("반가? 오! 노!"를 외치면서도 결코 지겹지 않아 보이는 아이들의 표정!)를 부르고 달빛 가요제는 막을 내렸다.

서로를 알게 해준 '알고 싶다!'

방에 와서 시계를 보니 자정을 막 넘기고 있었다. 열 시 반까지로 정해진 가요제가 너무 길어진 것이다. 그래도 다음 프로그램을 하기로 했다. 각자 오늘 즐거웠던 일과 아쉬웠던 일을 발표하고, 자신이 누구이며 어떤 모습을 버리고 싶은지 이야기하였다. 그리고 '○○에게 묻고 싶다!' 시간을 가졌다.

먼저 내가 "경혜에게 묻고 싶다. 넌 자주 종례를 안 하고 가버리는데 왜 그러니?" 하고 시작을 하였다. "친구들이(빨리 어른이 되고 싶은 아이들임) 교실 밖에서 기다리니까 미안해서……." 하였다.

"그럼 우리 반 아이들이나 나에게는 미안하지 않니?"

"미안해요."

"그럼 다음 주 월요일부터 또 친구들이 기다린다고 갈 거니?"

"…… 잘 모르겠어요."

"다른 친구들은 가고 싶은 마음이 없을까?"

"…… 아니요!"

"그런데도 갈 거니?"

"…… 아니요."

"지금 이런 질문을 해서 기분이 나쁘니?"

"아니요. 이해해요."

"고맙다!"

분위기는 진지했지만 피곤한지 자꾸만 기대고 눕는 아이들이 있어서 불을 꺼주었다. 그리고 창을 여니 또 달빛이 방안으로 밀려들었다. 멋진 조명이었다.

아이들은 편한 자세로 기대거나 눕고, 다음 질문들은 주로 모둠장이나 열심히 하는 모둠원들이 자기 모둠의 비협조자에게 묻는 내용이 많았다.

"은철이에게 묻고 싶다. 넌 왜 모둠회의 할 때 마음대로 가버리니?"

"회의하기 싫어서……."

"회의하기 싫다고 가버리면 우리는 네 역할을 반성할 수가 없고 네가 자꾸 그러니까 우리도 짜증이 난다. 네가 내(모둠장) 입장이라고 생각해봐. 난 정말 속상해."

이런 식의 이야기가 길게 이어졌다. 그리고 서로 마음에 둔 남녀 학생끼리는 "세환이에게 묻고 싶다. 아이들이 네가 4반의 인경이랑 가까운 사이라는데 그게 사실인지……." "그냥 학원에서 친하게 지내는 정도지 그 이상은 아니다." 등의 이야기도 했다.

그 사이 나이나 행동이 좀 어린 편인 준우가 코를 드르릉거리며 골아서 모두 웃었다. "얘들아! 그만 할래?" 하면 "아니요. 저도 묻고 싶은 아이가 있어요." 하며 계속된 '묻고 싶다!'는 앞으로의 학급생활을 위해 무척 유익한 시간이었고, 아이들이 서로에게 좋은 상담자일 수 있음을 다시 한 번 확인할 수 있었다.

…… 선생님! 이번 수련회는 정말 재미있었어요. 처음 시작할 때부터 끝까지 모두요. 처음 우리가 둥글게 모여 앉아 이야기할 때, 그때는 사실 쉬고 싶었어요. 다음부터는 수련회 오면 자유 시간을 좀 더 길게 가진 후 모였으면 좋겠어요. 떡볶이 먹을 때도 재미있었어요. 우리 모둠은 떡볶이가 남아서 가위바위보를 해서 진 사람이 한 개씩 먹기를 했거든요. 이때 애들이 괴로워하며 먹는 모습이 재미있었어요. 그리고 밤에 가요제 할 때도 재미있었어요. 지영이의 엄청난 춤 솜씨, 영민이의 엉터리 스트립쇼, 무엇보다 놀라운 것은 부끄럼쟁이 수철이가 노래를 불렀다는 사실이에요. 사실 그렇게 노래를 잘하리라고는 생각도 못했거든요. 그때 수철이의 모습은 정말 최고였어요. 내가 여자라면 반해버릴 정도로.

그리고 무엇보다도 즐거웠던 시간은 저녁에 우리가 모여 앉아서 자신에 대해 이야기를 할 때였다고 생각해요. 그때 내가 바라는 삶이 무엇인지 조금은 알 것 같았거든요. 그 다음 불을 끄고 서로 묻고 답하는 시간을 가졌을 때는 꼭 다른 세상에 있는 것처럼 특별한 느낌이 들었어요. 그동안 이기적이고 제멋대로라고 생각해왔던 아이들도 사실은 모두 착하고 순진한 면이 많다는 것을 느꼈어요. 앞으로도 자주 이런 시간을 가졌으면 좋겠어요. 반장이 얼마나 학급을 사랑하는지, 또 모둠장들이 얼마나 힘든지도 알고 특히 재진이가 가정 형편이 많이 어렵다는 것을 알고는 마음이 아팠어요. 그에 비하면 나는 엄청 잘살고 편하게 사는 것 같아서 수철이와 함께 재진이를 도울 방법을 생각해보고 있어요.

선생님! 저는 이번 수련회를 통해서 얻은 게 굉장히 많은 것 같아요. 친구들과의 우정, 선생님에 대한 믿음 등 돈 주고도 못 얻을 것들을 많이 얻었거든요. 또 나 자신에 대해서 생각해볼 수 있어서 참 좋았어요. 그래도 앞으로 나에 대해서 좀 더 잘 알고 싶고 나 자신과 더 가까워지고 싶어요. 아! 또 생각나서 적는데요, 학생증 잃어버렸거든요. 좀 만들어주시지……. 오늘 요까이.

— (글쓰기를 싫어하는) 태현이의 '나의 발자국 공책'에서

월요일 아침, 밤을 꼬박 새운 문정이가(남의 얼굴에 낙서를 많이 해서 후환이 두려워 아침에도 못 잤음) 찍은 잠자는 아이들의 모습은 '악몽의 그날 밤'이라는 제목으로 게시판에 전시되었다. 특히 혜경이와 형수가 한 베개를 베고 마주 보고 자는 모습의 사진은(본인들은 전혀 기억에 없는 일이라고 놀라워함) "까불면 각자의 집으로 우송한다!" "필름은 영구 보관할 테니 내가 배고플 땐 알아서 해라!" 하는 협박용이 되었다. 학급 야유회가 있었던 주는 참 꿈같이 지나갔다.

새로 시작된 이번 주에는 또 어떤 일들이 우리를 기다리고 있을까?

박계해 / 전 경남 개운중 교사

지역별 박물관·미술관·기념관 안내

미리 안내 전화를 통해 관람 시간, 휴관일, 관람 요금(단체 할인 여부),
안내 가능 여부를 확인하고, 관련 자료를 받아본 뒤 소풍 계획을 짜도록 한다. (2004. 3. 1. 현재)

서울

한국자수박물관

1976년 개관. 염직물인 전통자수, 보자기, 의상 등을 수집, 조사, 연구, 전시하고 있다. 좁은 공간이지만 전통자수 500여 점과 보자기 500여 점 등 1,000여 점의 작품이 소장되어 있다.

- 관람 안내 : 02) 515-5114~7
- 강남구 논현동 89-4
- 홈페이지 : bojagii.com

짚·풀생활사박물관

볏짚, 보릿짚 등 짚과 풀로 만든 모든 전통 자료를 수집, 정리, 연구하여 전시하는 사설 전문 박물관이다. 2001년 청담동에서 명륜동으로 이전했다.

- 관람 안내 : 02) 743-8787, 743-8788
- 종로구 명륜동 2가 8-4
- 홈페이지 : www.zipul.co.kr

한국가구박물관

한국 전통 목가구를 수집, 보존, 전시하는 전문 박물관이다. 목가구를 통해 한국 전통 주생활과 전통 실내 장식을 쉽게 알 수 있게 한 생활사 공간이다. 이전 계획으로, 2004년 가을까지 휴관.

- 관람 안내 : 02) 766-0167~8
- 성북구 성북동 330-577
- 홈페이지 : 없음

한국잡지박물관

우리나라 잡지 100년사를 한눈에 볼 수 있는 잡지 전문 박물관이다. 《소년》을 비롯한 잡지 희귀본들을 볼 수 있다.

- 관람 안내 : 02) 735-9464
- 종로구 청진동 174-1 잡지회관 내
- 홈페이지 : kmpa.or.kr/museum

호림박물관

한국 미술사 전반에 걸친 소장품을 갖추고 있으며, 그 가운데 일부는 국가지정문화재로 지정되어 있다. 고미술사 유물 등 9,150여 점이 있다.

- 관람 안내 : 02) 566-8329
- 관악구 신림11동 1707
- 홈페이지 : www.horimmuseum.org

농업박물관

우리 조상들의 값진 농경문화 유산(농기구, 농풍속화, 고농서, 민속도구)을 수집·보존하고 선조들의 숭농정신을 계승하기 위하여 세운 박물관이다.

- 관람 안내 : 02) 2224-8270
- 강동구 성내동 농협 지역본부 2층
- 홈페이지 : nature.nonghyup.com/museum/museum.jsp

롯데월드 민속박물관

첨단영상과 디오라마 연출, 축소모형 등 다양한 전시 기법을 도입하여 선조들의 문화와 생활을 알아보기 쉽게 구성하고 있다.

- 관람 안내 : 02) 411-4761~5

● 송파구 잠실동 40-1

● 홈페이지 : www.lotteworld.com/museum/museum.jsp

옹기민속박물관

우리 조상들의 생활용기인 옹기가 2천여 점 전시되어 있
고, 천장에는 각 사찰, 5대궁 4대문의 단청 문양을 1천여
종 그려넣어 조선시대의 단청을 보여주고 있다.

● 관람 안내 : 02) 900-0900, 900-0399

● 도봉구 쌍문1동 497-15

● 홈페이지 : www.onggimuseum.org

한국불교미술박물관

전시품 가운데 특히 조선시대의 불화, 불상, 조각, 공예품
은 상당한 수준으로, 당시 불교미술 수준을 이해하는 데 중
요한 작품들이다.

● 관람 안내 : 02) 766-6000

● 종로구 원서동 108-4

● 홈페이지 : www.buddhistmuseum.co.kr

서울시립미술관

상설 전시관인 천경자실을 포함하여 모두 6개의 전시관을
가지고 있으며, 영상정보실과 예술 체험 공간 등을 구비하
여 다양한 방식으로 현대미술을 조망할 수 있도록 배려하
고 있다.

● 관람 안내 : 02) 2213-8800

● 중구 서소문동 37

● 홈페이지 : seoulmoa.org

덕수궁미술관

국립현대미술관의 서울 분관으로, 1998년 12월에 개관했
다. 상설 전시는 없고 근현대미술과 관련된 기획 전시만 열
린다.

● 관람 안내 : 02) 779-5310~2

● 중구 정동 5-1 덕수궁 내 석조전

● 홈페이지 : www.moca.go.kr (국립현대미술관 홈페이지에 링크)

아트선재센터

1998년에 세워진 아트선재센터는 다양하고 역동적인 현
대미술을 알리는 데 힘써온 서울의 대표적인 사설 미술관
이다. 영화 상영, 음악회, 연극 공연 등 다채로운 문화를 접
할 수 있다.

● 관람 안내 : 02) 733-8945

● 종로구 소격동 144-2

● 홈페이지 : artsonje.org

한원미술관

조선 말기에서 근대, 현대의 한국 구상화가 소장되어 있는
풍경화 전문 미술관이다. 한국인의 정서가 담겨 있는 우리
의 풍경화를 기획전을 통해 소개하고 있다.

● 관람 안내 : 02) 588-5642

● 서초구 서초동 1449-12

● 홈페이지 : www.hanwon.co.kr/museum (보수 중)

환기미술관

김환기 작품(3백여 점)을 상설 전시하고 있다. 현대미술에
대한 각종 기획전과 특별전, 그리고 각종 행사를 병행하고
있다.

● 관람 안내 : 02) 391-7701~2

● 종로구 부암동 210-8

● 홈페이지 : www.whankimuseum.org

남산식물원

각종 식물 종류뿐만 아니라 식물들이 어떠한 온도와 환경
에서 자라는지, 식물을 키우기 위해서는 비료나 습도를 어
떻게 조절해야 하는지도 배울 수 있다. 남산식물원이 있는
남산공원 안에는 여러 위락 시설과 함께 소규모 동물원도
있다.

● 관람 안내 : 02) 753-2563

● 중구 회현동1가 100-77

● 홈페이지 : parks.seoul.go.kr/namsan

어린이대공원 식물원

어린이대공원 안에 있다. 공원 안 각종 시설물도 두루 구경할 수 있다.

- 관람 안내 : 02) 450-9320~3
- 광진구 능동 18
- 홈페이지 : www.childrenpark.or.kr/plant/plant.html

분재박물관

한국분재연구소에서 운영하는 곳으로, 분재의 역사에서부터 세계 분재의 현황에 이르기까지 분재에 관한 모든 것을 볼 수 있다.

- 관람 안내 : 02) 577-0001~3
- 서초구 우면동 205-6
- 홈페이지 : www.bonsaitv.com

LG사이언스홀

여의도의 LG 트윈빌딩 3층에 있는 과학전시홀. 미래 세계를 현실로 앞당기고자 하는 30여 종의 갖가지 아이템이 설치되어 있다. 평일은 단체 관람만 가능하고 개인은 토요일 오후와 방학 때에만 관람할 수 있다. 예약 필수.

- 관람 안내 : 02) 787-1052~3
- 영등포구 여의도동 20
- 홈페이지 : www.lgscience.co.kr

서대문자연사박물관

다양한 생명체와 인간과의 관계를 살펴볼 수 있는 우리나라 최초의 공공 자연사박물관으로, 2003년 5월에 개관했다. 여러 가지 체험 프로그램을 갖추고 있다.

- 관람 안내 : 02) 3142-3030
- 주소 : 서대문구 연희 3동 산 5-58
- 홈페이지 : namu.sdm.go.kr

이화여대 자연사박물관

우리나라 최초의 자연사박물관. 특히 디오라마실이 따로 설치되어 있어 우리나라 중부 지방의 생태계를 한눈에 살펴볼 수 있다.

- 관람 안내 : 02) 3277-3155
- 서대문구 대현동 11-1 이화여자대학교 내
- 홈페이지 : home.ewha.ac.kr/~nhm

경희대 자연사박물관

화석과 동식물을 통해 자연의 역사를 알 수 있게 전시해놓았다. 6층에 걸쳐 암석, 포유류, 조류, 곤충류, 어류, 식물류 등으로 분류하여 전시하고 있다.

- 관람 안내 : 02) 961-0143
- 동대문구 회기동 1 경희대학교 내
- 홈페이지 : nhm.khu.ac.kr

서울특별시 과학교육원 전시관

과학교육원 지하에 마련된 과학전시관으로, 자동으로 작동되도록 장치해놓은 것도 있으며, 실제로 작동해볼 수 있는 것도 많다.

- 관람 안내 : 02) 311-1281~4
- 중구 회현동5가 남산공원 내
- 홈페이지 : www.sesri.re.kr

한국기독교박물관

우리나라 기독교 전래에 관한 자료, 국보 다뉴세문경, 청동기를 제작하는 데 쓰였던 거푸집 같은 고미술품, 한국실학사 자료, 세계와 한국의 고지도, 3·1 독립선언서와 안중근 의사 유물 등 약 7천 점이 보관·전시되고 있다. (2004년 4월 중순까지 휴관)

- 관람 안내 : 02) 820-0751
- 동작구 상도5동 1-1 숭실대학교 내
- 홈페이지 : museum.ssu.ac.kr

서울교육사료관

삼국시대부터 오늘에 이르는 우리나라 교육의 발전 모습을 살펴볼 수 있도록 교육제도, 교육과정, 교육내용, 교육기관, 교육활동 등에 관한 각종 도표, 사진, 유물 등을 시대별로 전시해놓고 있다.
- 관람 안내 : 02) 736-2859
- 종로구 북촌길 19
- 홈페이지 : www.edumuseum.seoul.kr

조흥금융박물관

고대 원시 금융에서부터 현대 첨단 금융에 이르기까지 우리나라 금융발전사를 한곳에 전시해놓았다. 각 코너마다 매직비전·터치스크린 같은 첨단 영상 장비들을 설치, 자료를 이해하는 데 많은 도움을 준다.
- 관람 안내 : 02) 738-6806, 722-8493
- 중구 태평로1가 조흥은행 광화문 지점 내
- 홈페이지 : www.chb.co.kr/kor/about/cultu_museum.asp

인천 · 경기

인천광역시립박물관

해방 후 공립 박물관으로는 국내 최초로 개관(1946년)한 이래 지속적으로 인천 관련 자료를 수집·전시하고 있는 종합 박물관이다.
- 관람 안내 : 032) 832-2570, 2152
- 인천시 연수구 옥련동 525
- 홈페이지 : museum.inpia.net

한국미술관

현대미술 전반에 걸친 회화, 조각, 도예, 설치 분야의 작품을 상설, 기획 전시한다.
- 관람 안내 : 031) 283-6418
- 경기도 용인시 구성면 마북리 73-1
- 홈페이지 : www.hartm.com

덕포진교육박물관

해방 이후 교육과정이나 환경, 과학, 진로교육 등의 교육사

를 한눈에 볼 수 있다. 일제시대 때부터 사용하던 책상, 걸상, 성적표 등 교육 물품들이 시대별로 전시되어 있다.
- 관람 안내 : 031) 989-8580
- 경기도 김포시 대곶면 신안1리 232-1
- 홈페이지 : 없음

송암미술관

도자기를 비롯하여 불상, 고서화, 고대중국 유물 등 3천여 점이 전시되어 있다. 고대부터 현대에 이르기까지 한국미술의 흐름을 다양하게 볼 수 있다.
- 관람 안내 : 032) 833-2602
- 인천시 남구 학익동 587-146
- 홈페이지 : 없음

서울대공원 자연캠프장

모의 올림픽, 호신술, 촛불 의식, 광물 조사, 천체 관측, 암벽 등반, 모험놀이 등을 아이들과 직접 해볼 수 있는 여건이 갖추어져 있다.
- 이용 안내 : 02) 500-7870
- 경기도 과천시 막계동 159-1
- 홈페이지 : grandpark.seoul.go.kr/grandpark

신세계한국상업사박물관

고대부터 현대에 이르기까지 우리나라의 상업과 유통에 관련된 각종 유물, 모형 영상물을 전시하고 있다. 우리나라 상업의 발전사를 사회·경제사적인 시대 구분을 통해 동적으로 전시했다.
- 관람 안내 : 031) 339-1234(교환번호 240)
- 경기도 용인시 남사면 창리 256-1
- 홈페이지 : about.shinsegae.com/museum

목아불교박물관

불교미술과 전통 목공예의 제작 과정과 기법을 전승시키는 데 목적을 두고 설립되었다. 지하 1층·지상 3층으로 구성된 전시관에는 불화·불상 등의 유물과 동자상을 비롯한 불

교 관련 목공예 작품들이 전시되어 있다.

- 관람 안내 : 031) 885-9952~4
- 경기도 여주군 강천면 이호리 396-2
- 홈페이지 : www.moka.or.kr

해강도자기미술관

한국 도자기 전문 미술관으로, 청자, 백자, 분청사기 등의 도자기 공예품을 주로 전시하고 있다.

- 관람 안내 : 031) 634-2266
- 경기도 이천시 신둔면 수광리 330-1
- 홈페이지 : 없음

태평양박물관

화장 문화사(화장 용기, 화장 용구, 장신구, 여성 생활용품 등)와 차의 문화사(다구, 다화, 다서 등)를 중심으로 전통 문화 생활을 시대별, 용도별로 조명한 전문 박물관이다.

- 관람 안내 : 031) 285-7215
- 경기도 용인시 기흥읍 보라리 314-1 태평양 기술연구원 내
- 홈페이지 :

  www.amorepacific.co.kr/social/museum/museum.jsp

소전미술관

분청사기, 고려청자, 조선백자 등 우리나라 도자기가 다수 전시되어 있다. 1만여 권 이상의 미술 관련 전문서적과 1백여 종의 전문잡지, 정기간행물 등이 비치되어 있는 도서 자료실도 함께 운영하고 있다.

- 관람 안내 : 031) 313-1211
- 경기도 시흥시 대야동 305-9
- 홈페이지 : 없음

목암미술관

조각 전문 미술관으로, 약 2천5백여 평에 이르는 조각공원과 실내 전시관에서 야외 조각품, 서양화, 판화, 동양화 등 다양한 미술 작품을 전시하고 있다.

- 관람 안내 : 031) 962-9214

- 경기도 고양시 덕양구 벽제동 30-3
- 홈페이지 : 없음

호암미술관

선사시대부터 현대에 이르기까지 한국미술을 대표하는 중요한 미술품으로 구성되어 있다. 국보, 보물로 지정된 문화재도 91건 전시되어 있다.

- 관람 안내 : 031) 320-1801~2
- 경기도 용인시 포곡면 가실리 204
- 홈페이지 : www.hoammuseum.org

토탈야외미술관

실내와 야외에 두루 미술 작품을 전시하고 있다. 약 2백여 평의 원형공연장에서는 무용, 퍼포먼스, 재즈, 마당놀이 등의 공연이 열리며, 소극장에서는 연극과 영상 자료를 관람할 수 있다.

- 관람 안내 : 031) 855-5791
- 경기도 양주군 장흥면 일영리 10-2
- 홈페이지 : www.totalmuseum.org

국립수목원

여러 가지 식물들을 자연 환경 그대로 전시해놓은 곳이다. 삼림욕을 할 수 있는 산책로도 마련되어 있다. 방문 5일 전에 반드시 연락해야 한다.

- 관람 안내 : 031) 540-1114
- 경기도 포천군 소흘읍 직동리 72
- 홈페이지 : 152.99.197.75/200110

마사박물관

말 관련 유물 자료를 수집 · 전시하여 사라져가는 우리의 말 문화를 보급하고, 조사 연구를 통해 말 문화를 체계화하기 위해 건립한 마사 전문 박물관.

- 관람 안내 : 02) 509-1283~5
- 경기도 과천시 주암동 685 한국마사회 내
- 홈페이지 : kra.co.kr/Kra/html/kra_intro_new13.html

중남미박물관

아즈텍, 잉카 문명 등 중남미 각국의 찬란했던 고대 문화 유산과 역사·생활상을 한자리에서 볼 수 있는 우리나라 최초의 외국 문화 관련 박물관. 토기, 석기, 목기, 가면, 민속공예품, 그림 등이 다양하게 전시되어 있다.

- 관람 안내 : 031) 962-9291, 962-7171
- 경기도 고양시 덕양구 고양동 302-1
- 홈페이지 : www.latina.or.kr

강원

오죽헌시립박물관

강릉시립박물관과 오죽헌이 통합되어 1998년 1월에 개관했다. 조선시대의 대학자 이이와 그의 어머니이자 예술가였던 신사임당의 유품과 작품을 전시해놓았다. 매창매화도, 신사임당초서병풍, 이이수필격몽요결 등을 볼 수 있다.

- 관람 안내 : 033) 640-4457~60
- 강릉시 죽헌동 201
- 홈페이지 : www.ojukheon.or.kr

참소리축음기에디슨박물관

1877년 에디슨이 발명한 최초의 축음기 틴호일에서부터 오늘날의 최첨단 오디오에 이르기까지, 오디오의 역사를 살펴볼 수 있는 곳. 소리의 백년사를 감상할 수 있는 국내 최초, 세계 최대의 축음기 박물관이다.

- 관람 안내 : 033) 652-2500
- 강릉시 송정동 216-14
- 홈페이지 : www.edison.or.kr

대관령박물관

대관령을 배경으로 한 고인돌 형태의 건축물로서, 좌청룡 우백호로 나누어진 전시관에는 방마다 연대별 유물들이 진열되어 있다.

- 관람 안내 : 033) 640-4482
- 강릉시 성산면 어흘리 374-3
- 홈페이지 : www.dae-gwallyeongmuseum.or.kr(2004년 2월 현재 정비 중)

영월책박물관

국내 최초의 책 박물관으로, 지금은 찾아보기 어려운 각종 희귀서들이 전시되어 있다.

- 관람 안내 : 033) 372-1713
- 영월군 서면 광전리 271-2
- 홈페이지 : bookmuseum.co.kr

태백석탄박물관

석탄의 채굴 이용관, 광산 안전관, 탄광 생활관, 체험 갱도관 등 모두 8개 관에서 태백의 주요 생산물이었던 석탄의 이모저모를 알아볼 수 있도록 전시했다.

- 관람 안내 : 033) 552-7730
- 태백시 소도동 166
- 홈페이지 : www.coalmuseum.or.kr

양구군립박수근미술관

평범한 서민의 삶을 담담한 시선으로 표현했던 박수근을 기념하여 그의 생가 터에 세워진 미술관으로, 2002년에 개관했다. 기념 전시실에는 박수근미술관이 소장하고 있는 작품과 함께 박수근이 썼던 유품, 사진, 편지, 메모, 스크랩북, 자녀들을 위해 직접 만든 동화책 등이 전시되어 있다.

- 관람 안내 : 033) 480-2655
- 양구군 양구면 정림리 131
- 홈페이지 : today072.new21.org/museum/museum-001.htm

화폐박물관

고대부터 현대에 이르는 세계 각국의 화폐와 그 발달사를
일목요연하게 전시하고 있다. 우리의 화폐 역사와 뿌리를
멀티 슬라이드 영상으로 감상할 수 있다. 또한 우표, 크리
스마스 실, 메달, 훈장 등을 통해 한국조폐공사의 기술을
조명할 수 있다.

● 관람 안내 : 042) 870-1000
● 유성구 가정동 35
● 홈페이지 : www.komsep.com/museum

한밭교육박물관

대전에서 가장 오래된 학교 건물(1938년 완공)을 개조하
여 1992년에 박물관으로 개관했다. 옛날에 사용하던 교과
서를 비롯한 각종 교육 관련 유물 2만3천여 점이 수집, 보
존, 전시하고 있다. 야외 전시실도 있다.

● 관람 안내 : 042) 626-5394
● 동구 삼성1동 113-1
● 홈페이지 : www. hbem.or.kr

대전광역시향토사료관

생활민속 자료와 고문서, 전적류가 주류를 이루고 있다. 주
로 대전을 중심으로 인근 충청 지역에서 발굴된 이들 자료
는 이 지역의 전통사회 생활문화를 복원할 수 있는 향토 자
료이다. 특히 사회제도와 관련된 고문서와 전적류는 기호
학의 본산을 이루었던 조선시대 이 지방의 유학사 연구에
직접적인 연구 자료로 활용된다.

● 관람 안내 : 042) 580-4359
● 중구 문화1동 145-3
● 홈페이지 : museum.metro.daejeon.kr

대전시립미술관

충남 지역의 대표적인 미술관이며, 1998년 개관했다. 지
상 2층으로 구성된 미술관은 비록 작은 규모이지만 야외에
물조각공원과 잔디조각공원을 마련하여 안정감 있는 구조
를 갖추고 있다. 지역주민을 위한 다양한 교육, 문화 프로
그램을 제공하는 것이 특징이다.

● 관람 안내 : 042) 488-6453
● 서구 만년동 396
● 홈페이지 : dmma.metro.daejeon.kr

충주박물관

1986년에 중원문화유물전시관으로 개관하였다가 1995
년, 중원군이 충주시와 통합되면서 시립 박물관으로 운영
되고 있다. 1층(제1전시실), 2층(제2전시실)에 청자탁잔
(고려시대), 불화(조선시대) 등이 전시되고 있다.

● 관람 안내 : 043) 855-4429 / 850-5693
● 충북 충주시 가급면 탑평리 47-5
● 홈페이지 : 없음

청주고인쇄박물관

1972년 UNESCO에서 세계 최고의 금속활자로 공인한
《직지심체요절》을 찍어낸 청주 흥덕사지(사적 제315호)
에 세워진 고인쇄 전문 박물관이다.

● 관람 안내 : 043) 269-0556, 6755, 6580
● 충북 청주시 흥덕구 운천동 866
● 홈페이지 : www.jikjiworld.net

보령석탄박물관

특수공법을 사용하여 산과 입구, 갱을 나타냈고, 크게 내부
전시관과 외부 전시관으로 구분하여 석탄의 생성, 채탄, 이
용 과정과 각종 장비를 전시했다.

● 관람 안내 : 041) 930-3566
● 충남 보령시 성주면 개화리 산 23-7

● 홈페이지 : 1stcoal.go.kr

온양민속박물관

실내 전시실은 2천여 평의 규모로, 3개의 상설 전시실과 1
개의 특별 전시실을 갖추고 있다. 약 2만5천여 평의 야외
전시장에는 각종 석조물과 너와집, 민속놀이터 등이 운영
되고 있다.

● 관람 안내 : 041) 542-6001~4

● 충남 아산시 권곡동 403-1

● 홈페이지 : www.onyangmuseum.org

독립기념관

7개 동으로 구성된 전시관에 우리 민족의 국난 극복사와
국가 발전사에 관한 자료 4,600여 점이 전시되어 있다.

● 관람 안내 : 041) 560-0114

● 충남 천안시 목천면 남화리 230

● 홈페이지 : www.independence.or.kr

공주민속극박물관

우리나라의 전통 인형극과 탈놀이에 쓰이는 인형, 탈 그리
고 다양한 민속연극, 민속무용, 민속음악 등에서 연주되는
악기와 도구들이 전시되어 있다. 또한 야외 놀이마당과 세
미나실을 갖추고 있어 실기와 이론을 익힐 수 있다.

● 관람 안내 : 041) 855-4933

● 충남 공주시 의당면 청룡리 357

● 홈페이지 : www.folkdrama.net

광주

광주광역시립민속박물관

광주·전남 지역의 향토민속·역사 자료 박물관. 1층 물질
문화 전시실에서는 의·식·주 등 생활문화와 함께 농업, 어
업, 공예품 등의 생업문화를, 2층 정신문화 전시실에서는

한 사람의 일생을 테마로 하여 사회문화, 세시풍속, 민간신
앙, 민속놀이 등을 전시하고 있다.

● 관람 안내 : 062) 525-8633

● 북구 용봉동 1004-4

● 홈페이지 : www.kwangjufolk.go.kr

광주시립미술관

현대미술 전반에 걸친 작품들을 전시하고 있다. 1층 전시
실(411평)에서는 기획과 대관 전시를 하며, 2층 상설 전
시실에서는 한국화, 양화, 조각, 서예 등을 분야별로 전시
하고 있다.

● 관람 안내 : 062) 521-7556, 525-0967

● 북구 운암동 산 34-1

● 홈페이지 : artmuse.gjcity.net

전남·북

동진수리민속박물관

문명의 이기에 밀려 차츰 사라져가는 수리, 농경, 민속 자
료 등을 모아 문을 연 우리나라 최초의 수리 관련 민속박물
관이다.

● 관람 안내 : 063) 540-1135

● 전북 김제시 신풍동 491-1

● 홈페이지 : www.karico.co.kr/project/dongjin

팬아시아 종이박물관

국보 제277호인 '초조본 대광불화엄경 주본권 제36' 을
비롯한 각종 종이 관련 유물, 첨단 과학을 이용한 종이 산
업과 관련된 전시를 통해 종이 문화를 한눈에 볼 수 있다.

● 관람 안내 : 063) 210-8103

● 전북 전주시 덕진구 팔복동2가 180

● 홈페이지 : www.papermuseum.co.kr

나주배박물관

배의 생육 과정을 계절별로 묘사한 배의 사계절 코너와 배 재배의 시대적 변천 모습을 재현한 나주 배밭 미니어처 박스는 관람객들에게 높은 교육적 효과를 주고 있다.

- 관람 안내 : 061) 330-8328
- 전남 나주시 금천면 석전리 384-5
- 홈페이지 : 없음

전라남도농업박물관

농업이 주요 산업인 지역적 특색을 살려 전통 농경 문화 유산을 수집, 보존, 전시하고 있다. 시대별, 계절별로 농사의 모습을 알 수 있도록 꾸몄고, 각 계절마다 주로 쓰였던 농기구들을 전시했다.

- 관람 안내 : 061) 462-2796
- 전남 영암군 삼호읍 나불리 307
- 홈페이지 : www.jam.go.kr

죽물박물관

죽침대, 사무용 의자, 안락의자, 죽부인, 대베개, 방갓, 합죽선, 대모자, 채상, 채바구니, 말석, 개량바구니, 참빗 등 대나무로 만든 죽세품이 총망라되어 있다.

- 관람 안내 : 061) 381-4111, 380-3478~82
- 전남 담양군 담양읍 천변리 401-1
- 홈페이지 : 없음

조개박물관

소라에서부터 달팽이, 무게가 144kg이나 되는 식인조개에 이르기까지 각종 조개 1,700종, 총 4천여 점이 전시되어 있는 조개 전문 박물관이다. 82년에 개관한 목포향토문화관 안에 있다.

- 관람 안내 : 061) 276-6331
- 전남 목포시 용해동 7-8
- 홈페이지 : 없음

보성군립백민미술관

백민 조규일 화백의 작품과 국내외 소장품, 사재를 기증받고 국비, 도비, 군비의 지원을 받아 1993년 12월에 개관했다. 모두 2층으로 구성된 미술관의 2층 전시실은 국내에서 보기 드물게 완전 자연 채광으로 설계하여 미술 감상의 묘미를 더하고 있다.

- 관람 안내 : 061) 853-0003
- 전남 보성군 문덕면 죽산리 122-1
- 홈페이지 : www.baekmin.or.kr

대구 · 경북

등대박물관

국내외 등대(광파표지, 전파표지, 음파표지) 발전사를 볼 수 있는 박물관이다.

- 관람 안내 : 054) 284-4857
- 경북 포항시 남구 대보면 대보리 221
- 홈페이지 : www.lighthouse-museum.go.kr

안동시립민속박물관

1992년 개관. 야외 박물관에서는 안동댐 수몰 지역에서 이전한 고가옥과 문화재를 전시하고 있고, 옥내 박물관에서는 제1, 2, 3전시실로 구분하여, 안동의 유교문화 중에서 사람이 태어나서 죽을 때까지의 과정인 통과의례를 연출해 전시하고 있다.

- 관람 안내 : 054) 821-0649
- 경북 안동시 성곡동 784-1
- 홈페이지 : adfm.or.kr

아트선재미술관

빠르게 변화하는 현대미술을 화두로 대중과 함께 소통하는 역할을 해내는 보기 드문 지방의 현대미술관이다. 본관은 지하 1층, 지상 2층의 구조를 갖추고 있으며, 1997년에 새롭게 개관한 제2전시관은 단순하면서도 개방적인 구조로 되어 있어 젊고 실험적인 작가들의 다양한 설치 작업이 가능하다.

- 관람 안내 : 054) 745-7075~6
- 경북 경주시 신평동 370
- 홈페이지 : www.artsonje.org

부산 · 경남

부산시립미술관

지상 3층으로 이루어져 있으며 전시실은 2층에 8개, 3층에 11개로 구성되어 있다. 전시의 내용에 따라 전시실 내부를 적절하게 조정하여 쓸 수 있도록 개폐식 구조를 가지고 있어 보다 짜임새 있는 작품 구성을 할 수 있는 장점이 있다. 김홍석과 이형우, 신옥진 등 부산 출신의 작가와 미술 후원자들이 기증한 미술 작품들이 빼곡히 담겨 있다.

- 관람 안내 : 051) 740-4212~5
- 부산시 해운대구 우동 1413
- 홈페이지 : art.metro.busan.kr

통도사성보박물관

삼신도 등 보물 11점과 지정문화재 32점 등을 소장, 전시하고 있다. (특히 불화 2백여 점 소장)

- 관람 안내 : 055) 382-1001
- 경남 양산시 하북면 지산리 583
- 홈페이지 : tongdomuseum.or.kr

거창박물관

실내 전시장에는 선사시대 석기류를 비롯하여 토기류, 도자기류, 민속품, 전적류 등이 시대순으로 전시되어 있다. 야외 전시장에는 고인돌, 석탑, 불상, 역대 거창군 수령비 등이 전시되어 있다.

- 관람 안내 : 055) 940-3060
- 경남 거창군 거창읍 김천리 216-5

- 홈페이지 : www.gcwc.go.kr/museum

거제박물관

거제문화재단 산하 기관으로, 1층은 지역 내의 여러 전시 행사를 치르는 문화전시실, 2층은 거제에서 채집한 농경과 수산에 관계되는 민속품을 전시한 민속실, 3층은 선사시대부터 조선시대까지의 다양한 유물을 전시하고 있다.

- 관람 안내 : 055) 687-6790
- 경남 거제시 옥포2동 1565
- 홈페이지 : www.kojemuseum.org

밀양시립박물관

선유도(김홍도 작), 군어도(조정규 작) 등의 서화 자료와 순청자명문매호 등 밀양에서 출토된 고고유물 등을 전시하고 있다.

- 관람 안내 : 055) 359-5589
- 경남 밀양시 내일동 318-2
- 홈페이지 : museum.miryang.go.kr

삼진미술관

2001년 9월에 폐교를 활용하여 설립한 작은 사설 미술관이다. 공예실, 서각실, 장승실, 한국화실 등 모두 일곱 개의 전시관으로 이루어져 있으며 한국화 80여 점, 서양화 90여 점, 서예와 조각 500여 점 등이 전시관을 채우고 있다.

- 관람 안내 : 055) 272-0335
- 경남 마산시 진북면 추곡리 534
- 홈페이지 : 없음

주남저수지

세계적인 철새 도래지로서, 주로 겨울에 이용해야 한다는 시간적인 제약이 있다. 쌍안경이나 망원렌즈가 달린 사진기가 있어야 잘 관찰할 수 있다.

- 경남 창원군 주남저수지

공룡발자국터

우리나라에서 가장 유명한 공룡 발자국터이다. 해안을 따라 많은 공룡 발자국들을 관찰할 수 있다.

- 경남 고성군 덕명리

제주

제주교육박물관

1995년 개관. 제주 교육에 관한 교과서, 서장, 교구, 문서와 민구 등을 수집, 전시하고 있다.

- 관람 안내 : 064) 752-9101~2
- 제주시 이도2동 539-14
- 홈페이지 : www.jje.go.kr/~museum

제주민속박물관

제주 토박이가 세운 사설 박물관. 파도와 싸우면서 살아온 이 고장 선조들의 삶의 자취와 면모를 담은 약 3천여 점의 유물이 전시되고 있다.

- 관람 안내 : 064) 755-1976
- 제주시 삼양3동 2505
- 홈페이지 : 없음

제주도민속자연사박물관

제주도 형성사, 암석, 식물 수직분포도, 포유류 서식 환경, 그리고 제주인의 일생, 생업, 의·식·주를 4개 전시실에 상설 전시하고 있다.

- 관람 안내 : 064) 722-2465
- 제주시 일도2동 996-1
- 홈페이지 : museum.jeju.go.kr

제주조각공원신천지미술관

제주도의 자연과 미술 작품을 감상할 수 있는 야외 조각 미술관이다. 전국의 조각가 1백여 명의 야외 조각 작품(350

여 점)들로 꾸며져 있다.

- 관람 안내 : 064) 748-2135
- 제주도 북제주군 애월읍 광령2리
- 홈페이지 : scjartmuseum.co.kr

제주관광식물원 여미지

선인장, 파파야를 비롯한 기이하고도 아름다운 식물의 집산지이다. 수생식물원, 생태원, 열대과수원, 다육식물원 등으로 나뉘어 있고 3,700종의 각종 식물이 전시되어 있다.

- 관람 안내 : 064) 735-1100
- 서귀포시 색달동 2920
- 홈페이지 : www.yeomiji.or.kr

한림공원

자생란, 야자수, 키위, 선인장, 제주 재래종 감귤 등을 선보인다. 한림공원 안에 동굴이 함께 있다.

- 관람 안내 : 064) 796-0001~4
- 제주도 북제주군 한림읍 협제리 2487
- 홈페이지 : www.hallimpark.co.kr

이중섭미술관

소의 역동적인 힘을 한국적 미학으로 묘사한 것으로 유명한 이중섭을 기리기 위해 2002년 11월에 서귀포시의 도움으로 개관한 미술관이다. 이중섭의 원화 8점과 우리나라를 대표하는 근현대화가의 작품 52점 등 모두 60점의 작품이 소장되어 있다.

- 관람 안내 : 064) 733-3555
- 서귀포시 서귀동 532-1
- 홈페이지 : 없음

국립박물관

국립서울과학관

우리나라 산업 기술, 과학, 통신, 전자, 전기 등 관련 산업이 전시되어 있다. 체험 학습이 가능하다.

- 관람 안내 : 02) 3675-5114~6
- 서울시 종로구 와룡동 2
- 홈페이지 : www.science.go.kr/seoul/html

우정박물관

우표 전시실에는 우리나라 우표뿐 아니라 186개 국의 3만 5천 장의 우표가 보기 쉽게 진열되어 있다. 현재는 2007년에 재개관하는 것을 목표로 박물관을 신축 중이어서 충남 천안에 임시 박물관을 열고 있다. (아래에 제시된 정보는 임시 박물관에 해당되는 것임)

- 관람 안내 : 041) 560-5901~3
- 충남 천안시 유량동 60-1 정보통신공무원 교육원
- 홈페이지 : www.postmuseum.go.kr

국립국악박물관

국내외 악기·국악 사료·고문헌·명인 유품·국악 음반 등 국악과 관련된 전시물이 2천여 점 정도 전시되어 있다. 우리나라 전통악기, 세계 여러 나라의 민족악기들을 관악기, 현악기, 타악기로 분류, 전시해놓았다.

- 관람 안내 : 02) 580-3030
- 서울시 서초구 서초동 700 예술의 전당 내
- 홈페이지 : www.ncktpa.go.kr/walk3.htm

산림박물관

산림과 임업에 관한 자료의 수집, 수장, 전시와 연구를 위한 전문 박물관이다.

- 관람 안내 : 031) 540-1114
- 경기도 포천군 소흘면 직동리 51-7
- 홈페이지 : 152.99.197.75/200110/4forestexhi.htm

해양유물전시관

국내 유일의 해양 유물 전시관으로 신안 해저 유물선과 각종 해저 유물 등을 상설 전시하고 있다.

- 관람 안내 : 061) 278-4271~2
- 전남 목포시 용해동 8
- 홈페이지 : www.seamuse.go.kr

외교박물관

1876년 병자수호 조약으로 우리나라가 개방된 이후부터 오늘날까지의 외교 역사를 잘 보여주는 곳이다.

- 관람 안내 : 02) 571-1097
- 서울시 서초구 서초2동 1376-2 외교안보연구원 내
- 신분증 반드시 지참할 것
- 홈페이지 : www.mofat.go.kr/ko/division/museum.mof

국립중앙박물관
02) 398-5000 / www.museum.go.kr

국립경주박물관
054) 740-7518, 7538 / gyeongju.museum.go.kr

국립전주박물관
063) 223-5650 / jeonju.museum.go.kr

국립광주박물관
062) 570-7000 / gwangju.museum.go.kr

국립진주박물관
055) 742-5951 / jinju.museum.go.kr

국립청주박물관
043) 252-0710 / cheongju.museum.go.kr

국립부여박물관
041) 833-8562~3 / buyeo.museum.go.kr

국립공주박물관
041) 850-6360, 6300 / gongju.museum.go.kr

국립대구박물관
053) 768-6051~2 / www.tgmuseum.org

궁중유물전시관
02) 771-9952 / www.royalmuseum.go.kr

지역별 야영장 안내

<table><tr><td>경기 지역</td></tr></table>

유명산 자연 휴양림

● 주소 : 경기도 가평군 설악면 가일리

● 전화 : 031) 589-5487

300여 동의 숙박 시설과 야영장, 운동장, 캠프 파이어장 등의 부대 시설이 있다. 예약은 인터넷으로만 가능하다.

한마음 청소년 수련원

● 주소 : 경기도 양주시 어둔동 산 120번지

● 전화 : 031) 840-0018

면적이 넓고 등산 코스와 연결되어 있어 산림 운동을 비롯한 각종 프로그램(특히 하이킹) 운영이 가능하다. 200명 규모의 통나무집, 수영장 등의 부대 시설이 있다.

용문 청소년 수련원

● 주소 : 경기도 양평군 용문면 덕촌 2리 287-2

● 전화 : 031) 774-3587~8

공동체 놀이를 비롯한 야외 행사에 필요한 다양한 프로그램과 필요한 음향기기, 기자재를 대여해준다. 여름 야영에 좋으며 수영장도 이용할 수 있다.

걸스카우트 모현 야영장

● 주소 : 경기도 용인시 모현면 일산리 산 25-1

● 전화 : 031) 332-4949

자연 체험 활동에 적합하도록 계획적으로 배치된 야영지와 등산로 등을 갖추고 있으며 인근에 정몽주 묘, 한국등잔박물관, 민속촌 등이 있다.

서울대공원 청소년 수련장

● 주소 : 경기도 과천시 막계동 159-1 서울대공원 내

● 전화 : 02) 502-7118

성수기에는 학교 야영이 많아 당일 함께 사용하는 팀이 얼마나 되는지 확인해야 한다.

경기도 청소년 수련관

● 주소 : 경기도 안산시 단원구 선감동 산 130

● 전화 : 031) 886-6900

수련원 갯벌을 비롯하여 야영장, 극기훈련장, 실내외 운동장 등의 각종 편의 시설이 있다.

곤지암 청소년 수련원

● 주소 : 경기도 광주시 실촌면 삼리 163번지

● 전화 : 031) 762-7939, 7940

밤나무 숲 속에 자리 잡고 있다. 야채를 심고 수확할 수 있는 체험 학습장과 양궁, 래프팅, 난타＋사물, 도예 실습 등의 프로그램을 갖추고 있다.

무봉산 청소년 수련원

● 주소 : 경기도 평택시 진위면 동천리 681

● 전화 : 031) 610-4413~7

별을 관찰할 수 있는 천문대와, 문화 체험을 위한 전통문화실 등을 갖추고 있으며, 인공암벽(레펠), 산악 자전거를 탈 수 있는 등산로, 눈썰매장 등이 있다.

YWCA 버들 캠프장

● 주소 : 경기도 시흥시 대야동 산 108

● 전화 : 031) 312-2808

4만여 평의 아름다운 자연에 둘러싸여 있으며 각종 회의, 세미나, 청소년 수련 시설로 활용되고 있다.

<table><tr><td>강원 지역</td></tr></table>

청태산 자연 휴양림

● 주소 : 강원도 횡성군 둔내면 삽교리

● 전화 : 033) 343-9707

3개의 야영장과 6동의 산막이 마련되어 있고 청소년들의 심신 수련을 위한 숲 속 교실도 설치되어 있다.

대관령 자연 휴양림

● 주소 : 강원도 강릉시 성산면 어흘리

● 전화 : 033) 641-9990, 641-9551

자연 휴양림 가운데 가장 최초로 생긴 곳으로, 위생 상태도 좋고, 식수장 등의 시설이 잘되어 있다.

미천골 자연 휴양림

● 주소 : 강원도 양양군 서면 황이리

● 전화 : 033) 673-1806

자연 생태계가 잘 보존된 울창한 산림으로 되어 있다. 문화 유적 탐방과 자연 체험을 동시에 할 수 있고, 휴양림 내 임도를 이용하거나 산책과 산악 자전거를 즐길 수 있다.

경포도립공원 야영장

● 주소 : 강원도 강릉시 경포도립공원 내

● 전화 : 033) 644-2800 (경포도립공원 관리사무소)

샤워장, 탈의장, 취사장, 캠프 파이어장 등을 갖추고 있으나 주위에 위락 시설이 많으므로 아이들과 함께 갔을 때 각별한 주의가 필요하다.

충청 지역

속리산 말티재 자연 휴양림

● 주소 : 충북 보은군 외속리면 장재리 산5-1번지

● 전화 : 043) 543-1667, 543-6283

넝굴 터널, 숲 속 교실, 취사장 등 편의 시설을 갖추고 있다. 휴양림 공한지에는 머루, 으름, 두릅 등 토속 식용 식물과 약용 식물을 조성하여 자연 관찰도 겸할 수 있다.

속리산 야영장

● 주소 : 충북 보은군 내속리면 상판리

● 전화 : 043) 542-5267~8

속리산에는 500~800명 규모의 야영장이 3곳 있다. 등산

로에 따라 청소년 수련장, 화양동 야영장(화양동 매표소), 사내리 야영장(법주사 매표소) 등을 이용하면 된다.

희리산 해송 자연 휴양림

● 주소 : 충남 서천군 종천면 산천리 산35-1

● 전화 : 041) 835-1973

숲 해설판, 야생화 관찰원, 버섯 재배원 등이 있다. 부근 서해안 갯벌에서는 맛살조개 잡이도 체험할 수 있다.

청소년 수련마을 보람원 – 솔솔 야영장

● 주소 : 충북 괴산군 청천면 관평리 산14-1번지

● 전화 : 043) 833-1711, 830-2233~6

땅사랑 배움터, 암벽 훈련장, 수상 훈련장, 항공 훈련장, 활터 등의 시설을 갖추고 있다. 주변 유적지 순례, 체험 학습으로 구성된 테마 수학여행 프로그램을 운영하고 있다.

계룡산 동학사 야영장

● 주소 : 충남 공주시 반포면 학봉리 682-1

● 전화 : 041) 825-0290

취사가 가능하며, 캠프 파이어장이 설치되어 있다. 동학사, 공주 무령왕릉, 갑사, 은선폭포, 남매탑 등이 있다.

전라 지역

덕유대 청소년 야영장

● 주소 : 전북 무주군 설천면 삼공리 산 60-5

● 전화 : 063) 322-3174~5

덕유산 국립공원 내에 위치해 있으며 자연 생태가 오염되지 않은 청정 지역이다.

변산 해수욕장 야영장

● 주소 : 전북 부안군 변산면

● 전화 : 063) 582-7808

푸른 솔 숲이 어우러져 있고 변산 해수욕장 내에 있다. 바닥이 고운 모래이며, 시설물 이용이 편리하다.

가마골 야영장

● 주소 : 전남 담양군 용면 용연리 산 11-3

● 전화 : 061) 380-3566

숲 속의 집을 비롯한 숙박 시설과 강당, 샤워장, 취사장, 잔디구장, 체력 단련장, 모닥불 집회장 등을 갖추고 있다.

대나무골 청소년 야영장

● 주소 : 전남 담양군 금성면 봉서리 산 51-1

● 전화 : 061) 383-9291

대나무 숲과 소나무 숲을 맨발로 산책할 수 있으며 자연 체험 활동이 가능한 테마 공원도 있다.

내장산 야영장(백양사 지구)

● 주소 : 전남 장성군 북하면 약수리 252-1번지

● 전화 : 061) 392-7288, 7088

수용 인원은 1,440명이며 화장실과 음수대 등 기본적인 시설만 갖추어져 있다.

경상 지역

경상남도 자연 학습원

● 주소 : 경남 산청군 시천면 중산리 633-11(지리산 국립공원 내)

● 전화 : 055) 972-1001~2

지리산 기슭에 위치하여 자연 환경 교육을 한다. 모닥불 놀이, 심성 계발 훈련, 요가 등의 자체 프로그램을 운영한다.

지리산 청소년 수련원

● 주소 : 경남 산청군 단성면 창촌리 690-1

● 전화 : 055) 974-1100

자연과 조화를 이룬 축구장, 야영장, 극기훈련장, 수영장

등 수련 활동을 위한 시설을 갖추고 있다.

경상북도 포항 학생 야영장

● 주소 : 경북 포항시 북구 죽장면 하옥리 444번지

● 전화 : 054) 262-6421

취사장, 샤워실, 야외 식당, 극기훈련장 등이 있으며, 교육 기자재, 야영 장비도 빌릴 수 있다.

벽계 야영장

● 주소 : 경남 의령군 궁류면 벽계리 483번지 일대

● 전화 : 055) 570-2226

진두, 대구, 마산, 창원 등지에서 1시간 거리에 있으며 텐트를 이용한 야영과 방갈로를 이용한 숙박이 가능하다.

금련산 청소년 수련원

● 주소 : 부산 수영구 광안4동 산 60-3번지

● 전화 : 051) 625-0709, 625-7734

부산광역시가 운영하며 천체관측실, 체력단련장, 씨름장, 문학관, 취사장, 야외식탁, 전망대, 파고라 등이 있다.

제주 지역

비자림 청소년 수련원

● 주소 : 제주 북제주군 구좌읍 평대리 3164-1

● 전화 : 064) 782-7001

2000명 이상을 수용할 수 있는 야영장과 산악 자전거, 국궁, 서바이벌 게임 등의 자체 프로그램을 운영하고 있다.

관련 홈페이지

한국관광공사	www.knto.or.kr
자연휴양림	www.huyang.go.kr
국립공원관리공단	www.npa.or.kr

학교 밖 야영 상식 4선

1. 야영지에서의 설거지

계곡 물에서 합성세제를 이용하여 설거지를 하는 것은 기껏 찾아간 자연을 훼손하는 지름길이다. 대신 이걸 알아두자.

야영을 갈 때는 약간의 밀가루와 화장지를 가져간다. 어지간한 그릇은 휴지로 깨끗이 닦아내면 되고, 기름때가 묻은 그릇은 밀가루와 물을 약간 부어서 끓인 후에 닦아내면 깨끗이 닦인다. 약간의 흙이 묻었다거나 깨끗이 닦이지 않았는가 하는 걱정은 하지 말자. 조금 덜 깨끗한 그릇에 음식을 담아 먹었다고 탈이 나는 건 아니다.

2. 흔적을 남기지 말자

자신이 야영한 자리에 흔적을 남기지 말자. 살아 있는 나뭇가지나 꽃, 풀 등을 꺾지 않는 것은 물론이고, 돌멩이 하나도 그대로 놓아두자. 물론 주변의 쓰레기들은 하나도 남김없이 주워 비닐봉지에 담아서 집으로 가져오거나 정해진 장소에 버려야 한다. 출발할 때 비닐봉지를 여러 개 준비해 가면 여러 가지로 편하다.

다 쓴 부탄가스 통을 그냥 버리면 폭발할 우려가 있다. 밑부분에 못으로 구멍을 내어 버리도록 한다. 다용도 칼의 통조림 따개로 구멍을 내면 간편하다.

3. 다용도 칼을 가져간다

집에서라면 금방 사용할 것들이 야외에 나가면 '아쉽다.' 그럴 때 다용도 칼(일명 맥가이버 칼)은 매우 유용하게 쓰인다. 창칼은 야채와 생선 등 음식물을 다듬거나 나무를 깎는 데에 유용하고, 송곳은 나무에 구멍을 낼 때 유용하다. 통조림 따개는 빈 가스통에 구멍을 낼 때 쓴다. 돋보기가 달린 것으로는 불을 피울 수도 있다. 가위는 붕대를 자를 때 사용하고, 비늘 벗기는 것은 생선을 다듬을 때 사용한다. 싸구려 다용도 칼은 금방 녹이 슬어버린다. 아이들을 데리고 자주 야외로 가는 교사라면 다용도 칼에 돈을 좀 투자하면 후회하지 않는다.

4. 이것만은 잊지 말자

야외에서는 꼭 필요한 물건들이 있다. 미리미리 챙겨놓지 않으면 낭패를 보기 십상이다. 아무리 가까운 거리라 할지라도 이 물건만은 꼭 챙겨서 간다.

- **목장갑** : 텐트를 치거나 주변을 치울 때, 뜨거운 것을 잡을 때 매우 유용하다.
- **약품 주머니** : 소독약, 밴드, 소화제, 배탈약, 연고 등 약국에 가서 필요한 비상약품들을 채워서 간다. 상자 등에 담지 말고 주머니에 넣어서 가져가야 짐을 싸기에 편리하다.
- **노끈** : 텐트를 칠 때, 차양막을 칠 때, 빨랫줄을 만들 때, 물건들을 옮기거나 오르내릴 때 반드시 필요하다. 비닐끈보다는 산악용품 가게에서 파는 '슬링'이 좋다.
- **손전등** : 밤에 작업을 하거나 화장실에 갈 때 반드시 있어야 한다. 손으로 잡는 전등도 좋지만 머리에 쓰도록 되어 있는 헤드랜턴이 있으면 더욱 편리하다. 여럿이 갈 때에는 부탄가스를 사용하는 가스등이나 화이트 가솔린을 사용하는 석유등을 가져가면 좋고, 텐트 안에서는 양초를 사용하면 분위기가 은은해진다. 물론 아이들이 불장난을 치지 않도록 주의, 또 주의를 해야 한다.
- **야삽** : 조그마한 야삽을 사 가도록 한다. 배수로를 파거나 모닥불을 지필 때 꼭 있어야 한다.
- **비옷** : 야외에서는 우산보다 비옷이 좋다. 비싼 방수방풍복도 있지만 아이들에게는 부담스러우므로 비닐로 된 비옷 정도가 좋겠다.
- **다용도 칼, 비닐봉지**

마무리 활동

학급문집·신문 만들기

약이 되는 이야기

신나는 학급문집 만들기

학급문집 제작, 하나에서 열까지

우리 반 학급신문 만들기

사례 ● 학급문집 만들기

학급문집·신문 만들기를 위한 정보쌈지

학기말·학년말 마무리

약이 되는 이야기

학기말 ● 학급활동 평가의 지혜

사례 ● 우리 반 학기말 평가

학년말 ● 학급활동 평가의 지혜

학교생활기록부를 정리하는 지혜

'마무리잔치'로 마무리하기

사례 ● 우리 반 마무리 활동

학기말·학년말 마무리를 위한 정보쌈지

학급문집,
단순한 타임캡슐이 아닙니다

머리가 다 큰 제자들이 찾아옵니다.

어느새 장가들 나이가 되어버린 이 아이들은 제자라기보다는 친구에 가깝습니다. 저희들끼리 모였다 하면 전화로 꼬드겨 불러내거나 아예 술을 잔뜩 사들고 집으로 쳐들어옵니다. 어떤 날은 1박 2일 동안 버티다가 술국 끓여내라고 성화를 댑니다. 이미 어엿한 직장을 가진 이들은 여러 면에서 '청출어람〔靑出於藍而靑於藍〕'입니다. 그들이 술 나누며 벌이는 격론을 통해 비로소 사회가 돌아가는 켯속을 깨달을 때도 있습니다. 각자 일터에서 겪는 이야기 속에서 새삼스럽게 삶에 대한 감동을 배울 때도 있습니다. 사진관을 운영하는 친구가 있습니다. 가끔 당신 제사상에 올릴 사진을 찍으러 오는 할머니가 있답니다. 자식 몰래 찍으러 오는 할머니일수록 카메라 렌즈로 들여다보면 대부분 표정이 없는 얼굴이랍니다. 그래서 이 친구는 사진을 찍기 전에 일부러 할머니와 오랜 시간 이야기를 나눈답니다. 자식 이야기, 고향 이야기, 옛 시절 이야기의 말동무 노릇을 하는 것입니다. 그런 뒤 사진을 찍으면 영락없답니다. 뽀얀 처녀 시절의 표정이 잡힌다는 것입니다.

내가 그들의 성장 속에 끼어든 것은 십오년 전, 단 일년 동안이었습니다. 그 일년이 장성한 그들에게 어떤 의미로 되새김되고 있을까 퍽 궁금합니다만, 구태여 물어보지는 않습니다. 아직은 묻고 대답할 때가 아니기 때문입니다.

대신 나는 그들의 당시 동화상(動畵像)의 조각들을 여러 편 소중하게 간직하고 있습니다. 그 가운데 압권은 학급문집입니다. 이름이 학급문집이지, 그때 아이들이 남긴 모든 족적, 하다못해 반성문까지 함께 묶어 나중에 편집한 '유일본'입니다. 당시는 학급문집의 개념과 형태가 대중화되어 있지 못한 때였습니다. 당사자들이 군대 갔다가 적당히 자리가 잡히자 떼를 지어 몰려온 날, 술자리가 무르익을 무렵 꺼내놓았더니 그런 아우성이 없었습니다.

"봐라, 나는 벌써 그때부터 선견지명이 있어서 장래 희망이 사업가 아니냐? 어이, 찍사! 너는 뭐라고 썼냐? 뭐 검사? 아이고 검사 다 죽었다."

남대문에서 혼수 그릇을 취급하는 친구가 사진관을 하는 친구에게 외칩니다.

"임마, 그래도 내가 검사보다 높다. 그 지체 높은 양반들도 내 카메라 앞에선 웃으라면 웃고, 서라면 서고 꼼짝도 못한다. 그나저나 짝코하고 똥필이는 그때부터 앙숙이었고마."

서로 그렇게 구박을 하면서도 눈길은 제가 지금 살고 있는 형편의 근거를 찾기 위해 번득입니다. 이후 주고받는 술잔은 점차 숙연해집니다.

짝사랑으로 얼룩졌던 가슴을 쓸어내리는가 하면, 그때 그렇게 고마웠던 친구의 안부를 미처 챙기지 못했음을 진심으로 사과하고, 당시의 한마디 격려가 아직도 힘으로 살아 있음을 곱씹기도 합니다.

복사한 뒤 다시 돌려드리겠다고 가슴에 품고 가는 이들에게, 학급문집은 완료형이 아니었습니다. 잠시 꺼내본 타임캡슐, 그들은 다시 그들의 이야기를 몸으로 써서 이어갈 것입니다.

학급문집이라는 이름으로 꼴을 갖추어 본격화한 것도 바로 그 즈음입니다.

학급문집에 대해서 몇 가지 오해가 있는 듯합니다.

학급문집이 늘 비슷비슷해서 지루하고 재미없다며, 뭔가 색다르게 잘 만들어 보고 싶다는 선생님을 만날 때가 많습니다. 대부분 학년말 시간을 이용해 기획부터 인쇄까지 순식간에 해치우는 선생님들입니다.

〈우리교육〉에서 주최하는 '좋은 학급문집' 심사를 몇 번 맡은 적이 있습니다. 제대로 된 심사를 하기 위해서는 한 권 한 권 꼼꼼하게 읽어야 합니다. 그것이 얼마나 어려운 과정을 통해서 만들어졌나를 익히 잘 알고 있기 때문에 어느 하나도 소홀하게 지나칠 수가 없습니다. 읽다보면 그렇게 재미있을 수가 없습니다. 어떤 때는 냉철한 잣대를 들이대야 할 판관의 소임을 잊고, 낄낄대며 침 발라가며 소설책 대하듯 읽을 때도 있습니다.

응모한 학급문집은 크게 두 부류로 나뉩니다. 하나는 일년 학급활동의 성과물을 자연스럽게 모아 편집한 것이고, 또 하나는 한순간에 만들어 채운 것입니다. 그런 것일수록 앙케이트라는 이름을 단 특집이 많고, 삼행시 쓰기, 문예물 일색입니다.

생활이 있느냐 없느냐로 구분되는 이 두 유형은 감동의 강도에서 큰 차이가 납니다. 앞의 것을 읽다보면 아이들의 속삭임, 부산한 발걸음이 보이고, 담임의 목소리가 들리고, 그들이 살고 있는 교실의 모습이 보입니다. 그들을 만나보면 금세 알아볼 것 같은 착각을 불러일으킵니다. 그러나 뒤의 것은 형식만 있지 그 누구의 모습도 보이지 않습니다. 말하자면 좋은 학급문집은 의미 있는 학급운영과 다른 말이 아니라는 이야기입니다.

학급문집 만들기에서 가장 경계해야 할 오해가 바로 그것입니다.

뭔가 색다른 학급문집을 고민하기 전에 좀 더 아이들과 가까운, 그들의 아름다운 성장을 염두에 둔 학급운영을 계획하는 것이 순서입니다. 나 자신에 대한 관심에서 출발하여 주변인에 대한 관심으로 영역을 넓히는 과정, 학교생활에 대한 점검, 학교 안팎을 넘나드는 문화에 대한 탐색 등이 학급운영 행사로 배치되고, 그 결과가 자연스럽게 문집의 얼개로 엮어질 때, 문집은 절로 한 단계 높은 성취를 이루어냅니다. 나는 국어 교사가 아니라서 문집 만들기는 어쩐지 부담스럽다는 발뺌은 그래서 변명일 뿐입니다. 어눌하면 어눌한 대로 그것은 학생들에게 소중한 발자취요 발전의 도약판이 될 수 있습니다.

경험의 과정 없이 좋은 작품만을 목표로 하면 관심도 흥미도 모두 사라질 뿐만 아니라, 모든 과정과 결과가 무의미해집니다. 그런 점에서 탄광촌 아이들의 활동을 집요하게 추적하고 스스로에 대한 격려를 주제로 한 태백 어느 선생님의 학급문집은 눈물겹도록 아름답습니다.

학급문집의 가치는 학급문집의 영역에만 머무르지 않습니다.

역량을 축적하여 교과문집으로 확산되면 학문적인 성취를 격려하고 장려하는 발판으로 쓰일 수 있습니다. 교과에서 권장할 수 있는 개인 연구문집(학년말 실기평가 소재로 훌륭하지요.)은 개개인의 장점과 재능 신장은 물론이고 건강한 사회적 안목을 키워내는 장치로 자리 잡을 수 있습니다.

학급문집을 가능케 하는 다양한 환경 조성과 예산 지원 — 일부 학교에서만 이루어지고 있습니다. — 이 공식적으로 이루어져야 하는 이유도 여기에 있습니다. 인간의 발전적인 행동 변화를 목적으로 하는 학급활동이 소중하다면, 학급활동과 직접적인 관련을 맺고 있는 학급문집도 당연히 소중한 교육과정입니다.

이 대목에서는 선생님들이 뜻을 모을 필요가 있습니다. 작은 영역일지라도 먼저 나서서 길을 내지 않으면 그 누구도 알아서 해결해주지 않는다는 것을 우리는 누차 경험한 바 있습니다. 학교운영위원회 같은, 교사가 참여할 수 있는 공식 기구는 이런 면에서 아주 유용한 채널입니다.

매주 형식적으로 박혀 있는 학급회의 시간을 격주제로 바꿔, 그 시간을 학급별 봉사활동이나 문화 체험 등 학급 재량 시간으로 활용할 수 있게 지원한다는 충남 어느 학교의 이야기는 그 자체로도 훌륭한 결실이 기대되지만, 다양한 문집 문화를 가능하게 한다는 점에서 눈여겨볼 만합니다. (1999년) ■

이상대 / 서울 신월중 교사

신나는 학급문집 만들기

이 글은 〈우리교육〉이 주최한 '좋은 학급문집 공모'에서 으뜸상을 받은 경북 상주 여중 이상훈 선생님의 체험적 학급문집 제작론입니다.

사실 학급문집을 잘 만들고 못 만들고는 그다지 중요하지 않다. 학급문집이 매개체가 되어 좋은 학급운영을 할 수 있다면 그 자체로 값진 것 아니겠는가. 학급문집은 학급운영과 밀접한 관련을 맺고 있을 때 빛이 난다.

경험에 비추어보면 계획이 제대로 서 있지 않은 학급운영은 실패할 때가 많았다. 사실 계획을 세워도 잘되지 않을 때가 더 많다. 설계도 없이 짓는 집을 상상해보라. 집은 세 번 정도는 지어봐야 제대로 짓는다는 말이 있지만, 그것도 설계도를 제대로 갖추었을 때의 이야기이다. 학급을 운영하는 데도 계획이 있을 때와 없을 때는 하늘과 땅 차이다. 학급문집 또한 마찬가지이다.

학급문집은 아이들을 깊이 있게 만날 수 있는 마당

중학교, 고등학교 시절은 안팎으로 많은 변화를 겪는, 인생에서 가장 소중한 시기이다. 무엇이든 스스로 해보고 싶어하고, 또 자신이 한 일에 무한한 성취감을 느끼는 기간이기도 하다. 담임을 맡으면 그들과 눈높이를 맞추어서 함께할 수 있는 일을 찾는 것이 그래서 중요하다.

같이 할 수 있는 일은 많다. 그 가운데 학급문집은 일상생활 속에서 일어나는 만남의 이야기를 부담 없이 엮어나갈 수 있다는 점에서 두고두고 보람을 느끼게 해준다.

글을 통한 만남은 또 다른 맛이 있다. 겉으로 드러내지 못하던 마음을 제법 깊게 드러내 보이기도 하고, 말보다는 솔직할 수 있다는 이점도 있다. 그런 점에서 학급문집은 깊이 있는 만남의 자리가 된다.

토론 문화가 정착되지 않은 우리들에게 학급문집은 더 넓은 세상을 바라보는 창이 되기도 한다. 같은 문제에 대해 생각하는 방향이나 내용이 많이 다르다는 것을 깨닫는 좋은 기회가 될 수도 있다. 모둠일기가 귀찮은 존재이다가도 선뜻 손이 가는 것은 각자 다른 생각과 생활을 엿볼 수 있다는 매력 때문이 아닌가.

또한 학급문집은 보석 같은 재질을 발견하는 장소가 되기도 한다. 평소에 잘 드러나지 않던 글쓰기 실력을 놀랍게 바라보는 기회가 되기도 하고, 글 속에서 새롭게 만나는 삶의 깊이에 선입견을 씻어버리는 자리가 되기도 한다. 담임 선생님을 멋지게 그려서 다른 아이들의 탄성을 자아내는 숨은 재주꾼도 있다.

글씨는 엉망이더라도 글에 진솔한 내용을 담는 아이들은 큰 기쁨을 준다. 그런 측면에서 보면 중요한 상담 기회를 주기도 한다. 모둠일기와 더불어 전혀 엉뚱한 일을 알게 해주어 또 다른 이야기의 물꼬를 터주는 학급문집은 그것만으로도 큰 매력이다.

담임에게 보내는 채찍의 역할은 덤으로 얻을 수 있는 이삭이다. 담임을 맡고 나면 처음에는 거창한 계획을 세워서 해보고 싶은 일들이 많다. 하지만 현실적인 여건이 허락하지 않거나, 게을러져서 처음에 계획했던 일들을 제대로 실천하지 못하는 때가 많다. 그때 학급문집은 여지없이 채찍이 되어 다가선다.

1 　부드러운 시작 — 모둠일기와 조종례 챙기기

무슨 일이든 그 고유의 특성이 살아야 멋이 있다. 남학생과 여학생이 다르고, 시골과 도시가 다르다. 또 담임 교사를 비롯해 학교의 환경이나 구성원들에 따라서 느낌이 다르다. 심지어는 반별로도 아주 다른 색깔을 지니고 있다. 이런 각기 다른 모습과 색깔을 고스란히 드러낼 수 있도록 유도하는 것이 학급문집에서 무엇보다 중요한 밑작업이다.

먼저 학급문집 제작을 위한 설계도 작업부터 시작해보자. 학급문집은 12월에 마무리할 수 있도록 계획을 짜는 것이 좋다. 종업식 때 함께 나누어 보기 위해서는 정리하고 제본하는 시간을 확보해야 하기 때문이다. 그러니까 3월부터 12월까지 모두 열 달이 된다.

먼저 매일 해야 할 일에는 모둠일기나 학급일기가 있다. 모둠일기는 각자 쓰는 개인일기와는 다른 면이 많이 있다. 다른 아이들이 본다는 것을 가정하면서 쓰기 때문에 아주 정성스럽게 쓴다. 반면 자칫 방치하면 일기 쓰기가 형식적으로 흐를 수도 있다. 이 대목에서 교사의 섬세한 지도가 필요하다. 때로는 일기 형식을 벗어나 친구나 선생님에게 쓰는 편지 형식을 빌릴 수도 있고, 게시판 삼아 친구에게 하고 싶은 말을 쓰게 할 수도 있다.

담임은 선생님의 답변을 기다리는 아이들의 마음을 읽어서 정성스럽게 답을 써주어야 하는데, 때로는 귀찮고 힘든 일이지만 일기의 성패가 달린 소중한 일이다. 다른 것은 다 그만두고 일년 동안 쓴 모둠일기만 엮어서 학급문집을 펴내는 교사도 있을 만큼 모둠일기는 아이들의 소중한 기록이 된다.

학급일기는 학급에서 있었던 일을 편집위원이나 학급 임원들이 하루하루 기록해

학년말에 갑작스럽게 엮으려고 하면 내용이 부실해질 뿐만 아니라, 읽을거리도 별로 없는 학급문집이 되기 쉽다. 학급문집을 학급운영 한가운데 두고, 학년초부터 학급운영 설계도를 만들듯이, 또는 그날그날의 일기를 써가듯이 엮어나가다 보면 조금씩 커가는 아기를 바라보는 듯한 뿌듯함을 느낄 수 있다.

나가는 일기다. 모둠일기와 학급일기를 병행하면 다른 시각에서 새로운 이야기를 맛볼 수 있다.

조회와 종례도 좋은 자료를 만들 수 있는 자리가 된다. 주제를 주고 그 주제에 대하여 발표를 시키면 발표의 기회도 되거니와 학급문집에 실을 수 있는 좋은 글감이 된다. 수시로 벌어지는 일에 대한 기록도 중요한 자료가 된다.

학급활동 시간을 활용한 주간 계획도 세울 수가 있다. 그 시기에 맞게 써서 뒷게시판에 붙여두었다가 다음 주에는 떼어서 보관해두면 좋은 자료가 된다. 3월에는 '자기 겉모양 소개하기' '자기 속모양 소개하기' 혹은 '누구일까요?' (자기를 소개하되 이름을 밝히지 않음으로써 궁금증을 가지게 하고 다음 주에 소개하는 방법) 등의 방법으로 서로를 깊이 이해할 수 있는 계획을 세울 수 있다. 4월에는 '선생님께 하고 싶은 이야기'를 쓰거나 '4·19의 희생자 주열이에게' 편지를 써보도록 권유하면 좋은 글이 나온다.

월간 계획도 다양하게 마련할 수 있다. 매달 모범 학생을 선발하고 소감문을 쓰게 한다든지, 편집위원들이 친구 집을 방문하고 탐방기를 쓰게 하는 것도 재미있는 이야기들을 얻을 수 있는 방법이다. 이 밖에 월별로 20년 후의 나의 모습, 내가 쓰는 묘비문, 아빠에게 쓰는 편지, 친구 얼굴 그리기 등 흥미를 가지고 할 수 있는 작업을 다양하게 생각해서 쓰고, 그리도록 유도하면 재미있는 자료가 된다.

어쨌든 많은 문집 자료들을 만들어내기 위해서는 재미있는 사건들을 많이 만들어내는 것이 필요하다. 작은 일에도 의미를 붙여서 마치 소꿉놀이하듯 말이다.

그러면 한 예로 3월 계획을 같이 한번 짜보자.

〈예시 21〉 다양하게 마련한 월간 계획 (3월)

주 \ 요일		월		화		수		목		금		토
1주	1	3·1절	2	자기 소개, 모둠 편성, 생일 파악 등	3	청소 담당 정하기, 모둠원 익히기	4	가정 환경 파악하기(면담)	5	가정 환경 파악하기(면담)	6	가정 환경 파악하기(면담)
2주	8	자기 겉모양 소개하기, 가정방문	9	'~에게' 하고 싶은 말, 가정방문	10	이달의 역사 이야기, 가정방문	11	자율 조종례, 가정방문	12	'내가 ~라면', 가정방문	13	이 주일의 모둠일기, 가정방문
3주	15	자기 속모양 소개하기	16	'~에게' 하고 싶은 말	17	이달의 역사 이야기	18	자율 조종례	19	'내가 ~라면'	20	이 주일의 모둠일기
4주	22	나는 누구일까요?	23	'~에게' 하고 싶은 말	24	이달의 역사 이야기	25	자율 조종례	26	'내가 ~라면'	27	이 주일의 모둠일기, 친구 집 방문
5주	29	이 사람은 누구일까요?	30	'~에게' 하고 싶은 말	31	이달의 모범 학생 선발						

3월 2일은 첫만남의 자리니까 우선 자기 소개 ― 자기 소개도 종이에다 그리거나 쓰게 하여 재미있는 소개가 될 수 있도록 유도하면 좋은 문집 자료가 된다.

모둠을 미리 편성하여 바로 그날부터 모둠일기를 쓰도록 하면 첫날의 감동을 뒷날까지 생생하게 맛볼 수 있다. 모둠별로 모여서 모둠 이름을 짓고 왜 그렇게 지었는지를 발표하는 것도 재미있다. 아이들 생일은 가능하면 제 날짜에 축하를 해줄 수 있도록 기억을 해두었다가 챙겨주면 아주 감동을 받는다. 이 역시 모둠일기의 좋은 소재가 된다.

월요일에는 각각 다른 주제를 가지고 글쓰는 시간을 가져보자. 화요일에는 '～에게 하고 싶은 말'을 발표하는 시간, 수요일에는 '이달의 역사 이야기' 가운데서 하고 싶은 이야기를 하는 시간, 목요일은 학생들이 돌아가면서 하는 자율 조종례 시간 등 요일별로 각기 다른 행사를 벌이면 아주 근사한 글감이 쏟아진다. 금요일에는 '내가 ～라면 어떻게 살게 될까?' 생각해보게 하여 좋은 이야깃거리를 모은다. 토요일에는 그 주일에 가장 감명 깊게 쓴 모둠일기를 소개해줌으로써 열심히 쓰고 싶은 마음이 들도록 하는 시간을 가져도 좋다.

2 편집위원 뽑기

편집위원은 자율적인 선거로 뽑힌 반장과 부반장을 중심 줄기로 하고, 좀 더 확대하려면 거기에 모둠장을 포함시킬 수 있겠다. 글쓰기라든가 삽화, 컴퓨터 부분에서는 아무래도 자질을 필요로 하기 때문에 그 방면에 솜씨를 드러내는 아이들이 함께하는 것이 좋다.

이때 교사의 역할은 나무가 클 때의 햇빛이나 물의 역할이다. 편집회의를 할 때 옆에 있어준다거나 아이들이 잘 모르는 것이 있으면 조언해주는 역할을 맡는다. 가끔 간식을 대는 일은 청량제 역할을 한다. 친구 집을 방문 취재할 때, 미리 학부모를 섭외한다든가 취재 당일 함께 가는 배려도 있어야겠다. 편집위원들만 하도록 내버려두면 엉망이 될 수가 있다. 적어도 한두 번 정도 함께 가서 지켜야 할 예의라든가 묻고 기록하는 방법을 훈련시켜야 한다.

탐방기 같은 것은 편집위원들이 쓸 수밖에 없겠지만 다른 아이들도 함께 참여하는 자리인 경우에는 가능하면 다른 아이들이 쓰도록 유도하는 것이 다양한 글을 얻을 수 있는 방법이 된다. 학급문집에는 모든 학생들의 글이 골고루 실리는 것이 좋다. 다른 사람들이 보기에 보잘것없는 글이라도 누구나 자기 글에는 강한 애착을 가지게 마련이기 때문이다.

> 나무는 스스로 큰다. 물을 마시고 햇빛을 받아 거기서 힘을 얻긴 하지만 누구의 간섭도 없이 스스로 자란다. 중심 줄기에서 마음대로 가지를 뻗고, 잎이 돋아 싱싱하고 아름다운 나무로 커가는 것처럼, 편집위원은 그런 차원에서 뽑는 것이 좋다.

3 　살아 있는 글 모으기

학급문집은 보물단지 — 소중한 글들을 모아서 보물처럼 쌓아두는 곳이다. 글 모으기는 그런 면에서 보면 학급문집 제작 과정에서 가장 핵심적인 일이다. 학급문집은 아무래도 글이 중심이 될 수밖에 없다. 살아 있는 글을 모을 수 있는 방법을 여러 방향에서 모색하는 작업은 그래서 중요하다.

글은 전체 아이들이 다 써서 그 가운데 잘 쓴 글이나 특징이 있는 글을 골라야 할 경우도 있고, 편집위원이 맡아서 써야 할 때도 있다. 모둠별로 따로 쓰게 하거나 일의 중심에 있었던 아이에게 쓰도록 하면 더 살아 있는 글이 나온다. 조종례 시간을 이용해서 쓰는 '주제가 있는 글'은 다 쓴 것 가운데 잘된 글이나 특징이 있는 글을 고르는 것이 좋다.

탐방기의 경우에는 편집위원들이 돌아가면서 쓰는 것이 효과적이다. 쓰고 싶어하는 아이에게 쓰게 하면 의욕적인 좋은 글이 나온다. 모둠별로 농촌 봉사활동을 다녀와서 그 체험기를 쓸 사람을 정하는데, 서로 쓰려고 해서 혼이 났던 적이 있다. 결국은 제비뽑기로 쓸 사람을 결정했는데, 이런 경우 정성스러운 글이 나온다.

글은 진한 경험을 먹고 자라는 나무다. 잊을 수 없는 진한 체험이 감동적인 좋은 글을 생산해낸다. 이런 체험의 자리를 마련하는 데 적극적인, 말하자면 연출자 같은 담임이 사실은 훌륭한 담임이다.

여러 경로로 들어온 글은 매달 편집회의를 통해 가려 뽑고, 컴퓨터에 저장해두는 것이 효과적이다. 12월까지 마무리를 하고 대체로 방학을 이용하여 편집을 하게 되는데, 컴퓨터에 저장돼 있으면 쉽게 작업할 수 있다. 손맛이 들어가야 하는 원고는 바로 정서해둔다. 그래야 마지막 일거리를 줄일 수 있다.

4 　신나는 마무리 — 편집과 인쇄, 그리고 비용 마련하기

그동안 모아온 글들을 성격별로 정리하고 편집하는 일은 그야말로 신나는 작업이다. 추억 어린 글들을 모아서 생명을 불어넣는 일인데 어찌 신나지 않겠는가.

편집을 하기 전에 미리 해야 할 일이 몇 가지 있다. 일년 동안에 있었던 이야기들을 종합하는 일이 바로 그것이다. 이야깃거리들은 '우리 반 10대 뉴스' 정도로 정리하면 무난하고, 친구들 사이에 쌓인 이야기들은 앙케이트 등을 통해 정리하면 좋다. '선생님들이 보는 우리 반' 또는 '다른 반 친구가 보는 우리 반', '선·후배가 보는 우리 반' 따위로 객관적인 시각을 보탤 수도 있다.

글이 마무리되면 글에 어울리는 삽화를 넣기도 하고, 사이사이에 아이들이 그린 만평이나 만화 따위를 넣는 작업을 한다. 편집이 완벽하다는 판단이 서면, 프린트를 하여 두세 차례의 교정 과정을 거쳐 오자·탈자를 수정한다. 이제 쪽번호를 맞추어 넣고, 편집 후기를 넣으면 완성된 문집이 된다. 그리고 인쇄소에서 인쇄, 제본하는 절차만 남았다.

인쇄 비용 마련이 사실은 만만치 않은 일이다. 제일 좋은 방법은 학교에서 공식적으로 예산을 타내는 것이다. (우리 반의 경우 올해 10만원의 예산이 책정되어 있다.) 하지만 선뜻 예산을 내어주는 학교는 그리 많지 않다. 인쇄 비용이 부족한 경우, 학년 말에 적당한 시간을 이용하여 바자회(알뜰시장)를 여는 것도 좋은 추억을 남기는 일이 될 것이다. 떡볶이나 만두, 빵을 판매하거나 엿이나 과자 등을 예쁘게 포장하여 판매하면 어느 정도 수익금을 만들 수 있다. 학생들에게 걷는 것은 그리 좋은 방법이 아니다. 학생들의 자율 활동 권장이라는 측면에서도 반드시 학교 예산이 지원되어야 할 것이다.

학급문집은 학년초부터 계획하여 만드는 것이 그 본연의 의미를 살리는 것이겠지만 여의치 않을 경우, 11월이나 12월부터 시작하여 간단하게 만들 수도 있다. 이때 뽑게 되는 편집위원은 솜씨 있는 아이들 위주로 해야 능률적이다. 자료를 분류하고, 컴퓨터에 입력을 하거나 글씨를 쓰고, 삽화를 그리는 일들은 아무래도 솜씨를 가진 아이들 중심으로 이루어질 수밖에 없기 때문이다.

한 해 동안에 있었던 추억거리들을 더듬어가며 글을 쓰고 정리하면서 바쁘게 보내는 연말, 고생스럽지만 의미가 있다. 어떻게든 학급문집을 만들어보겠다는 시도는 그 자체로 이미 너무나 소중한 일이다.

문집 모양은 편집에 따라서 달라질 수 있겠지만 보통 B5 용지 크기로 마스터 인쇄를 하기 때문에 거의 비슷한 모양이 될 수밖에 없다. 모양을 다르게 하려면 컴퓨터에 입력할 때부터 미리 편집을 다르게 해야 한다.

수고하셨습니다. 이제 학급 마무리잔치를 한바탕 벌여볼까요? 종업식을 하루 이틀 앞둔 어느 날 오후, 아이들이 각자 준비해온 음식을 차려놓고 잔치를 한번 하는 거예요. 가능하다면 학부모님과 교과 담당 선생님들도 초대를 하면 좋겠어요. 촛불을 켜놓고 분위기를 만들어보는 것은 어떨까요. 드디어 학급문집을 나누고 그 가운데 기억에 남는 글들을 한 사람 한 사람 나와서 읽어가는 동안 아이들은 추억 속에 포근히 잠겨들겠지요. 음식을 나누고, 노래도 한 곡쯤 곁들이면 마무리잔치는 더욱더 무르익어갈 것입니다.

창문에 기대서서 그 풍성한 보람덩어리, 학급문집을 한 권씩 안고 집으로 돌아가는 아이들의 뒷모습을 한번 보세요. 아름답지 않습니까? 늘 아이들과 함께하는 신명나는 생활이 되기를 빕니다. ■

학급문집 제작, 하나에서 열까지

편집 전에 준비해야 할 것들

학급문집 원고가 다 모아졌다면 이제 남은 일은 그 원고를 문집으로 엮는 일이다. 그동안 학급운영의 결과물들을 원고 형태로 모으는 일도 큰 일이었지만 그 내용을 어떤 형식으로 갈무리할 것인가의 문제도 소홀히 할 수 없는 일이다. 학급문집을 만들다 보면 편집 과정에서 실수를 해 자칫 문집 발간이 어려워지거나 예상했던 시기보다 늦어지는 일이 종종 생긴다. 문집 한 권이 만들어지기까지, 편집부터 인쇄, 제본까지 그 과정을 아우르기 위해서는 차분히 전 과정을 예상하고 미리 준비해두어야 한다. 그동안 학급운영을 하면서 모아놓은 원고들을 찬찬히 살펴보며 지금부터 어떤 '모양'의 학급문집을 만들 것인지 설계도를 그려보자.

원고를 종류대로 갈라놓기

학급 행사나 학교 행사 후 썼던 아이들의 소감문을 비롯해, 개인일기와 모둠일기, 독후감, 만화, 그림 등을 무턱대고 쌓아놓고 보니 학급문집에 들어갈 원고량이 무척이나 많아졌다. 이 많은 원고를 문집 안에 다 담는 건 무리다. 문집에 들어갈 내용은 학년에 따라, 담임의 관심에 따라 달라질 수 있다. 지나치게 많은 내용을 담으려고 하다 보면 문집이 산만해지기 쉽다. 우선 어떤 내용을 중심으로 문집을 엮을 것인지 그동안 모아둔 원고를 내용별로 갈라내어 그 목록표를 만들어보자.

● 아이들 글 : 한 아이의 글도 빠짐없이 실되 되도록 글 전체 편수가 같게 하는 게 좋겠다. 문집을 만들기 위해 글을 따로 모아둘 때 쓴 날짜를 밝혀두는 것도 좋다. 일기나 시, 편지, 기행문, 산문, 독후감, 견학 기록문, 보고서, 감상문 등 아이들이 쓴 글의 갈래를 먼저 나누고 글을 뽑는다. 글은 되도록 3월부터 12월까지 한 해 동안 아이들의 변화나 성장을 엿볼 수 있는 것으로 뽑아서 골고루 들어가게 한다.

●**그림** : 문집에 들어가는 그림이나 삽화는 도안집이나 인터넷에서 구하기보다는 아이들 손에서 나온 '살아 있는 그림'을 넣는 것이 좋다. 지도를 통해 좋은 그림이 나올 수 있도록 하고 소질이 있는 아이들이 마음껏 기량을 펼칠 수 있는 기회로 삼으면 더욱 좋겠다.

크기나 여백이 맞지 않을 때는 축소 혹은 확대 복사를 하거나 여백을 줄이는 등 편집을 해서 넣는다. 그림이나 삽화는 표지나 속표제지, 본문 여백에 넣거나 쪽수가 맞지 않아 지면을 맞출 때 등 두루 요긴하게 쓸 수 있다.

●**사진** : 사진은 반 전체 사진이나 아이들 생활 모습, 시사 사진을 넣을 수 있다. 문집에 담을 사진은 컬러 사진보다는 흑백 사진이 좋다. 컬러 사진보다 흑백 사진의 필름이나 인화 비용이 비싸긴 하지만 나중에 인쇄했을 때 훨씬 표현 상태가 좋다. 사진에 번호를 붙여서 이름을 따로 써두면 편집할 때 편리하다.

●**만화** : 만화책이나 다른 만화를 모방한 것보다는 아이들 생활을 담은 내용이나 주인공을 내세우는 것이 좋다. 만화는 한 컷짜리 만평이든 이야기가 있는 긴 만화든 다 쓸모가 있다.

●**교사 글** : 문집에는 아이들 작품만 싣기보다 교사의 글도 함께 싣는 것이 좋다. 교사의 글은 교단일기나 수필, 학부모 통신, 머리말이나 후기 등이 있다.

●**학부모 글** : 문집에 학부모의 글을 싣게 되면 학부모의 문집에 대한 관심이 커진다. 따로 면을 마련하거나 아이들 글 옆에 함께 실어도 좋다. 담임에게 보낸 쪽지편지나 아이들에게 주고 싶은 말, 어렸을 때 이야기나 생활 속에서 느낀 일, 독후감, 기행문, 일기, 시 등을 담을 수 있다.

●**졸업생 글** : 전에 담임했던 아이들이 보내온 편지를 싣기도 하고 또 선배들에게 필요한 글을 부탁해서 싣기도 한다.

●**아이들의 글씨** : 문집 내용 전체를 컴퓨터 글꼴로 입력할 경우, 자칫 아이들의 손글씨 솜씨를 놓칠 수가 있다. 컴퓨터 글꼴로 입력한 글과 함께 따로 면을 마련해서 아이들 손글씨를 넣어준다면 손맛이 살아 있는 학급문집을 만들 수 있다.

● **설문조사** : 반 아이들의 생각을 알 수 있는 지면이다. 자칫 유행거리나 저속한 주제를 글로 담을 수 있으므로 내용을 잘 선택하는 게 중요하다. 설문 소재는 아이들이 좋아하는 것, 싫어하는 것(음식이나 교과목, 사람 등), 장래 희망, 꼭 가보고 싶은 곳, 만나고 싶은 사람, 감명 깊게 본 책(영화, 연극, 전시회 등), 내가 대통령이라면(혹은 교장 선생님, 선생님, 엄마·아빠라면 등), 취미, 별명, 특기 등을 해볼 만하다.

● **시사에 관한 글** : 생생한 모습을 전달하기 위해서 그때그때 신문 기사를 오려서 모아두었다가 축소 복사해서 넣기도 하고, 연말에 '국내외 10대 뉴스'를 그대로 싣기도 한다. 아이들과 함께 '우리 반의 10대 뉴스'나, '국내외 10대 뉴스'를 뽑아볼 수도 있다.

● **주소록** : 아이들의 이름과 주소, 전화번호를 싣는다. 전학 간 아이도 밝혀둔다면 함께 생활했던 소중한 기억을 간직할 수 있을 것이다. 각자 자기 글씨로 쓰기도 하고, 이름 옆에 별명이나 장래 희망 같은 것을 넣기도 한다.

● **그 밖에**
- 반가 : 반가가 있는 반에서는 반가를 싣는다.
- 글 맛보기 : 아이들이 읽으면 좋을 글을 소개한다.
- 노래 : 일년 동안 함께 부른 노래를 가사만 싣거나 악보와 함께 실어도 좋다.
- 권장 목록들 : 쪽면을 이용해 권장도서 목록이나 좋은 비디오 목록, 자연 학습장 소개, 박물관 소개, 부모와 함께 가면 좋은 여행지 소개 등을 담을 수 있다.

이런 방식으로 학급문집에 들어갈 글의 목록을 뽑아놓으면 학급문집에 어떤 내용이 담길지 그 흐름이 보인다. 글 목록을 정리하면서 목록과 함께 〔찾아보기〕 표를 만들어서 활용하자. 〔찾아보기〕 표는 학급 명렬표를 이용해 아이들 이름과 들어가는 글의 편수를 일람할 수 있도록 형편에 맞게 만들면 된다. 〔찾아보기〕를 이용하면 반 아이들 가운데 빠진 아이는 없는지, 몇몇 아이들의 글이 지나치게 많이 들어가지 않았는지 확인하는 데 요긴하게 쓸 수 있다.

편집의 시작, 문집 크기를 정한다

문집을 제작하기 위해서는 먼저 원고량(전체 쪽수)이나 사용할 활자의 종류(필사본이냐 타자본이냐), 활자의 크기 등을 고려하여 책의 크기(판형)를 결정해야 한다.

B5 용지 크기 (사륙배판)　　B5 용지 판형은 학급문집을 만들 때 가장 널리 쓰는 판형이다. 지면 편집을 할 때도 1단 편집뿐만 아니라 2단 편집까지 편리하게 할 수 있고, 새로 바뀐 교과서 크기와 같아서 보관과 이동이 편리하다. 그림이 적게 들어가고 글이 많은 경우에는 조금 빡빡해 보일 수도 있다. 컴퓨터로 편집할 때 판형에 주의하지 않으면 대부분 A4 용지 크기 판형으로 편집을 하게 되는데, A4 용지 판형은 나중에 인쇄할 때 B5 용지 판형에 비해 종이 낭비가 심하고 인쇄 비용도 더 많이 든다. 종이 낭비나 비용 문제도 문집 제작에서 함께 고려해야 할 요소다.

A4 용지 크기 (국배판)　　A4 용지 판형은 컴퓨터로 편집할 때 편집 용지에 신경 쓰지 않고 작업하기가 좋다. 또 한 면에 많은 글을 넣을 수 있으며, 2단이나 3단 편집까지 지면 활용을 자유롭게 할 수 있다. 그러나 B5 용지 판형에 비해 종이 값이 많이 들고, 크기가 일반적인 책보다 커서 보관하기에 불편하다. 또 편집할 때 주의를 기울이지 않으면 여백이 너무 많이 생기는 단점이 있다.

16절, 32절지 크기　　16절지 크기(국판)는 A4 용지를 접어서 만들면 된다. 예전 교과서 판형이다. 일기나 시만 모아서 문집을 만든다면 이 판형이 효과적이다. 32절 크기(사륙판)는 B5 용지 크기의 종이를 반으로 접어서 만든 것이다. 주로 시 문집을 낼 때 쓰나, 요즘은 이런 작은 크기의 문집을 찾아보기 힘들다.

B4 용지 크기 (타블로이드판)　　일반 신문 절반 크기의 판형으로 생활정보지나 학교신문을 만들 때 많이 쓴다. 4절지를 반으로 접어서 만든다고 8절 크기라고도 한다. 주로 신문 형태의 문집이나 판화나 그림을 중심으로 문집을 만들 때 많이 쓴다. 지면이 넓어서 시원스럽게 편집할 수 있고, 활자를 크게 넣을 수 있다. 지면 구성을 신문처럼 여러 형태로 짤 수도 있다. 너무 커서 보관하기 어렵고, 한 면을 편집하는 데 손이 많이 가는 단점이 있다. 그 밖에 변형판으로 정사각형 크기가 있으나, 일반적이지 않다.

문집의 품격을 좌우하는 지면 구성

학급문집도 책의 형태를 갖춘 편집물이기 때문에 편집 지면을 구성할 때, 일정한 틀을 갖추는 게 좋다. 지면의 공간을 어떻게 나누느냐에 따라 책의 품격이 달라진다. 이 과정을 흔히 '단 짜기'(지면을 세로로 나누는 것)라고 하는데, 보통 지면은 1단이나 2단으로 많이 짠다. 넓은 판형에서는 3단이나 4단까지도 가능하다. 단 짜기를 할 때는 편집할 원고의 양이나 글의 특성까지도 함께 고려해야 한다.

1단 구성

1단 편집은 우리가 교과서나 단행본에서 흔히 보는 형태로 가장 보편적으로 사용되고 있다. 1단 편집은 구성이 단조롭고 지루할 수 있으므로, 여백과 그 밖의 장치를 잘 활용해야 한다. 여백과 글자 크기를 어떻게 하느냐에 따라 느낌이 달라진다.

〈보기 1〉은 학부모가 쓴 편지글을 담았는데, 1단 구성을 취하면서도 여백을 여유 있게 구성해서 지면에 변화를 주었다.

〈보기 1〉 1단 구성

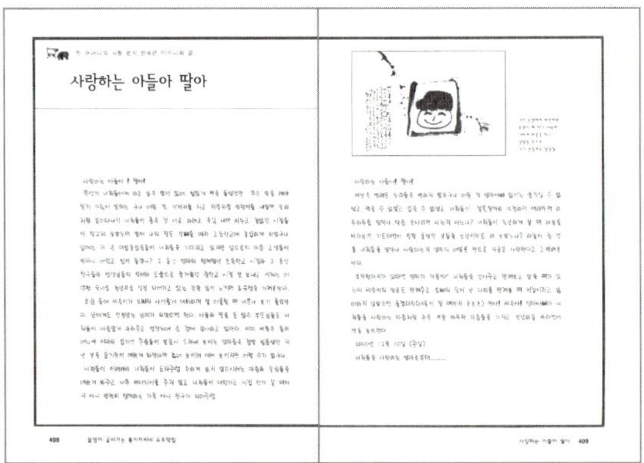

《돌맹이 굴러가는 통아저씨네 오두막집》· 2000학년도 · 서울 백석중 · 3학년 17반 · 지도 교사 : 고재완

〈보기 2〉 2단 구성

《우리들은 이렇게 살고 있어요》· 1998학년도 · 경기 안성여고 · 생활글쓰기반 · 지도 교사 : 홍은영

2단 구성

단락의 글줄이 길 때는 1단으로 편집하면 글줄마다 여백이 많이 생기는 단점이 있다. 지면을 경제적으로 쓰기 위해서는 단락이 길거나 분량이 많은 원고일 경우 2단으

로 구성하는 것이 지면 활용에 유리하다. B5 용지 크기나 A4 용지 크기에서 주로 쓰는 편집 방법이다.

3단 구성

B5 용지 판형을 쓰는 학급문집에서는 본문을 3단으로 구성하기 힘들다. 다만, 〈보기 3〉처럼 문장이 단문으로 끝나면서 단락이 길지 않은 원고는 3단으로 짜면, 지면 낭비를 막으면서 동시에 변화를 줄 수 있다. 3단 구성은 A4 용지 판형에서 적절하게 활용하면 멋진 지면을 연출할 수 있다.

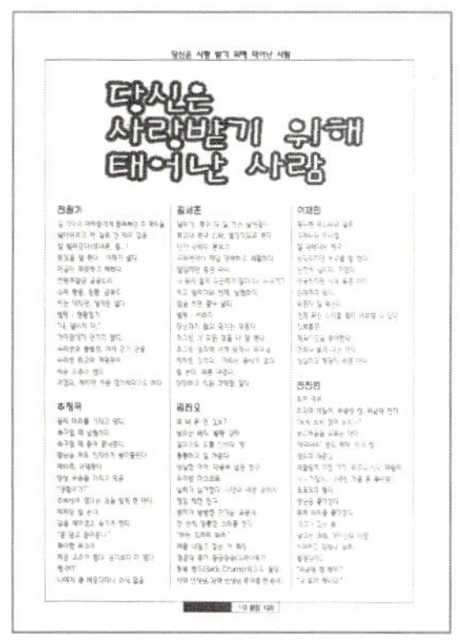

〈보기 3〉 3단 구성

《나는 내가 참 좋다》(2학기) · 2000학년도 · 대구 대서중 · 1학년 3반 · 지도 교사 : 조은하

혼합단 구성

혼합단은 3단＋1단 구성, 2단＋3단 구성 등 기사의 경중과 원고량에 맞춰 다양하게 지면을 구성하는 방식이다. 〈보기 4〉는 다양한 혼합단 구성으로 지면 구성에 세련미를 더한 예이다. 혼합단 구성 역시 A4 용지 판형에서는 자유로우나 B5 용지 판형에서는 2단＋1단 구성 정도가 가능하다.

〈보기 4〉 혼합단 구성

《울산바위》 · 1998~2000학년도 · 강원 속초중 · 신문반 · 지도 교사 : 김상기

　원고 분량이나 글의 성격에 맞춰 지면을 어떻게 구성하면 좋을지 결정했다면 그 다음에는 본문에 맞는 글꼴이나 보기 좋은 글자 크기, 지면 여백 등을 좀 더 세심하게 계획해두는 게 좋다. 특히 아이들과 함께 원고를 나눠서 편집하는 경우라면 이런 원칙들을 꼼꼼하게 챙겨서 알려주면 편집 작업이 훨씬 쉬워진다.

글꼴

　보통 본문 글꼴은 '신명조, 크기 10, 자간 0%, 장평 100%'(컴퓨터로 편집할 때)를 쓰지만 그래프 등에는 굴림체가 깔끔하고, 사진이나 그림에 설명글(캡션)을 달 때는 고딕체가 괜찮다. 또 일기나 편지를 편집할 때는 필기체나 엽서체 등도 많이 쓴다.

　너무 여러 가지 글꼴을 섞어 쓰면 지저분해 보일 수도 있지만 흔히 쓰는 몇몇 글꼴에만 얽매일 필요는 없다. 한 꼭지 안에 두세 가지 정도로 글꼴을 정해놓고 편집하면 단정한 느낌을 살릴 수 있다. 가령 일기를 편집할 때 일기는 신명조를 쓰고 선생님의 붙임글은 엽서체를 써 일정한 결을 유지하면 된다. 그 밖에 글꼴의 장평이나 자간에 변화를 주면 같은 크기의 글꼴이더라도 더 많은 양의 글을 담을 수 있다.

줄 간격, 자간

　컴퓨터로 편집할 때 보면, 줄 간격과 자간이 보통 '줄 간격 160%' '자간 0%'로 설정되어 있는데, 막상 그대로 편집을 해보면 글줄과 단락이 너무 헐렁해 보이는 느낌이 든다. 이럴 때 줄 간격을 조정하고 자간도 좀 줄이면 눈에 띄게 본문 짜임이 달라진다. 원고 분량이 많을 때는 줄 간격과 자간을 줄이면 좀 더 많은 내용을 담을 수 있다. 대화체가 많이 나오는 경우는 대화 부분에서 여백이 많이 생기므로 줄 간격뿐 아니라 자간도 더 줄일 수 있다. 편집 후 출력해서 느낌을 봐가면서 조정을 한다.

여백

　여백을 잘 활용하면 지면의 단조로움을 피할 수 있다. 가령 왼쪽 짝수 쪽에는 '왼쪽 여백 90, 오른쪽 여백 30'(컴퓨터로 편집할 때)으로 주고 오른쪽 홀수 쪽에는 '왼쪽 30, 오른쪽 90'으로 주면 〈보기 5〉처럼 펼침면 좌우에 여백이 생긴다. 이렇게 생긴 여백에는 삽화를 넣거나 본문 내용을 요약해 넣을 수 있다.

〈보기 5〉 여백 활용   〈보기 6〉 제목 달기

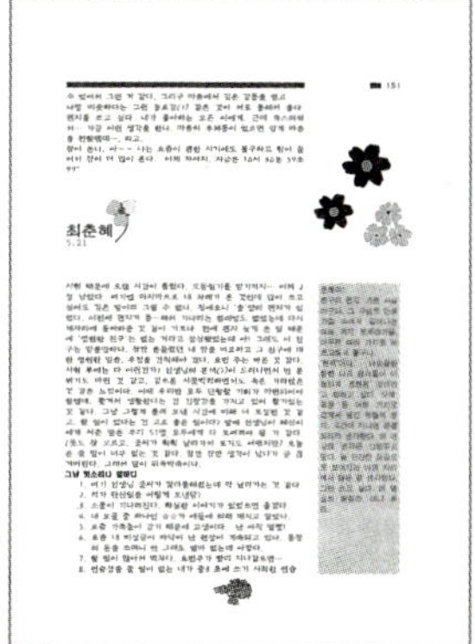

《여기 이 자리를 돋음자리로》· 1996학년도 · 경북 구미여고 · 1학년 2반 · 지도 교사 : 이임호

《돌맹이 굴러가는 통아저씨네 오두막집》· 2000학년도 · 서울 백석중 · 3학년 17반 · 지도 교사 : 고재완

제목 달기

글의 제목은 반드시 가장 위에 들어가고 이름은 반드시 제목 바로 밑 오른쪽에 들어가란 법은 없다. 〈보기 6〉과 같이 지면 한가운데나 글 사이에 제목이 들어갈 수도 있다. 글의 성격에 따라 다양하게 시도를 해보는 게 좋다.

선 그리기

지면을 꾸밀 때 본문을 감싸거나 글을 가르기 위해 선을 사용하면 단정한 느낌을 살릴 수 있다. 또 선의 굵기에 따라 그 느낌이 사뭇 달라진다. 본문이 좀 산만하게 보일 때 글상자(컴퓨터 편집을 할 때)로 글을 싸주면 면마다 똑! 떨어지는 느낌을 줄 수 있다. 또 여러 명의 아이들 글을 한 꼭지에서 흘리면 자칫 지면이 산만해 보일 수도 있는데, 〈보기 7〉처럼 양옆에 세로 선을 넣으면 묶어주는 느낌을 살릴 수 있다.

그 밖에도 특정 꼭지의 위나 아래에 선을 넣으면 단정한 느낌을 살릴 수 있다. 본문 위나 아래에 선을 넣을 때는 머리말이나 꼬리말 부분을 이용하면 좋다.

〈보기 7〉 선 그리기

《돌맹이 굴러가는 통아저씨네 오두막집》· 2000학년도 · 서울 백석중 · 3학년 17반 · 지도 교사 : 고재완

글과 그림이 어울리게

지면에 글과 그림이 적절히 어우러지도록 배치한다. 그림 없이 글만 흐르면 빽빽한 느낌이 들 수 있다. 글 중간중간에 도표나 그래프 등 조사 자료나 학급신문, 만화 등을 적절히 배치한다. 〈보기 8〉은 본문과 그림이 썩 잘 어울린 예이다.

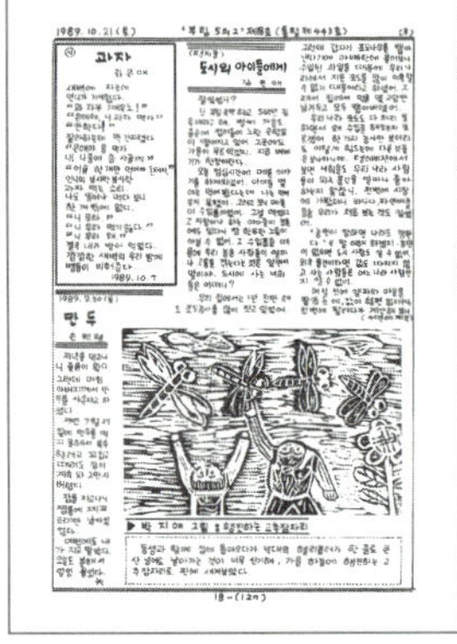

〈보기 8〉 글과 그림의 조화

《꽃교실》· 1989학년도 · 경북 부림초 · 5학년 2반 · 지도 교사 : 이호철

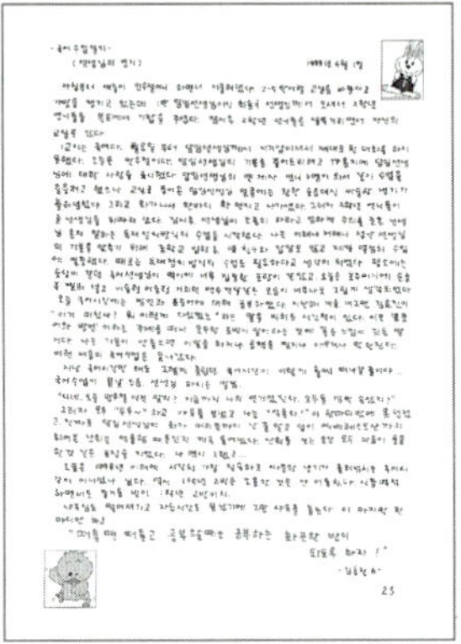

〈보기 9〉 손글씨

《나비가 되고픈 애벌레s》· 1998학년도 · 대구 송현여중 · 1학년 2반 · 지도 교사 : 김상백

손글씨도 그대로

문집은 대체로 컴퓨터로 편집을 한다. 그러나 중간중간에 〈보기 9〉와 같은 손맛을 살리는 지면을 끼워넣으면 지면의 지루함도 덜 수 있고, 문집다운 생동감이 톡! 살아난다. 단, 필기구류를 제대로 사용해야 의도한 손맛을 낼 수 있다.

편집 꾸러미 ▮▮▮ 손맛을 살리는 필기구 고르기

문집은 흑백으로 인쇄하기 때문에 필기구도 단색, 주로 검은색 필기구를 사용해야 한다.

본문 글씨를 쓸 때 보통 볼펜이나 니들펜 같은 종류의 펜을 많이 쓴다. 이 펜들은 가늘면서도 진하게 나오기 때문에 인쇄를 해도 선명하다.

플러스펜이나 플라스틱펜은 미끄러지지 않으면서 굵기를 조절할 수 있고 섬세한 표현이 가능하다. 단, 지나치게 눌러쓰면 펜끝이 문드러지고, 천천히 쓰면 잉크가 번진다.

사인펜은 중간 제목을 쓸 때 좋다. 만일 연필을 사용한다면 2B 정도의 연필이 좋다. HB연필은 흐려서 좋지 않다. 부드럽고 굵은 질감의 4B연필은 제목을 쓸 때 좋다.

형광펜이나 다른 색깔 있는 펜은 인쇄를 해도 잘 나오지 않으므로 되도록 피한다.

표지와 속표지, 차례 만들기

표지 만들기

표지는 문집의 얼굴이다. 그러나 지면 편집이 끝난 뒤 마지막에 급하게 만들면서 들어갈 내용들을 빠뜨리는 경우가 종종 생긴다. 가능하면 지면 편집을 시작하기 전에 미리 표지를 구상해 어떤 방법으로 만들 것인지 준비를 해두자. 표지에는 문집 이름, 학년도, 학교, 학년·반, 담임 선생님 이름 그리고 문집을 내는 시기나 간격 등을 빠뜨리지 말고 챙겨넣도록 한다. 책등에는 학년도와 학년·반, 문집 이름과 학교 이름 정도를 넣으면 된다. 구체적인 표지 꾸미기를 생각해보자.

1) 손그림으로 꾸미기

〈보기 10〉은 학급생활을 그림으로 그려 표지로 꾸몄다. 교실 풍경과 아이들의 표정이 생동감 있고 재미있다. 〈보기 11〉은 아이들 모두에게 가로 3cm, 세로 3cm 정도의 네모나 동그라미, 세모 등의 틀을 주고 그 안에 기억에 남는 일을 그려서 모아붙인 표지다. 이 밖에 각자 자기 얼굴을 그려도 되고 친구끼리 서로 그려주기를 해도 재미있는 그림을 모을 수 있다.

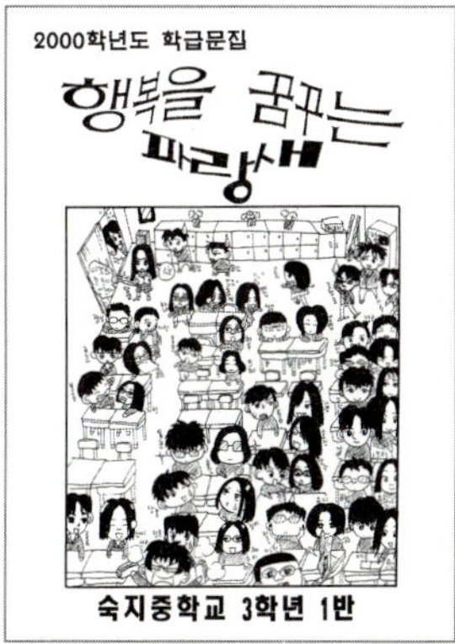

〈보기 10〉 손그림으로 꾸민 표지

《행복을 꿈꾸는 파랑새》· 2000학년도 · 경기 숙지중 · 3학년 1반 · 지도 교사 : 김순애

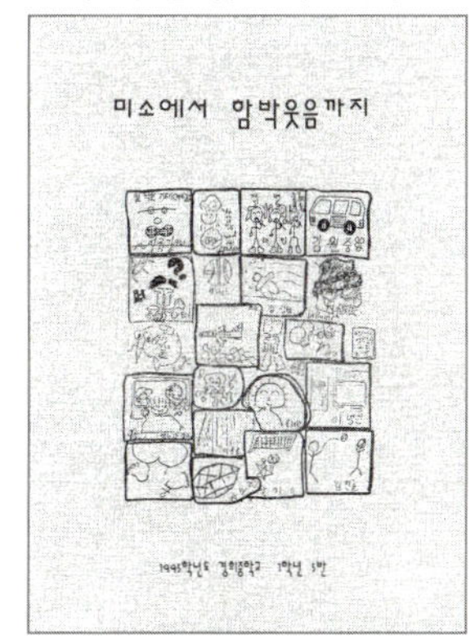

〈보기 11〉 손그림으로 꾸민 표지

《미소에서 함박웃음까지》· 1995학년도 · 서울 경희중 · 1학년 5반 · 지도 교사 : 안정선

2) 사진으로 생동감 있게

소풍 등에서 찍은 단체 사진도 표지로 쓸 수 있다. 사진에서 빠진 아이가 없도록

신경을 써야 한다. 〈보기 12〉는 단체 사진을 표지로 쓴 문집인데, 보통의 단체 사진처럼 뻣뻣하게 서서 찍은 사진이 아니라서 참 보기가 좋다. 표지에 사진을 쓸 때는 비용이나 제작 방법 등을 인쇄소에 문의한 뒤에 결정한다.

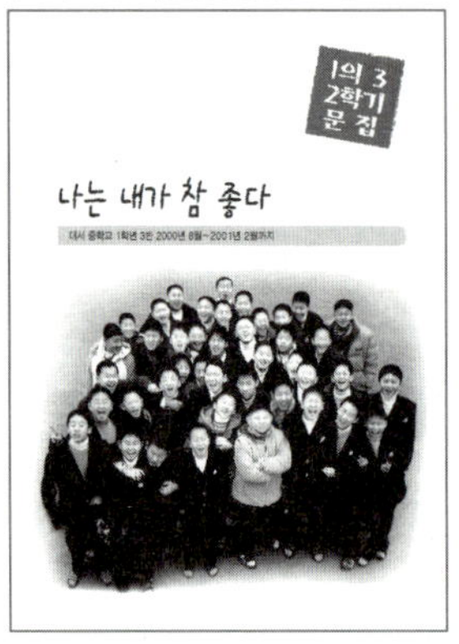

〈보기 12〉 사진을 활용한 표지

《나는 내가 참 좋다》(2학기) · 2000학년도 ·
대구 대서중 · 1학년 3반 · 지도 교사 : 조은하

〈보기 13〉 글줄이 흐르는 표지

《아~ 3학년 4반》 · 1999학년도 · 서울 방원
중 · 3학년 4반 · 지도 교사 : 홍성자

3) 글줄이 흐르는 표지

〈보기 13〉처럼 아이들의 이름이나 별명을 모아서 표지를 구성할 수도 있다. 글이 흐르는 표지도 색다른 느낌을 준다. 다양한 글꼴(컴퓨터, 손글씨)과 크기로 변화를 주고, 이름도 별명과 함께 늘어놓는다. 별명을 찾는 재미도 느낄 수 있을 것이다.

갈라주고 묶어주고 – 속표제지 활용

속표제지를 활용하면 학급문집 내용을 좀 더 짜임새 있게 보여줄 수 있다. 특히 갈래마다 일정한 분량이 넘는 경우, 속표제지를 붙이면 문집의 흐름에 변화를 줄 수 있다. 그냥 색깔 있는 얇은 용지를 넣어 속표제지로 활용할 수도 있지만 그 활용도를 조금 더 생각한다면 다양한 속표제지를 만들 수 있다.

〈보기 14〉는 글의 갈래에 따라 속표제지를 붙이고, 표제와 판화로 꾸몄다. 단순한 구성이지만 학급문집의 갈래를 선명하게 보여주고 있다. 문집의 갈래도 엄지부터 검지, 중지, 약지, 소지 이렇게 다섯 갈래로 똑 떨어진다.

〈보기 15〉는 모둠일기를 중심으로 엮은 문집인데, 그 갈래를 달별로 나누고 속표제지도 월별로 붙였다. 3월 첫만남의 긴장과 5월의 살뜰한 만남들이 속표제지에도

〈보기 14〉 속표제지 활용

《열손가락》· 1992학년도 · 강원 함백여고 · 2학년 3반 · 지도 교사 : 최종국

그대로 배어난다. 월별로 단장한 속표제지가 제각각의 빛깔로 아이들의 삶을 비추고 있다.

〈보기 16〉은 문집에 들어간 글의 갈래마다 속표제지를 붙였는데, 기능성은 물론 예술적인 아름다움까지 지녔다. 표제와 설명글 그리고 작은 손그림까지 군더더기 하나 없이 구성이 절묘하다.

〈보기 15〉 속표제지 활용

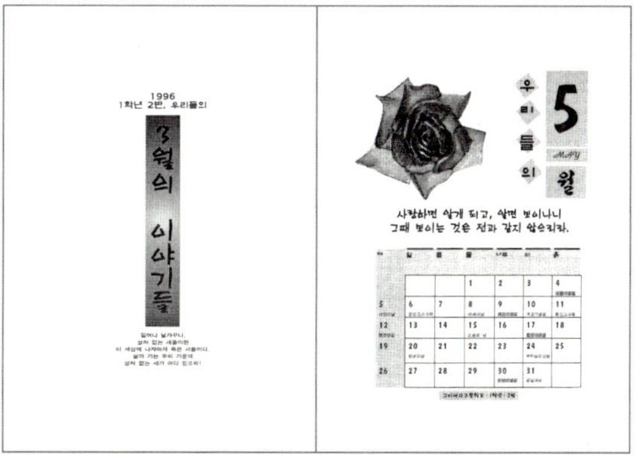

《여기 이 자리를 돋음자리로》· 1996학년도 · 경북 구미여고 · 1학년 2반 · 지도 교사 : 이임호

〈보기 16〉 속표제지 활용

《작은 들꽃들의 하얀 속삭임》· 1999학년도 · 경북 은척중 · 상업고 · 국어 교과문집 · 지도 교사 : 이상훈

한눈에 보여주기 - 차례 만들기

편집을 할 때는 지면을 예쁘게 구성하는 것도 중요하지만 기본적으로 원고를 어떤 순서로 어떻게 배열할지를 염두에 둬야 한다. 차례에는 편집된 본문의 내용을 일목요연하게 일람할 수 있도록 제목과 소제목들을 해당 쪽번호와 함께 넣으면 된다. 차례를 구성할 때는 제목이나 글쓴이, 쪽번호 등 서로 글꼴을 달리해 읽기 편하게 하는 것이 좋겠다.

펼침면으로 구성된 〈보기 17〉의 차례는 일 년 학급 운영이 얼마나 다양하게 펼쳐졌는지 잘 보여주고 있다. 나열 꼭지가 많을 때는 이처럼 중간 제목을 두고 갈래를 나누는 것이 효과적이다. 특히 쪽면 활용 꼭지와 만화와 그림 등 자투리 쪽을 펼침면 양쪽에 따로 묶어내어 간결

〈보기 17〉 차례

《7학년 1반 아이들》· 1996학년도 · 경북 용궁중 · 1학년 1반 · 지도 교사 : 이상훈

함이 한층 돋보인다. 꼭지 이름과 제목, 쪽번호의 글꼴과 크기를 달리해 한눈에 쏙 들어오게 만들었다.

〈보기 18〉 차례

《꽃교실》· 1989학년도 · 경북 부림초 · 5학년 2반 · 지도 교사 : 이호철

〈보기 18〉은 아이들 한 명 한 명의 이름을 올리고 문집에 들어간 글을 하나하나 찾아 쪽번호를 넣었다. 말 그대로 아이들 이름을 색인으로 '찾아보기'를 만든 것이다. 아무래도 보통 차례를 짜는 일보다 손이 더 많이 가겠지만, 어느 반 문집보다 아이들이 잘 보이는 차례이다.

〈보기 19〉는 여고생 특유의 손맛이 물씬 배어 있는 차례이다. 자주 갔던 동네 명소들을 떠올려 그림으로 그려 지면을 장식하고 손글씨 예쁜 아이가 차례를 하나하나 잡아냈다. 갈래 이름과 꼭지 이름, 쪽번호를 보기 좋게 배치하고 필기구의 특

〈보기 19〉 차례

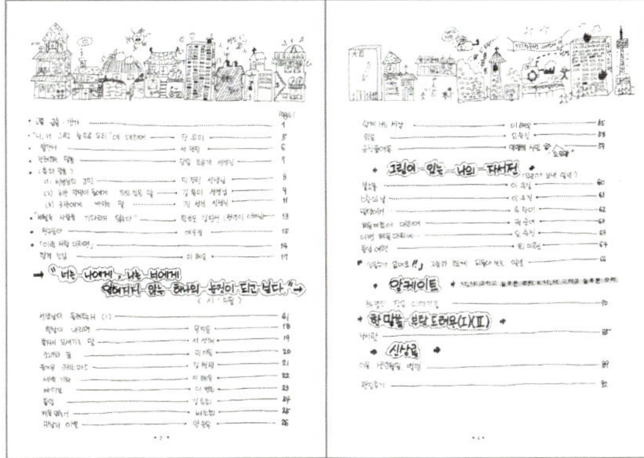

성을 살려 글꼴을 지어냈다. 컴퓨터에 아무리 많은 글꼴이 쌓여 있다 하더라도 공들여 쓴 이런 예쁜 글씨를 따를 게 없다.

《나, 너 그리고 늘 푸른 우리》· 1991학년도 · 대구 효성여중 · 3학년 3반 · 지도 교사 : 조용개

삽화와 사진 활용

표정이 있는 지면 꾸미기 — 삽화 활용

삽화는 말 그대로 글의 내용을 보완하거나 이해를 돕기 위해 그려넣는 그림이다. 여백이나 쪽면에 삽화를 넣을 때는 글이 흐르는 면과 여백과의 비례가 중요하며, 내용과 관련 있는 삽화가 좋고, 단순한 도안보다는 이야기가 있는 삽화가 좋다. 컴퓨터에서 구한 삽화보다는 아이들이 직접 그린 것이 한결 자연스럽고 맛이 난다. 〈보기 20〉은 모둠일기장을 그대로 학급문집에 넣었는데, 귀여운 만화 맛이 느껴진다. 〈보기 21〉은 여중생다운 깔끔하고 단정한 삽화이다.

〈보기 20〉 삽화 활용

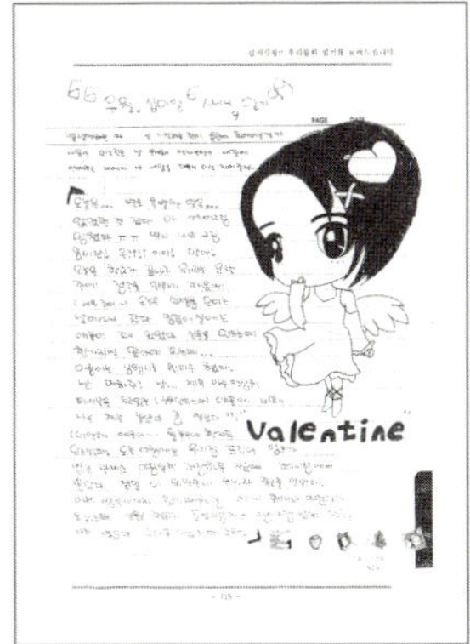

《밥먹고 사나!!!》· 2000학년도 · 강원 신철원중 · 3학년 5반 · 지도 교사 : 유인선

〈보기 21〉 삽화 활용

《말 많은 가시나들 밀알이 되다》· 2000학년도 · 대구 송현여중 · 1학년 3반 · 지도 교사 : 문양식

아이들 표정 엿보기 — 사진 활용

아이들의 활동을 사진으로 찍어두었다가 학급문집을 편집할 때 쓰면 아주 좋다. 학급문집에 사진을 활용하면 아이들의 생생한 표정을 담아낼 수 있고, 글로 표현하지 못한 '분위기'를 전달할 수 있다. 사진을 중심으로 꾸민다거나 어떤 특정 장면을 사진으로 찍어서 넣어야겠다고 계획했다면 컬러 사진보다는 흑백 사진을 찍어두길 권한다. 나중에 인쇄했을 때 훨씬 선명하게 나온다.

〈보기 22〉의 사진 활용은 토론회 당시의 현장감과 사실감을 더해주고 있다.

〈보기 23〉은 학급의 일년 생활을 기록하면서 본문 내용과 어울릴 만한 사진을 삽화처럼 골라넣었다. 또 속표제지에도 사진을 넣어 아이들의 표정을 남겨두었다.

〈보기 22〉 사진 활용

《함께 짓는 한솥밥》· 1998학년도 · 전북 순창중 · 1학년 1반 · 지도 교사 : 서진용

〈보기 23〉 사진 활용

《악바리 선생과 감자 44개》· 1999학년도 · 대구 송현여중 · 1학년 9반 · 지도 교사 : 김상백

편집 꾸러미 ⅠⅠⅠⅠ 사진이나 그림을 쓸 때 주의점

사진이나 그림, 만화 등을 지면에 넣을 경우, 몇 가지 주의할 점이 있다.

먼저 스캔을 받아서 컴퓨터로 편집하면 간편하긴 하지만 파일 용량이 커져서 편집하는 데 시간이 많이 걸린다. 또 나중에 마스터 인쇄를 했을 때 그림이나 사진이 기대한 것보다 선명하지 않게 나올 수도 있다. 반대로 사진이나 그림이 들어갈 지면을 비워놓고 나중에 복사를 하거나 원본을 그대로 붙일 경우, 인쇄를 할 때 따로 망 처리를 해야 한다. 번거롭기도 하고 인쇄 비용도 그만큼 늘어난다.

이런 점을 고려해서 사진 작업을 컴퓨터로 스캔해서 바로 편집할지, 아니면 여백을 두고 나중에 인쇄소에 가서 작업을 할지 결정해야 한다. (반드시 가격은 미리 인쇄소에 문의한다.)

문집 마무리 작업, 인쇄와 제본까지

컴퓨터로 작업한 문집은 파일과 함께 일단 출력을 다 해서 인쇄소에 보내야 한다. 레이저 프린터로 출력을 하면 인쇄가 선명해서 좋지만 잉크젯 프린터로 출력해 가도 상관없다. 출력 상태를 보고 인쇄소에서 다시 출력을 할 수도 있다. 사진을 망 처리하기 위해 지면을 비워두었으면 출력된 원본에 사진을 붙여 가는 것도 잊지 말아야 한다. 사진을 스캔받아서 편집했는데, 사진 상태가 좋지 않은 경우 별도의 망 처리 작업이 필요한 경우도 있다. 이럴 때를 대비해 사진을 모아두었다가 인쇄소에 함께 가져가면 좋다. 스캔해서 넣은 사진이나 그림을 출력해 보았을 때 너무 어둡게 나오지 않는지도 다시 한 번 확인할 필요가 있다. 어두운 사진은 마스터 인쇄를 하게 되면 대부분 뭉그러져 나온다. 컬러 사진도 흑백으로 스캔을 해야 나중에 인쇄 상태가 좋다. 이런 마무리 작업을 하지 못했으면 인쇄소에 수정 작업을 부탁할 수 있다. 인쇄소에 원본 원고를 가지고 가서 컴퓨터 파일을 다시 확인해보는 게 좋다.

인쇄 방법

문집 제작에 이용되는 인쇄 방법으로는 복사, 마스터 인쇄, 옵셋(offset) 인쇄가 있다. 인쇄와 복사를 구분하는 기준은 판이 사용되는가에 있다. 복사는 원본이 그대로 종이에 옮겨지면서 질이 떨어지는 데 비해, 마스터 인쇄나 옵셋 인쇄는 원본을 특수판에 옮겨서 인쇄하기 때문에 대량 인쇄를 해도 원본과의 질적인 차이가 적다.

● **복사** : 예전에 인쇄 방법이 발달하지 못했을 때, 인쇄를 대신하여 많이 사용했던 방법이다. 일반 복사기를 사용하며, 인쇄한 것에 비해 복사본은 질이 떨어진다. 적은 분량의 학급문집을 30부 이하의 부수로 제작할 때는 복사가 경제적이다.

● **마스터 인쇄** : 보통 단색 인쇄를 마스터 인쇄라고 하며, 가장 적은 비용이 드는 방법이다. 복사가 원본에서 바로 종이로 인쇄되는 데 비해 마스터 인쇄는 종이에 특수 처리를 한 마스터 페이퍼에 원본을 복사한 후 다시 종이에 인쇄하는 과정을 거친다. 그리고 마스터 페이퍼를 부분적으로 수정할 수 있어(대부분 흠이나 선을 지우는 작업) 오려 붙인 선 등이 나타나지 않게 할 수 있다. 마스터 인쇄를 하면 복사보다 깨끗한 인쇄물을 얻을 수 있다. 대부분 학급문집은 이 마스터 인쇄로 찍는다.

● **옵셋 인쇄** : 시중에서 흔히 하는 가장 고급 인쇄(대부분의 신문이나 잡지 인쇄)이지만 비용 문제 때문에 학급문집에는 거의 쓰이지 않는다. 그러나 사진이나 컬러 표현에서 가장 깨끗하고 선명한 인쇄물을 기대할 수 있어 표지 인쇄 등에 부분적으로 활용되기도 한다. 이 경우 비용상 차이가 있으므로 인쇄소에 알아본 뒤 결정하는 것이 좋다.

종이

학급문집 제작에 주로 사용하는 종이는 모조지(백색, 미색), 서적지(미색), 중질지, 갱지 등이 있으며 가격과 질에서 약간씩 차이가 있다. 이 가운데 가장 많이 쓰는 종이는 모조지인데, 선명한 인쇄를 위해 미색 모조지보다 백색 모조지를 더 많이 사용하는 경향이 있다. 기타 서적지, 중질지 등 값싼 종이를 쓸 수도 있으나, 문집은 거의 100부 안팎의 적은 부수만을 인쇄하므로 비용상 큰 차이는 없다.

문집 표지는 내지보다 두꺼운 종이를 써서 책을 보호할 수 있도록 만드는데, 가장 많이 사용하는 종이는 레자크지(보통 정식 출판물이 아닌 자료집이나 보고서의 표지로 많이 사용되고 있다.)와 마메이드지이다. 그 밖에 아트지, 엠보싱지 등도 사용하지만 이들은 백색으로만 나오기 때문에 특별한 바탕색이 필요한 경우에는 따로 인쇄를 해서 써야 한다. 속표제지는 색지나 얇은 레자크지를 쓴다.

문집 원고를 인쇄소에 맡길 때 그냥 "표지는 하늘색으로 해주세요." 했다가는 기대한 것과 전혀 다르게 나올 수도 있다. 기왕이면 인쇄소에 방문해서 직접 종이를 만져보고 고르는 것이 좋다. 그렇지 못할 경우에는 전화나 메모로 자세하게 원하는 종이의 색깔과 지질을 설명해주어야 한다. 원본을 우편으로 보낼 때 견본 종이를 오려 보내거나 색연필이나 물감으로 가장 가까운 색깔을 칠해 보내주는 것이 좋다. 대체로 표지는 밝고 도톰한 종이로 하는 것이 좋다.

비용

인쇄 비용은 계속 변하며, 인쇄 업체나 제작 사양에 따라 다소 차이가 있다. 인쇄 전에 여러 인쇄소에 문의해본 뒤 결정하는 것이 좋다.

인쇄는 복사와 달리 기본 비용이 들기 때문에 적은 부수를 제작하는 경우에는 비용 면에서 복사보다 불리하다. 대개 30~40부 이하로 제작할 때는 복사가 경제적이다. 특히 옵셋 인쇄의 경우 그 차이가 더욱 심하다. 그러나 부수가 많아질 경우에는 복사보다 모든 면에서 좋다.

인쇄할 경우 1차로 몇 부를 만들고 나중에 추가로 몇 부만 더 만드는 일은 사실상 불가능하다. 다시 인쇄하게 되는 경우(특히 적은 부수만을), 처음 만들 때와 기본 비용이 엇비슷하게 든다. 따라서 처음 제작할 때 여유분까지 생각해서 충분한 부수를 제작하는 것이 좋다. 판형에 따라서도 비용 차이가 나는데, 면수와 제작 부수가 같을 경우 A4 용지 판형에 비해 B5 용지 판형의 제작비가 20~25% 정도 더 싸다. 그 밖에 사진을 망 처리하는 경우, 크기에 따라 장당 몇천원의 추가 비용이 든다. ■

편집 꾸러미 ▥▥ 인쇄소에서 전하는 예쁜 문집 만들기 비법

글씨에 컬러를 넣지 마세요.

큰 제목, 작은 제목을 구별하거나 본문 글줄을 강조하기 위해 빨간색, 노란색 등 글꼴에 색깔을 주는데, 이렇게 하면 나중에 인쇄가 흐리게 되거나 지저분하게 나옵니다. 또 굳이 컬러 프린터로 학급문집 원본을 출력해올 필요가 없습니다. 컬러로 출력해와도 마스터 인쇄를 하기 위해서는 다시 단색으로 출력해야 합니다. 마스터 인쇄는 단색 인쇄이기 때문에 컬러의 명도나 채도를 살리기가 힘듭니다.

손글씨로 작업을 할 때에도 색깔 있는 펜이나 흐린 연필로 지면을 만들지 마세요. 마찬가지로 연필이나 색깔 있는 펜으로 쓴 글자나 지면은 흐리게 인쇄가 됩니다.

선생님, 그리고 이건 정말로 중요한 사항입니다.

문집 제작을 순조롭게 끝내려면 반드시 쪽번호를 잘 매겨주셔야 합니다. 어떤 경우에는 쪽번호를 잘못 매겨서 지면의 앞뒤가 바뀌거나 면이 빠지는 일도 생깁니다. 표지와 속표지에는 앞뒤 어느 쪽에도 쪽번호를 쓰지 말고, 차례나 인사글부터 쪽번호를 쓰세요. 그리고 쪽번호는 반드시 오른쪽에서 1쪽이 시작됩니다. 다시 말하면 왼쪽은 짝수로 오른쪽은 홀수로 쪽번호가 매겨지는 것이죠. 이것만은 꼭! 지켜주세요. 잘못하면 나중에 인쇄소에서 쪽번호를 전부 다시 매기는 일이 생길지도 모릅니다. 참, 중간에 끼워넣은 속표제지도 꼭 쪽수에 포함시켜야 된다는 것 잊지 마세요.

혹시, 인쇄소를 몰라서 인쇄를 못하는 경우는 없겠지요. 지방이라 인쇄소가 없다면 가까운 대도시에 있는 인쇄소에 맡기면 됩니다. 아무 정보가 없더라도 너무 염려 마세요. 전화번호부만 찾아도 인쇄소 정도는 다 나와 있으니까요. 요즘은 서울이나 대구, 광주, 부산 등 대도시의 인쇄소에 전화만 하면 지방에 있는 선생님의 학급문집도 다 만들어서 보내드립니다. 주의사항을 메모해서 원본 출력본과 함께 파일을 보내주시면 됩니다. 혹 표지가 잘못 나올까 봐 신경이 쓰이면 표지로 쓰고 싶은 종이와 비슷한 종이를 조금 잘라서 보내주거나 비슷한 색깔을 정해서 알려주면 됩니다.

우리 반 학급신문 만들기

작은 것에 감동하되 겸손하고, 남을 배려할 줄 알며, 생각이 깊고, 그 생각을 실천으로 옮기는 아이들이 살아 숨쉬는 공동체 — 교사라면 누구나 꿈꾸는 화두일 것이다. 별것 아닌 듯하면서도 막상 뛰어들면 어느 것 하나 쉬운 것이 없다.

문화의 개념으로 보면 교육현장은 여전히 열악하며, 아이들조차 쉽게 다가서는 느낌이 없다. 이런 가운데서 그래도 조금은 살맛 나고, 설렘 가득한 심장 소리와 함께 할 수 있는 행사가 학급신문 만들기다. 학급신문은 지극히 사소한 것을 통해서 큰 보람과 성과를 얻을 수 있는, 일종의 '문화적 뇌관'이다.

학급신문은 학급문집에 비해 편집이 수월하고 제작 주기도 짧은 편이어서 훨씬 탄력적으로 운용할 수 있다. 즉, 학년말에 마무리하는 문집과는 달리 학급신문은 그때그때의 사건과 감정을 충실하게 반영할 수 있다.

얼마 전에 치렀던 행사가 기사화되고, 누군가의 며칠 전 반성문이 실리는 신속한 되비쳐보기는 뜻밖에 아이들을 큰 힘으로 빨아들인다. 반성의 계기도 되고 암묵적으로 더 나은 학급운영에 대한 신뢰도 쌓이는 것이다. 마음먹고 일 벌이기가 힘든 만큼 쌓이는 보람도 크다.

생각을 다루는 기술적인 면의 발전도 빼놓을 수 없는 장점이다. 정해진 기간에 만들어야 하기 때문에 발간 과정을 들여다보면 시행착오와 오류투성이다. 그러나 그 경험은 단순히 실수로 그치는 것이 아니라, 다음 호, 그 다음 호를 이어가는 데 좀 더 성숙한 모습으로 다스려내는 거름이 된다.

실제로 학급신문을 만들어보면 창간호와 최근 호 사이의 현격한 차이를 실감할 수 있다. 그 과정에서 아이들 스스로 판을 짜고 처리하는 능력을 과시하기도 한다. 이런 기술은 고스란히 학년말 학급문집 제작 기술로 활용된다.

학급신문 제작은 서로를 이해하는 폭넓은 눈을 갖게 하며, 깊은 만남을 가능하게 해준다. 편집회의를 하고 기사를 모으며, 교정하고 편집하는 가운데 허심탄회한 의견을 나눌 수 있고, 아이디어 창출과 비판 과정을 거쳐 끈끈한 인간 관계가 형성되는 것이다. 토론과 비판을 통한 민주적 훈련의 도구로도 유용하다.

학급신문 만들기 과정

 **밑준비를 한다**

학년초 모둠을 구성하고 모둠일기를 쓴다.

바쁘더라도 모둠일기는 꼭 챙겨서 읽고, 짧게라도 답을 해준다. 모둠일기 가운데 함께 공유할 수 있는 진솔한 내용이 담긴 것은 주기적으로 소개해서 모둠일기 쓰는 분위기를 북돋운다. 모둠일기가 부담스러우면 두 권 정도의 학급일기를 마련해서 돌려 쓰는 방법도 있다. 이런 일기는 학급신문의 중심 소재가 된다.

되도록 빨리 모둠별 집단상담을 한다. 집단상담은 아이들이 서로를 이해하는 마당으로 아주 효과적이다. 친숙한 분위기 형성은 학급신문을 만드는 데 꼭 필요한 조건이다. 방과후 한 시간 정도 집단상담을 실시한다. (《빛깔이 있는 학급운영》2권 54쪽 참고) 이렇게 모둠별 집단상담을 실시한 후와 그렇지 않은 경우는 모둠의 결속력이나 학급활동에의 참여 열의가 다르다.

집단상담이 끝난 후 적당한 시간을 이용하여 지난해 학급신문이나 학급문집, 학교에서 발행한 학교신문과 동아리신문, 그리고 사보 등을 소개하고, 자연스럽게 학급신문 만들기를 제안한다. 학급회의 시간을 이용하여 토론하고 신문 이름도 공모한다. 공모할 때 도서상품권 같은 현상금을 걸면 반응이 좋다.

2 **편집위원을 구성한다**

신문 발간에 관심이 있는 아이들과 컴퓨터에 능숙한 아이들을 중심으로 편집위원을 구성하고(10명 정도), 그 가운데서 편집부장을 뽑는다.

편집위원을 뽑는 방법은 다양하다. ① 공식적으로 공모를 하여 그 가운데 담임이 선발할 수도 있고, ② 모둠장으로 구성하되, 모둠장이 사양할 경우 그 모둠장이 추천하는 아이가 위원 역을 맡을 수도 있고, ③ 학급회의를 통해 모둠당 한 명씩 추천을 받은 뒤 학급운영위원회에서 선발할 수도 있다.

꼭 이런 방법이 아니어도 학급 실정에 맞는 방법으로 선발하면 된다. 어떤 방식이든 일단 자원하는 아이들을 중심으로 편집위원을 구성해야 책임감 있게 일을 한다. 편집부장은 편집위원들이 뽑도록 한다. 일 처리를 확실하게 할 수 있는 꼼꼼한 아이가 편집부장이 되면 담임 일이 많이 줄어든다. 반장이나 부반장은 일이 많으므로 중복되지 않게 배려한다.

3 편집회의를 연다

편집위원이 구성되면 편집회의를 열어 학급회의에서 논의된 틀을 바탕으로 편집의 방향과 발간 형태(월간, 격월간, 계간 등), 신문 강령, 지면 수, 역할 구분 등을 결정한다. 이때 담임은 학생들의 의견을 최대한 존중하는 입장을 가진다. 그러나, 내용 구성이나 편집, 제작 분야는 어느 정도 교사가 지도를 해야 한다. 특히 저학년의 경우에는 글 청탁하기, 글 뽑기, 기사 배치, 편집과 교정 과정 등을 꼼꼼하게 지도할 필요가 있다. 편집 기술을 쌓아 스스로 일을 열어갈 수 있도록 지도하는 차원에서 진행한다. 이를테면 간단한 연수 시간을 가져, 기사 쓰는 요령이랄지 기사 접근 방향, 글 선별하기, 좋은 글의 조건, 그리고 원고 수집과 청탁의 예절 등을 일러주는 것이다. 이런 지도는 단지 기술적인 측면뿐 아니라 기자로서의 책임감, 학급 문화를 이끌어간다는 자부심도 길러준다.

편집위원의 운용에는 두 가지 방법이 가능하다.

하나는 기사 성격을 기준으로 부서를 갈라서 진행하는 것이고 — 예를 들면 문화부(독후감, 연극·영화평, 그 밖의 문예란), 사설부, 사회부(학교·학급 소식, 학급일기, 만화), 취재부(탐방 기사, 인터뷰, 학급행사 이모저모, 특집 구성), 설문조사부 등 — 또 하나는 다음과 같이 제작 과정을 중심으로 역할을 나누는 것이다.

- 취재 : 기사 작성과 정리, 인터뷰 진행
- 편집 : 기사 수집, 내용 분석과 수정, 컴퓨터 입력, 지면 구성, 삽화 수집
- 섭외 : 외부 원고 청탁(교사, 학부모, 선배), 광고 모집, 홍보
- 회계 : 발간 자금 모으기를 비롯한 예산 운용, 기자 간식 제공, 결산 보고
- 편집장 : 편집회의 진행, 전체 과정 확인과 추진, 부서 업무 조정

협의를 거쳐 역할이 정해지면, 정기적으로 만나 전체 발간 계획에 따른 상호 보완점을 확인한다. 교사는 칭찬과 격려, 선의의 경쟁심을 불러일으켜 편집위원의 활동이 탄력을 잃지 않도록 주의한다. 활동이 본격화되면 (게시판의 한 부분을 활용하는 방식으로) 진행 과정을 알리거나 원고 모집 광고를 내서 학급원들의 협조를 구한다.

창간호를 내는 과정이 가장 힘들다.

창간호를 낼 때는 되도록 지면 욕심을 부리지 않는 것이 좋다. 지면이 많으면 일의 무게에 눌려 소기의 성과를 거두기 어렵다. 작은 지면이라도 어설픈 대로 스스로의 힘으로 해냈을 때 다음 일을 해낼 수 있는 용기를 갖게 된다. 시간이 촉박하고 효율적이라는 이유로 담임이 대들어서 일을 다 해내면 다음에도 똑같은 상황이 발생한다. 어설픈 대로 끌어안기, 이것이 창간호를 내기 위한 교사의 마음 준비다.

학급신문 만들기의 실제

학급신문의 기삿거리

- 기사적 사건 — 체육대회, 선생님 소식 등 학교와 학급의 각종 행사
- 사설(시사 문제) — 일본 문화 개방, 갈등 빚는 교칙 등 관심을 끄는 시사 내용
- 인물 취재 — 선생님, 친구, 학부모, 문방구 주인 등 주변의 친근한 인물들
- 탐방 기사 — 만화 가게, 선생님 댁, 친구 집, 운동부, 출판사, 신문사, CA 부서 등
- 문화 비평과 만화 — 청소년 잡지, 영화, 만화, 텔레비전 프로그램 등에 대한 비평과 만화
- 학급일기(모둠일기) — 친구들이 재미있는 내용으로 꼽은 날짜별 일기
- 정보 · 상식 — 피라미드의 비밀, 발 냄새 없애기 등 다방면의 정보와 생활의 지혜
- 학생 글 — 아침자습 시간 등에 틈틈이 써서 모은 글이나 독후감
- 설문조사(미니리서치) — 이성 교제, 오락실 출입 실태, 용돈 사용 등 현안 문제
- 학부모 글 — 학부모들이 학생들에게 바라는 내용이나 하고 싶은 말 등 청탁
- 교사 글 — 학창 시절, 우리 반에 대한 느낌, 재미있게 읽은 책 등 교과 담임 청탁
- 담임 글 — 신문을 내고 나서, 우리 반 아이들에게, 나의 비밀 등

학교 안팎에서 벌어지는 모든 소식과 학급활동이 기삿거리가 될 수 있다. 그뿐 아니라 학급원들 사이에 벌어지는 자질구레한 일도 다루기에 따라 훌륭한 기삿감이 된다. 이런 기삿거리를 찾아내는 것도 연수 과정에 포함시키는 것이 좋다.

학급신문 만들기의 실제

신문의 형식상 꼭 들어가는 지면(표지, 사설, 학교 · 학급 소식, 학부모 글, 담임 글, 탐방 기사, 학급일기, 만화 등)은 편집위원 중 담당 기자를 정해서 취재에서 컷 챙기기까지 전 과정을 책임지게 하면 중간에 면이 없어지는 실수를 막을 수 있다.

취재해 작성한 기사에 대한 선별과 교정이 끝나면, A4 용지를 기준으로 일정한 편집틀을 만든 후 입력한다. 여백은 애써 기사로 채우려 하지 말고 컷 자리로 활용한다. 교정을 봐서 출력한 뒤 컷을 붙여 신문 원본을 만든다. 이때, 컴퓨터의 클립아트를 활용하면 단정한 컷을 넣을 수 있으나, 가능하면 그림 잘 그리는 학생의 솜씨를 끌어오는 것이 좋겠다.

A4 용지로 원본을 만든 경우 원본 두 장으로 쪽수를 맞추어 A3 용지에 나란히 붙여 인쇄한다. 만일 B5 원본이면 B4 용지를 활용한다. (물론 컴퓨터로 A3 용지나 B4 용지를 가로로 눕혀 단 편집을 하면 깔끔하지만 편집이 쉽지 않다.) 종이를 붙일 때 풀을 사용하면 종이가 울게 되므로 좀 비싸더라도 시중에서 파는 분사식 풀인 3M을 쓰는 것이 좋다.

〈예시 22〉 기사 배치의 실제 (12면인 경우)

면수	꼭지 이름	내용과 기사 작성
1	표지	· 신문 이름, 급훈, 발행인, 주소, 목차가 들어간다. · 표지 화보로는 그림이나 행사 스냅 사진을 쓰면 재미있다.
2	사설	· 아이들이 관심을 가지는 내용을 중심으로 주제를 정한다. 　(예 : 매점 질서, 인터넷 언어 사용, 교문 지도 등) · 편집위원이 돌려 쓸 수도 있고, 공모하여 실어도 효과적이다. 어떤 경우든 　사설 쓰기는 어느 정도의 지도가 필요하다.
3	학교 소식	· 육하원칙을 기준으로 객관적이고 정확하게 기사를 쓴다.
4	학급 소식	· 학급의 재미있는 행사나 일상사를 기사화한 글을 싣는다. · 제목을 재미있게 뽑으면 호감을 줄 수 있다. 　(예 : 영란아 돌아와라 — 가출, 그래도 가능성은 있다 — 시험 꼴찌)
5	학부모란	· 일정한 주제를 정해도 좋고, 하고 싶은 말을 청탁해도 좋다. · 잘 활용하면 학부모들의 전폭적인 성원을 받을 수 있다. 청탁할 때 예의를 　지켜 청탁 취지를 충분하게 설명한다.
6	담임 말씀	· 아이들에게 당부하고 싶은 글을 중심으로 간결하게 쓴다.
7 8	일기 모음	· 학급일기나 모둠일기 가운데 함께 생각하고 싶은 글이나 진솔한 내용이 담 　긴 것으로, 편집위원들이 추려서 싣는다.
9	문화 비평	· 관람평이나 영화 감상문 등을 싣는다. 독후감을 실을 수도 있고, 텔레비 　전 시청 소감을 써도 좋다. 공모해서 뽑는 것이 효과적이다.
10	학급 행사 이모저모	· 학급 행사의 이모저모를 싣는다. 예를 들면 집단상담 소감 나누기, 한솥밥 　비벼먹기 두레별 소감, 사진전 시상식, '이런 상을 요 친구에게 주고 싶어 　요' (왕사오정상, 천사상, 건빵눈상 등), 수련 여행 소감문, 체육대회, 학급 　상 시상식 등 학급 행사의 이모저모를 집중 취재하여 싣는다.
11	교실 돋보기	· 학급생활을 엿볼 수 있는 내용으로 아이들의 생각과 재치를 담는다. 　학급 시간표를 날씨나 재미있는 문장으로 표현하기, '칭찬합시다' 의 패러 　디로 칭찬 릴레이(다음 호를 기대하게 하기에 좋다.), 또는 미니리서치로서 　간단한 설문조사의 내용, 자유발언대, 나만의 노하우 등을 실을 수 있다.
12	편집을 마치고	· 아이들이 그린 만화와 편집후기, 편집일지를 간략히 소개한다. · 원고 모집과 다음 달 학교·학급 행사를 소개하는 난을 곁들인다.

※ 특집란 구성 여부는 편집위원회에서 결정한다. 특집이 의무는 아니다.

지켜야 할 몇 가지 원칙

첫째, 발간 날짜는 가능한 한 지키도록 한다.

발간 날짜가 지켜지지 않으면 신문으로서의 의미가 흐려지고 리듬이 깨지게 된다. 발간 날짜가 지켜지지 않는 가장 큰 이유는 기사를 제대로 챙지지 못했기 때문이다. 기사는 사전에 작성한 계획표에 따라 평상시에 부지런히 수집하도록 한다. 이때 편집부장의 일정 관리가 매우 중요하다.

편집회의에서 기사 작성과 가편집 기간을 2주가 넘지 않도록 하고, 컴퓨터 편집과 교정, 그리고 킷 작업도 일주일에서 열흘 사이에 치리한다. 너무 오래 끌면 기사의 내용이 식상해지고 신선함이 떨어진다. 학급신문 발간 횟수는 시험을 기점으로 학기당 2회 정도가 적절하다.

둘째, 모든 학급원의 글이 골고루 실리도록 배려한다.

몇몇 학생들의 독무대가 되는 것을 막기 위해서는 평상시 학급활동의 결과물을 모으는 편집위원(혹은 부서)이 부지런하게 움직여야 한다. 참여하는 데 적극적이지 않은 아이일지라도 모둠 공동작이나 만화 같은 영역을 배치해서 소외되지 않도록 배려한다.

셋째, 기존의 잡지를 흉내 내거나 단순한 오락, 흥미 위주로 흐르지 않도록 해야 한다.

어디에서나 볼 수 있는 흔하고 식상한 내용이 아닌 우리들만의 이야기, 우리들만의 삶의 방식과 생각을 담을 수 있도록 해야 한다. 기존의 내용을 패러디한 것 정도는 괜찮다. (아주아주 많은 호응을 보인다.)

넷째, 학급신문 발간 직후 반드시 평가회를 연다.

평가회는 단순히 발간을 자축하는 자리이기 전에 좀 더 나은 다음 호를 내기 위한 준비 과정이다. 편집부장은 평가회 때 나온 이야기를 꼼꼼하게 기록하였다가 다음 호 발간 때 반영한다. 학급신문이 나오면 학급원과 선생님 외에 각 반에 두 부 정도씩 나누어준다. 학급회의 시간이나 자율학습 시간을 이용하여 반 전체가 꼼꼼히 읽은 후 소감을 나누는 자리도 만든다. 이때 다음 호에 다룰 참신한 내용의 아이디어를 받고, 오자나 탈자 찾기 대회를 열면 재미있다.

다섯째, 점차 자율성을 지향해야 한다.

어설프나마 스스로 편집회의를 하고 시행착오를 겪어가며, 더디더라도 자율적으로 신문을 만들 수 있도록 지켜봐주어야 한다. 물론 매우 어려운 과정이며, 교사의 인내심을 필요로 한다. 좋은 학급신문 만들기는 생각보다 어렵다. 그러나 한 만큼 보람을 느낀다. 좋은 학급신문의 전제 조건은 다양한 학급운영이다. ■

학급신문 인쇄

가능하면 공식화시켜 학교 인쇄실을 이용하는 게 좋다. 그림이나 사진은 학교 스캐너를 이용하면 봐줄 만한 정도로 인쇄된다. 약간 지저분한 것이 단점이나 비용이 전혀 들지 않는다. 외부 인쇄소를 이용하면 비용이 만만치 않다. 좀 더 여유가 있다면 인터넷 홈페이지를 개설하여 학급신문을 전국 어디에서나 볼 수 있도록 한다. 아이들이 대단한 자부심을 갖는다.

스물여섯 명과 엮어낸 가난한 사랑 노래

우연히, 문집을 내기로 하고

초임 교사 시절, 때때로 서점의 교육도서 모퉁이에서 이오덕 선생님의 글쓰기 책과 아이들 글모음을 보면서 나도 언젠가 학급문집을 내보리라 생각했다. 그러나 그것은 참 막연했고, 복직하면서 새로 시작한 교사생활에서도 그것을 구체적으로 계획하고 실천하기는 어려웠다.

내가 맡아서 가르치는 과목이 국어여서 아이들에게 글쓰기를 시킬 일이 많았다. 추억이 있는 사진 이야기, 독서의 달을 맞아 쓴 책 이야기, 방학 숙제로 해온 우리 마을 보고서, 가을 학예발표회의 영상극 대본……. 이런 글들이 내 서랍 속에 차곡차곡 쌓여갔다. 사실 딱히 이것들을 묶어서 문집을 만들겠다는 생각이 있었던 것은 아니었다. 아이들에게 그냥 돌려주면 책이나 공책 갈피에서 구르다가 없어질 것 같아서 보관하고 있던 참이었다. 책상을 열 때마다 이걸 어떻게 갈무리해야 좋을까 하는 고민이 언뜻언뜻 스쳐지나갈 뿐이었다. 그러던 중 〈우리교육〉에서 학급문집 공모전을 한다는 것을 우연히 알게 되었고, 그제서야 잊어버리고 있던 숙제처럼 '언제고 문집을 내야지.' 했던 기억도 함께 떠올랐다.

문집 발간을 결정한 것은 2학기 중간 고사를 치르고, 학예발표회도 다 끝낸 뒤였다. 학급활동 시간에 문집을 내는 게 어떻겠냐고 제안을 했다. 그 제안을 두고 아이들은 해보지 않은 일에 대해 호기심 어린 지지를 보냈다.

평소에 나는, 학급 전체에 속한 일 말고는 아이들이 학교생활에서 공식적으로(또는 격식을 갖춘) 어떤 일을 경험할 수 있는 기회가 별로 없다고 생각해왔다. 내 경험에 비추어볼 때 격을 갖춘 어떤 일을 경험하는 것은 매우 남다른 인상을 남기곤 했다. 하다못해 교지에 실린 나의 글을 인쇄된 활자로 보았을 때 나는 참으로 색다른 기분을 느꼈다. 나의 존재가 다른 사람 앞에서 확인되는 순간으로, 그것은 곧 사회적 존재로서의 나를 깨달을 수 있게 해준 소중한 경험이었다. 그래서 학급 전체에 속하는 일을 할 때면 나는 되도록 아이들에게 그런 의미를 심어주고 싶었다.

'학급문집 편집부원 희망서'를 쓰게 하면서, 무슨 일을 해야 하는지 막연해하는 아이들에게 좀 부풀린 안내를 했다. 책을 내는 일이라는 설명과 함께, 끝내고 나면 멋진 출판기념회나 편집 여행을 갈 수도 있다고. 아이들은 특히 이 대목에서 신나했고 의욕에 차서 희망서를 썼다. 이름, 특기와 자기 소개, 희망하는 동기, 어떤 자세로 할 것인지를 쓰도록 했더니 응한 아이가 열 명 남짓 되었다. 되도록 많은 아이들이 참여하는 것이 좋을 것 같아 탈락 없이 모두에게 일감을 나누어주기로 했다. 1차 편집회의에 참가하면서부터 끝까지 함께한 아이는 모두 아홉 명이었다.

애초의 계획으로는 편집장도 뽑고, 하는 일도 나누어서 좀 전문적으로 일을 추진하려고 했다. 편집장을 저희끼리 뽑으라고 했더니, 학급 임원 아닌 아이 가운데서 평소에 책을 많이 읽고 글쓰기를 열심히 하는 정숙이가 뽑혔다. 그러나 실제로 편집장을 중심으로 일을 해나가는 것은 쉽지 않았다. 따로 시간을 내어 편집장을 지도하기도 어려웠고, 그런 한편 전체적으로 다시 아이들을 꾸리는 것도 힘들었다. 결국 내가 직접 이끌면서 편집부원에게 다시 할 일을 나누어 맡기는 식으로 조정을 했다. 편집회의에서 다루어져야 할 거리들을 함께 정해주고 회의는 저희끼리 하는 방식으로 편집부를 꾸려나갔다. 편집회의에서 한 일들은, 문집에 실을 글감이 어떤 것인지, 누가 무슨 일을 맡아서 해야 할지, 문집 이름은 무엇으로 할 것인지를 정하는 것이었다. 대체로 아이들은 의견을 활발히 냈고 그 의견대로 일을 진행할 수 있었다.

이제 문집에 실을 글을 모을 차례이다. 꾸준히 써 온 모둠일기를 중심에 놓고, 그동안 모아둔 글 외에 교과 시간에 쓴 글이 더 있는지 찾아보았다. 이 과정에서 도덕 시간에 쓴 '고난 극복기'를 얻을 수 있었는데, 아이들이 고르게 참여했고 내용도 진실하게 자기를 고백한 글이어서 예상 밖의 큰 소득이 되었다. 이것 말고도 한 해 우리 반의 역사, 학교 안팎의 주요 사건을 정리해서 싣자는 의견이 나왔는데, 이런 글은 학년말에 정리하는 게 좋겠다 싶어 뒤로 미루었다.

여러모로 소중한 모둠일기

가장 먼저 손쉽게 할 수 있는 일은 모둠일기를 정리하는 것이었다. 편집부원으로서 자기가 할 일을 눈앞에 보여주고 문집 제작이 착착 진행되고 있다는 느낌을 곧바로 전해주기 때문이다. 이 모둠일기는 모둠에 따라 차이가 나긴 해도 열심히 쓴 모둠은 공책 두세 권 분량이 되는 경우도 있었다. 문집에 실을 때에는 모둠원끼리 돌려서 읽은 뒤에 실을 만한 글을 가려내기로 했다.

그리고 모둠별로 엮되, 모둠원들끼리 함께 글씨를 쓰고 모둠 소개란도 꾸미기로 했다. 모둠 소개란에 모둠 이름을 정한 뜻과 모둠원 소개를 예쁜 그림과 함께 곁들이니 따로 학급원의 신상명세서 같은 것을 둘 필요가 없어졌다.

그러던 중에 한 가지 문제가 생겼다. '네 잎 클로버' 모둠이 일기장을 잃어버린 것이다. 인철이가 쓸 차례라고 가지고 갔는데, 그때부터 일기장이 보이지 않는다고 했다. 인철이는 집에다 두고 온 것 같다며 꼭 찾아오겠다고 약속을 했지만 결국 그 일기장은 나타나지 않았다. 하는 수 없이 모둠 이름이라도 실어주자는 아이들의 의견에다, 잃어버려서 속상하고 안타까운 마음을 몇 줄로라도 쓰게 하면 어떻겠냐는 나의 의견이 보태져 그 일은 해결이 되었다. 인철이는 "그래, 나 때문이야. 정말 미안해."라고 썼고, 인철이를 대놓고 나무라는 글도 함께 실렸다. 어쨌든 이 모둠일기는 아이들 삶의 생생한 기록 그 자체이자 학급문집 탄생의 일등 공신이 되었다.

모둠일기를 그렇게 정리하는 한편, 독서의 달에 쓴 책 이야기, 가을 학예발표회 소감문, 고난 극복기, 여름방학 과제물로 제출한 우리 마을 조사 보고서와 영상극 대본을 별로 고치지 않고 정리해나갔다.

적지 않은 분량을 손으로 일일이 옮겨 적는 일은 결코 쉬운 일이 아니었다. 그래서 우리 반 아이들은 그 일을 하느라고 겨울방학 사십여 일 중에 일주일씩이나 되는 나의 근무일에 함께 나와서 학교를 지켜야 했다.

나는 원래 기계치인 데다가 컴퓨터는 더듬더듬 글쇠를 누를 줄 아는 정도여서 시험 문제만 겨우 낼 뿐 컴퓨터 편집은 엄두도 못 내었다. 게다가 전교생 백여 명 중에서 컴퓨터를 가진 아이가 겨우 두 명뿐인 실정에서야 생각해보고 말고 할 여지가 없었다. 결국 아이들의 글씨가 활자가 되었고, 글씨부 아이들은 편집 후기로 팔 아파 죽겠다는 말을 남기게 되었다.

겨울방학이 끝나고 개학을 했다. 종업식 때까지 문집을 낼 수 있을까 마음이 바빴지만 학년말에 하기로 했던 일들을 하나하나 해나갔다. '우리 반의 역사'는 숙이와 은성이가, '학교 안팎 사건' 정리는 편집부의 경아가 맡아서 했다. '우리 반의 역사'는 사진과 함께 싣고 싶었는데 그게 또 문제였다. 인쇄소에 물어보니 사진은 글자와는 처리 방법이 다르기 때문에 비용이 훨씬 더 많이 든다고 했다. 어떻게 할까 고민하다가 후배에게 귀동냥한 방법을 써보기로 했다.

사진을 그대로 옮기듯이 베끼거나, 아니면 쓰려는 내용을 그림으로 나타내는 방법이었다. 꿩 대신 닭이라는 기분으로 한 일이었는데 뜻밖에도 좋은 효과를 얻었다. 사진이 주는 사실감 대신에 아이들의 느낌을 잘 살린 매우 색다른 자료를 얻게 되었다. 반 전체가 참여한 가을 학예발표회 때 찍은 학급 단체 사진이 분장한 모습대로 그려지니 정말 색다른 기념 사진이 되었고, 교실 벽에 걸어서 일년 내내 우리와 함께 있었던 사진틀 속의 학급 단체 사진도 새 모습 새 느낌으로 살아났다. 이 그림들은 전체적인 문집의 표정을 생기 있고 정감 나게 만들어주었다. 아이들과 나는 예상하지 못한 이 결과에 몹시 즐거워했다. 그 속에서 우리는 완벽하게 준비해놓지 않고도 시작할 수 있고, 모자라는 것을 채워나가는 속에서 무엇이든 얻을 수 있음을 알게 되었다.

'우리 반의 역사'를 쓰고 그린 은성이와 숙이는 내가 알지 못했던 재능을 보여주었고, '학교 안팎 사건'을 설문조사로 정리한 경아는 제 속에 꽁꽁 숨어 있던 재주와 글솜씨들을 또 얼마나 한껏 발휘해주었던지.

이제 모든 글들이 마무리가 되었다.

아이들은 학급회의 시간에 이름을 짓느라고 의견이 분분했고, 나는 맨 앞에 싣기로 되어 있는 아이들에게 보내는 편지를 써야 했다. 한 해를 정리하며 바쁘게 종종걸음을 치면서 해왔던 문집을 마감한다고 생각하니 정말 감회가 새로웠다.

다시 시작한 교단생활에서 처음으로 '내 반 아이들'로 만난 스물여섯 명의 산골 아이들, 그 아이들과 함께 보낸 한 해가 이제 끝나나 보다. 그동안 학급문집 한 권만큼의 추억을 만들었구나……, 그러면서도 편지 한 통을 쓰지 못하고 있던 어느 날, 눈이 내렸다.

목장갑을 끼고 나무 장작을 날라서 때야 따뜻해지는 교실 한 칸 크기의 교무실에서 나는 편지를 썼다. 난로 위의 주전자 물 끓는 소리와 창 밖으로 아이들이 눈 속에서 뒹구는 소리를 들으면서.

편집이 끝나고 가제본이 된 상태로 문집을 보았을 때, 좀 어설프고 촌스럽게도 느껴졌지만 그게 우리 아이들의 순수한 마음과 모습을 고스란히 보여주는 것 같았다.

쪽수를 매기고 나니 표지까지 모두 162쪽이 되었다. 우리 학교는 소규모 면 지역에 있어서 학급문집을 찍을 인쇄소가 없다. 그래서 인근 읍에 인쇄를 맡기려 했는데 비용이 만만치 않았다. 하는 수 없이 거리가 멀어도 비용이 싼 곳을 찾아 주말에 부산 집에 다니러 가는 길에 원고를 맡기기로 했다. 아는 선생님의 소개로 간 그곳에는 이미 부산 시내 학교에서 맡긴 문집들이 인쇄되어 제본까지 마친 채 쌓여 있었다. 하루 만에 인쇄를 다 할 수 없는 형편이라 시외버스 편으로 문집을 받기로 한 뒤에야 한숨을 돌릴 수 있었다.

어쨌든 문집은 만들었고, 이제 비용이 걱정이었다. 학교 전체 예산이 원체 적은 데다 애초에 책정되지 않은 예산이어서 학교에서 받아내기는 무리였다. 결국 어렵게 경비의 반을 지원받기로 하고 나머지는 모금을 하기로 했다. 아이들이 빈병을 팔아보았지만 만원이 안 되는 적은 돈이었다. 이런 우리 반의 딱한 사정을 옆에서 보던 선생님들이 문집을 한 권씩 가져가기로 하면서 성금을 내주었다. 나머지는 어떻게 하나 하고 있는데 반의 임원들이 왔다. 잘 얘기하면 아이들의 설날 세뱃돈을 문집 비용으로 모을 수 있겠다고 했다. 대부분의 아이들이 오천원에서 만원에 이르는, 저희들로서는 큰 돈을 주저없이 냈다. 미리 예산 계획을 세웠더라면 좋았을 것을, 후회도 되었지만 그 일을 자신들의 일이라 생각하고 애를 쓴 아이들이 몹시 대견했다.

드디어 문집이 나왔다!

늦지 않게 나와서 얼마나 다행인지 모른다. 종업식 하는 날 학교 전체 식을 마치고 다른 반 아이들이 모두 돌아간 시간에도 우리 반은 교실에 둥글게 모여 앉았다. 아이들이 사온 과자와 음료수, 귤을 군데군데 놓고 우리는 작은 출판기념회를 가졌다. 실장인 현옥이가 먼저 소감을 말했고 한 명씩 돌아가면서 자기가 쓴 글 가운데서 하나를 골라서 읽었다. 어떤 아이는 제 글 대신에 친구의 글을 골라서 읽기도 했다. 현옥이는 나와 학급의 친구 모두에게 보내는 엽서까지 준비해와서 우리 모두를 감동시켰고, 우리들은 진지하고 사뭇 숙연해지기까지 했다.

마지막으로 내가 "사랑하는 우리 반 아~들아!"로 시작하는 편지를 영덕 지방 사투리로 읽으면서 출판기념회를 마쳤다. 몇몇에게 주어지는 상장과 성적표만 달랑 나누고 끝내버렸다면 너무 아쉽고 허전한 날이 되었겠지만, 애써 만든 문집 덕분에 우리 모두는 한결 따뜻하고 뜻 깊고 흐뭇한 마지막 날을 보낼 수 있었다.

밤늦도록 원고 정리하느라 일찍 끊어지는 마지막 버스를 놓쳐서 집집이 아이들을 태워주러 가는 작은 차 안에서도 우리는 모두 참 신이 났었다. 원고더미 속에 고개를 푹 파묻고 한참 글씨를 쓰다가 먼저 쓴 원고가 어디로 갔는지 찾느라 법석을 떨었던 일, 난로 위에 올려둔 고구마가 어서 익기를 기다리다 조바심 내며 내내 젓가락으로 찌르던 일…… 문집을 만드는 동안에도 우리는 행복했고 또 추억을 만들었다. 문집에서 글자로 읽을 수 없는 추억이지만, 문집을 펼치면 거기 여백에 오롯이 담겨 있고, 저마다의 마음속에 고이 새겨져 있다. 그리고, 우리 반 문집은 그해 〈우리교육〉의 학급문집 공모전에서 '좋은 학급문집상'을 받았다.

이애자 / 경북 풍각중 교사

※ 이 글은 필자의 전임지인 경북 영덕 달산분교에서의 이야기입니다.

일년에 한 번 쓰는 연애편지

내가 문집을 만드는 이유

내가 해마다 문집을 만드는 이유는 다른 선생님들과 다르지 않다. 여행을 다녀와서 기록을 남기고, 그곳에서 찍었던 사진과 스케치한 것들, 다녔던 곳의 입장권 따위를 스크랩하고 뭐 그러면서 여행을 복습하기도 하듯이, 그리고 한참 뒤엔 추억으로, 활력소로 재생하듯이, 문집도 그런 기능을 한다고 생각한다. 아이들과 문집을 만드는 과정도 좋고, 그 책을 다른 이와 나누는 그 시간도 좋다. 몇 년 지나고 다시 펼쳐보면 더 좋다.

그리고 나에겐 또 하나의 이유가 있다. 가끔 일기를 쓰면서 내가 살아 있음을 확인하듯이, 문집은 내가 사랑하고 나를 알고 있는, 여기저기 흩어져 있는 사람들에게 '나, 잘 살아 있다오.' 하고 알리는, 마치 연애편지 같은 것이기도 하다.

1989년 강원도 삼척의 한 중학교에 초임 발령을 받고 난 후 10년이라는 세월이 지났다. 그 중 문집을 만들지 못한 해가 두 번 있었다. 한 번은 첫 번 학교를 떠나 학교가 아닌 다른 직장에 근무했을 때였다. 같이 문집을 만들 '아이들'이 없었던 고로. 그리고 한 번은 담임을 맡지 않았던 유일한 해였다.

1995년, 지금의 학교에 들어온 나는 전 학교에서 5년의 경력을 쌓았는데도 마치 초임자 같은 기분이었다. 다시 아이들을 만났다는 사실이 너무 좋아서 우리 학교에서 제일 많은 수업을 하면서도 행복하기 그지없었다.

학급문집, 분위기 띄우기

고만고만한 아이들을 만날 것이고 부대낄 것이고 또 헤어질 것을 다 알면서도 역시 3월이 되면 아이들 앞에서 마음이 설렌다. 아이들이 말썽 피우면 '애들이 다 그렇지 뭐.' 하고 무심히 넘길 법도 하건만 그러지도 못하며 속 끓이고, 헤어질 줄 뻔히 알면서도 아이들이 다음 해 2월에 떠나면 또 섭섭해하고…… 이럴 땐 선생이 좀 바보 같은 직업이라는 생각이 들기도 한다.

학급문집은, 그 동그랗게 돌고 도는 학교라는 작은 기차 철로 위에서 2월에 떠나는 아이들 손에 마지막으로 들려 보낼 종착역의 선물 같은 것이다. 종착역을 미리 염

나의 문집 만드는 순서

· 원고 모으기
· 원본 쳐오기
· 파일 합치고 교정 보기
· 전체 분량 / 참여 빈도 확인하기
· 활자체, 크기 등 편집의 내용 통일하기
· 전체 파일 합치기
· 쪽번호, 머리말, 꼬리말 매기기
· 표지, 사진, 차례, 편집후기 등 뒷처리
· 원본 확인

두에 두면서 학기를 시작한다.

　문집을 만들어본 적이 없거나 초등학교 때 문집을 만들어봤지만 실패한 경험이 있는 아이들은 학급문집을 만들자고 하면 매우 냉소적인 반응을 보인다. 학년초, 우리 반이 재미있고 자율적으로 생활하고 있다는 자부심이 생길 때쯤, 가끔씩 문집에 대해 언급한다. 수업 중에도 글쓰기를 할 때마다 '재미있는 것은 나중에 문집에 싣자.' 혹은 '야, 용진이 참 실감 나게 썼네, 문집에 실어야겠다.' '태오는 정말 시사평론가처럼 썼구나. 문집에 쓰면 좋겠다.' 이렇게 분위기를 잡아가다 보면 어느새 아이들은 학급문집 만들기를 당연한 학급 행사로 염두에 두게 된다.

문집으로 이어지는 학급 행사

● 별명 이야기

　게시판을 일방적인 전달사항으로만 채우지 않고 아이들의 활동을 보여주는 공간으로 활용한다면 그것이 다 나중에 문집에 넣을 자료가 된다. '별명 이야기' 전시 같은 것이 그것이다. 32절짜리 색도화지에 '○○가 써주는 ××의 별명 이야기' 라는 제목으로 그림을 그리고 이야기를 쓸 공간을 마련해 나누어준다. 그리고는 한 사람씩 '판다.' 예를 들면, "1번 민찬이 별명에 대해 써줄 사람? 네, 종범이가 사갔습니다." 인기가 없거나 너무 점잖아서 잘 안 팔리는 아이들도 있다. 이 행사를 하다보면 친구들 사이를 엿볼 수도 있고 아이들 성격도 나타난다. 하여튼 무슨 수를 써서든 다 팔고, 모아서 모자이크한 것을 게시판에 전시한다. 그리고 나중에 문집에 원판 그대로 축소 복사해서 싣는다.

● 학급회의 시간을 토론의 시간으로

　학급회의의 안건이 없을 때에는 '일본 문화 개방에 대한 찬반 토론' '화장 문화에 대한 토론' '교육개혁 이것이 문제로다' '심청이는 진짜 효녀냐, 아니냐?' 등의 주제로 토론을 벌인다. 토론을 하기 전에 자신의 생각을 간단하게 메모하게 하여 걸어두거나 녹취해두었다가 나중에 '지상중계 ― 일본 문화 개방, 이렇게 본다' 식으로, 육성 그대로(농담, 반말, 야유까지) 실으면 재미있다.

● 독서일기

　학교에서 독후감과 선행록 쓰기 행사를 하고 있는데 매우 형식적이다. 우리 반은 아예 이 둘을 합쳐서 다이어리 형식의 공책을 마련하기로 했다. 꼭 선행이 아니어도 좋고 길게 쓰지 않아도 좋으니 매일의 생활을 기록한다. 약속, 숙제, 친구 전화번호 등을 적어도 좋고(스티커 사진을 붙이기도 하고 여자 친구 편지를 끼우고 다니는 아

○○가 써주는
××의 별명 이야기

이도 있다.) 독후감을 적어도 좋은 다기능 기록장인 것이다.

독후감도 '많이 써야 하는' 부담을 갖지 말고 '5.1.《연어》끝냄' '7. 24.《삼국
지》이제 시작함' '8.1.《나의 라임오렌지 나무》다 읽고 밤새 눈물 흘림' 식으로, 길
거나 짧거나, 줄거리가 들어 있거나 없거나에 관계없이 '나름대로' 독서 기록을 하기
로 했다. 한 달에 한 번쯤 확인을 하는데 이것 역시 문집에 활용할 수 있다. 우리 반
인수는 일년간 근 60권을 읽었다. 무협지도 섞여 있지만《람세스》,《삼국지》,《전태
일 평전》,《괴테의 이탈리아 여행》까지 그 독서의 폭과 양이 대단할 뿐 아니라 내용도
매우 진지하고 소감이 독창적이다. 그래서 문집에는 '인수의 독서일기' 자리를 따로
마련했다.

● 사진 촬영

행사가 있을 때마다 자주 사진을 찍어둔다. 우리 반은 학년초 환경미화 때 뒷게시
판에 대형 벽화를 그렸는데 이것도 기념 촬영을 해두었고, 수련회나 백일장, 소풍 등
행사가 있을 때마다 사진을 찍고 게시판에 걸어두곤 했다. 그때 찍은 사진이나 사진
밑에 붙여둔 재미있는 말들도 그대로 활용할 수 있다.

수업 내용과 문집 연결하기

● 만화

맡은 과목이 국어이다 보니 수업의 결과물 가운데 문집으로 활용할 것이 꽤 된다.
3학년 2학기에 배운 '표준어의 기능' 단원은 내용을 파악한 후, 그 내용을 만화로 그
리는 수업을 했다. 5~6명이 한 두레(모둠)를 만들어 교과서를 읽고 '1. 교과서 내
용이 꼭 들어갈 것' '2. 교과서 내용을 비판하는 내용이 꼭 들어갈 것' '3. 사투리가
꼭 들어갈 것' 등의 조건에 맞추어 만화 콘티를 짠 후 그것을 한두 쪽짜리 만화로 표
현하는 것이다.

이 수업의 결과물은 수업이 끝난 후 각 반 교실에 게시했고 우리 반 것은 원본 그
대로 복사해 문집에 싣기로 했다.

만화로 표현한 수업 결과물

● 학급신문, 소설, 주장하는 글, 생활문, 영화평

두레별로 만든 학급신문을 문집에 그대로 실었다. 그 밖에도 말하기 수업 중에 한
토론, 건의 등은 발표하기 전에 공책에 간단히 말할 내용을 메모하게 했고, 소설 〈사
랑 손님과 어머니〉를 배우고 난 후 소설 이어쓰기 한 것, '생각을 발견하기' 단원에서
했던 '나는 누구인가' 라는 제목으로 브레인스토밍한 것, 역시 그 단원에서 '맞벌이,
할 것인가, 말 것인가' 라는 제목으로 쓴 글, 소설 〈우리들의 일그러진 영웅〉을 읽고

두레를 활용하여 제작한 신문

영화를 본 후 쓴 영화평 등 수업 중 쓴 글들은 평소에 내가 모아둔 대로 문집의 자료로 활용했다. 특히, 평소에 일기나 독서록을 열심히 쓰지 않는 아이들의 글은 글의 수준이 좀 떨어지더라도 모아두었다가 적절하게 쓸 수 있었다.

만들기

● 학급회의

먼저 학급회의에서 찬성표를 얻어야 한다. 만약 아이들의 반대가 많다면? 물론 만들 수 없는 것이다. 회의에서 결정난 것을 담임의 권한으로 뒤집어서는 안 된다. 그러므로 회의 날짜를 잡는 것, 분위기를 잡는 것 등 준비해야 할 것이 좀 있다. 사회를 볼 아이, 발언할 아이들에게 사전에 분위기를 유도하도록 지도할 수도 있고, 강력한 반대자가 있다면 미리 설득해둘 필요도 있겠고……. 하여간 평소 담임이 아이들한테 이쁘게 보였다면 반대표가 압승하는 경우는 거의 없다고 봐야 하지만, 만약 분위기상 투표로 해서 불리할 것 같다면 아예 학급회의에 부치지 말고 담임 권한으로 만들자고 '선언' 해버릴 수도 있는 일이다. (반칙일까?)

● 편집위원 선정

자발적 참여를 권장하고 추천을 받기도 한다. 대부분 아이들에게 컴퓨터가 있으므로 '컴퓨터로 편집할 능력이 있는 사람' 이라는 전제가 그리 부담스러운 것은 아니다. 컴퓨터를 잘하지는 못하지만 꼭 참여하고 싶어하는 아이는 당연히 끼워준다. 문집을 만들다보면 그 녀석 워드프로세서 실력이 엄청 늘어 있을 터이다. 가능하면 아이들에게 많은 권한을 주는 것이 좋다. 편집위원들이 자부심을 갖도록 격려한다.

● 설문지와 사전 교육

설문지를 통해 문집에 들어갈 내용을 공모한다. 물론 그 전에 내가 과거에 만든 학급문집을 보여주거나 학급문고에 놓아두고 자주 볼 기회를 준다. 학급회의 등의 시간에 문집의 골격을 일러주고 힌트를 준다.

편집위원은 문집 만들기 전에 한 번 모아서 '1. 격려사', '2. 컴퓨터 사용법', '3. 문집의 골격과 만드는 일정', '4. 제목, 표지, 편집후기 등 구체적인 일거리' 등의 내용으로 사전 교육을 실시한다.

● 표지 이야기

표지를 만드는 원칙은, 무조건 아이들 모두의 숨결이 들어가야 한다는 것이다. 한참 전에는 기성화가의 목판화 같은 것을 활용하곤 했지만 언젠가 조그만 그림들을 모아놓은 것이 빚어내는 귀여움에 매료된 후부터 모자이크 형식의 표지 만들기를 하게 되었다. 한 번은 일년 생활 중 기억에 남는 것을 가로세로 3cm 정도의 작은 그림으로 그려내라고 해서 그것을 모아 만들기도 했고, 또 한 번은 컴퓨터의 여러 활자체를 여러 가지 크기로 변용해서 아이들의 이름과 별명을 난삽하게 적어넣는 방식으로 표지를 구성하기도 했다. 올해는 우리 반 구성원 44명(애들 43, 어른 1)의 얼굴을 만화로 그려 모으기로 했다.

● 컴퓨터로 만드는 컷

컴퓨터 그래픽을 좀 안다는 아이들에게 폼만 잡아보자고 했다. 원래 우리 반은 그림 솜씨 뛰어난 아이들이 많아서 여기저기 자투리 그림만 모아도 한 소쿠리가 되지만, 올해는 능력 있는 3학년들이 작업을 하기 때문에 컷에서, 편집, 빈 공간 채우는 일까지 아이들에게 모두 맡겨보기로 했다.

이번 겨울방학에도 나는 죽었다!

2월에는, 올해에는 두레일기 좀 쓰지 말자, 혹은 학급문집 한 해만 쉬어볼까나, 그런 생각을 한다. 좀 편해보자고 말이다. 실제로 올해는 그 두레일기란 걸 안 썼더니만 우리 교장 선생님께서 '선행록'을 주창하셔서 결국 두레 빼고 '일기'를 쓰게 되고야 말았지만.

문집을 만들면 사실 겨울방학이 괴롭다. 혼자 자취를 하던 수년 전에는 차가운 겨울의 자취방에서 전동 타자기를 두드리는 것이 내 마음을 얼어죽지 않게 만드는 역할도 했었지만, 지금은 좀 다르다. 내겐 손 많이 타는 토끼가 두 마리 있다.

하지만 세월이 흐르면서 어찌어찌 혼자서 문집 뒤치다꺼리를 다 하려던 생각이 변해간다. 아이들에 대한 뜨거운 열정과 기대가 차분히 가라앉는 대신, 아이들은 믿어주면 믿어주는 대로, 조금 에돌아가기는 해도 정말 잘, 재미있게, 갈 길을 가더라는 신념이 생기는 거였다. 나는 이번 겨울방학 동안 혼자서 문집 때문에 낑낑거리지 않을 거다. 왜냐하면 내 옆에는 1분에 700타를 치는 귀신 같은 광현이와 현성이와 정용이가 있고, 재치와 번득이는 논리로 문집을 마구마구 열심히 만들고 있는 성종이와 선응이, 그리고 뜨거운 애정으로 문집을 기다리는 성원이와 준호가 있기 때문이다.

방금 전 우리 3학년 2반(1998년) 문집편집반 녀석들의 도무지 읽기가 난해한 '채팅형' 편집 후기를 읽고 난 직후에 이렇게 마무리 글을 쓰다보니 나도 모르게 그만 녀석들의 글투를 닮아가고 있는 것 같다. 아무렴 어떠랴. 문집 받아들고 좋아라 하는 나의 16살짜리 젊은 애인들의 얼굴을 상상하며 나 지금 혼자 바보같이 웃어본다.

안정선 / 서울 경희중 교사

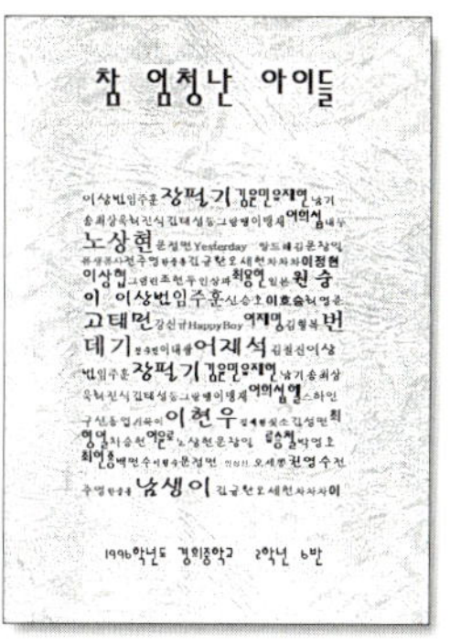

아이들 모두의 숨결이 배인 표지

좋은 학급문집 차례 엿보기

우리들의 추억 이야기, 두레마당　강원 신철원중 2학년 4반 (지도 교사 : 신선숙)

- 우리 반 얼굴
- 문집을 내면서
- 우리 반 소개
  반가 / 지기지우반 규칙
  두레별 소개 / 두레별 활동 계획
  그림으로 보는 두레별 모습
  지기지우반이 걸어온 길
- 선생님 선생님 우리 선생님!
- 담임 선생님의 편지글 모음
- 부모님이 선생님께
- 학부모님의 글 / 사랑하는 딸아
- 한솥에 밥 비벼 먹기
- 떴다! Nic Name!
- 학급일기에서 / 일기 훔쳐보기
- 15살의 비망록 / 용돈
- 이렇게 생각한다
  외제를 사용하지 말자
  노인 문제
  사형 제도에 대해
  안락사에 대해
- 소설 이어쓰기 / 김은민의 속 춘향전
- 영화 감상문 / 아름다운 비행
- 기행문 / 추억의 수련 여행 1, 2, 3
- 시 / 다시 잃을 가을의 씨앗

- 수필
  우리 맘에는 아직도 하얀 눈이
  사랑하는 2 - 4 친구들에게
  한가로운 추석을 보내며
  그때 그 순간
- 라디오 방송 프로그램 / 집중 분석 바로잡는 세상
- 실태 보고서 / 청소년의 놀이문화
- 쉼터
- 봉사활동 일지
- 싸우면서 쌓이는 우정
- 학생 회장 후보 정견 발표
- 친구 사귐을 위한 10가지 충고
- 인터뷰
  10대 가요계 진출에 대하여
  노인 부양에 대해
- 유명희의 만화! 만화!
- 덕천이의 만화 세상
- 이름 삼행시 짓기
- 학급신문
- 가족신문
- 남기고 싶은 한마디
- 주소록
- 편집후기

'너'는 '나'보다 아름답다!　강원 북평중 3학년 4반 (지도 교사 : 김남숙)

- 들어가는 말
- 첫째 마당 · 얼굴을 공개합니다
- 둘째 마당 · 1조(모내기) 모둠일기
- 셋째 마당 · 미니 시화전 – 찬조시
- 넷째 마당 · 2조(몽당연필) 모둠일기
- 다섯째 마당 · 나는 여름방학을 이렇게 보냈다
- 여섯째 마당 · 3조(또라이) 모둠일기

- 일곱째 마당 · 아름다운 세상을 꿈꾸며
- 여덟째 마당 · 6조(못 먹어도 고) 모둠일기
- 아홉째 마당 · 사제동행(師弟同行)
- 열째 마당 · 졸업논문
- 열한째 마당 · 3학년을 마치며
- 열두째 마당 · 12월 어느 날에 쓰다!
- 끝맺는 말

7학년 1반 아이들 경북 용궁중 1학년 1반 (지도 교사 : 이상훈)

- 1학년 1반 가족 상황
- 1학년 1반 급훈 · 구호 · 노래
- 발간사 / 또 하나의 완성된 추억
- 선생님 말씀 / 언제나 기쁨으로 남는 우리의 추억
- 7학년 1반 만평 / 놀리지 맙시다 등 다수
- 그림을 통한 소개 / 제의가 그린 친구들, 내가 그린 선생님, 내가 그린 친구 등 다수
- 나와 우리
  내 소개 내 자랑 / 부모님이 바라보는 나는 / 나의 고민 / 친구들이 붙여주고 내가 고른 별명 / 첫인상이 남는 친구 하나 / 우리 모둠은요
- 우리들이 보는 눈
  제15대 국회의원 선거 / 4 · 19혁명 기념일에 / 무장 간첩 출현 / 가출
- 우리가 쓴 모둠일기 5월
- 일년 동안의 소식들
  1학기 10대 뉴스 / 1학기 신나는 앙케이트
  2학기 10대 뉴스 / 2학기 신나는 앙케이트
- 생활일기
- 다녀와서
  현장 체험 / 연꽃 마을 봉사를 다녀와서 / 농촌 봉사를 다녀와서 / 소풍을 다녀와서 / 야영장을 다녀와서
- 이런 일 저런 일
  마니또 / 쑥캐기 / 추석을 지내고 / 설거지를 하고 나서 / 추석을 지내고 / 선생님 한번만 봐주세요, 예?
- 탐방기
- 독서 감상문
- 우리가 쓴 글
- 편지글
- 편집후기

더불어 사는 우리 강원 묵호중 3학년 3반 (지도 교사 : 박정희)

- 3학년 3반 학급문집은
- 3학년 3반 공동체의 이름으로
- 3학년 3반 가족 얼굴 / 잘생긴 아이들 구경하세요
- 3학년을 시작하며
- 두레일기 1 / 사춘기
- 우리들의 학교생활
- 시 / 그날이 오면
- 세상에서 가장 멋있는 우리들의 선생님
- 두레일기 2 / 조용한 세상
- 스승의 날을 맞이하며
- 연애편지 좀 구경합시다
- ‘들판에서’ 이어쓰기
- 두레일기 3 / 상큼한 아이들
- 창작 희곡
  학교폭력 / 길거리 농구 / 학급별 축구대회 / 태극호의 비밀 / 학교폭력 우리 손으로 막는다
- 내 마음을 그림으로 나타내면
- 1학기 생활을 마치며
- 두레일기 4 / 세상에서 가장 슬픈 시
- 내가 친구들에게 주는 상(賞)
- 내가 담임이라면
- 두레일기 5 / 털프가이
- 15대 대통령 선거를 마치고
- 설문조사 1, 2
- 두레일기 6 / 감자바우의 시인들
- 졸업논문
  봉사활동의 문제점과 개선 방안 / 동해시립도서관 이용 현황
- 정다운 친구들에게 편지를 띄우노라
- 가정통신문 1, 2, 3
- 병 주고 약 주고 / 담임의 한마디
- 우리들이 사는 곳

학급문집 원고 확인표

번호	제목	담당자	분량	원고 확보	입력	교정
1						
2						
3						
4						
5						
6						
7						
8						
9						
10						
11						
12						
13						
14						
15						
16						
17						
18						
19						
20						
21						
22						
23						
24						
25						
26						
27						
28						
29						
30						

학급문집 마무리, 이건 빼먹지 마세요

시작이 반이라지만 꼼꼼한 마무리 없이 문집의 완성꼴을 기대한다면 오산이다. 자, 이제부터 시작이다. 일년 내내 모은 학급살이는 방학 중에 컴퓨터나 손 작업을 통해 편집이 되어 있어야 한다. 그리고 이제부터는 본격적으로 편집이 끝난 글들을 적절히 배치하여 책꼴로 만드는 일이 남았다. 학급문집의 완성도를 높이기 위해 최후의 일각까지 촉각을 곤두세우고 마지막 체크리스트를 작성해 점검할 일이다.

1 쪽이 순서대로 되어 있나요? 쪽매김이 빠져 있거나 순서가 뒤바뀐 쪽이 있으면 곤란하겠죠? 얼른 바로잡으세요.

2 목차에 적힌 쪽수와 실제 글들이 시작되는 쪽수가 맞는지 비교하는 것도 잊지 마세요. 목차 보고 책장 넘겼다가 그 글이 없으면 얼마나 실망스러운지 경험하셨죠?

3 마지막 쪽에 주소록 넣는 것 빼먹지 않았죠? 그렇다면 빠진 아이는 없는지도 다시 한 번 확인해주세요.

4 문집의 얼굴인 표지에 오자는 없나요? 본문에 오자가 많은 것도 탈이지만 표지 오자는 더욱 치명적이겠죠?

5 참! 표지에 몇 학년 몇 반인지는 표시했나요? 자랑스러운 우리 반을 잘 표시해야죠.

6 글자만 박힌 표지는 썰렁하겠죠. 표지에 넣을 사진이나 그림도 구해두세요.

7 표지를 예쁘게 꾸몄다면 그 뒤쪽에 표지 설명을 넣는 것도 잊지 마세요.

8 문집을 펴낸 날짜와 편집위원의 이름을 뒤표지에 붙여보세요. 빈 지면을 활용하는 지혜가 돋보일 겁니다.

9 이제 인쇄소로 가야 할 텐데, 편집된 원고만 들고 가면 안 되겠죠. 사진이 들어간다면 인쇄소에서 빼먹지 않게 사진 뒷면에 번호라도 표시해두세요.

'멋진 끝내기'를 위하여

한참 영화 〈서편제〉가 뜨고 있을 때, 어느 신문에 소설가 박완서 씨가 쓴 감상문이 실렸습니다. 영화의 끝이 가까워지면서 마지막에 송화와 동호가 부둥켜안고 울까 봐 안절부절했는데, 다행히 영화는 그 기대(?)를 벗어났고 겨우 가슴을 쓸어내렸다는 것입니다. 그의 기대대로 송화와 동호가 눈물을 펑펑 쏟았다면 그것은 '신파'가 되었을 것입니다. 그러나 마지막의 '별리'로 해서 영화는 깊은 울림을 갖는 명작이 된 것이지요.

'끝'은 처음과 중간에서 필연적으로 나오는 것입니다. 그러나 역으로 끝이 처음과 중간의 의미를 규정하기도 합니다. 학급운영에서 처음과 중간에 어울리지 않는 '튀는' 결말은 그다지 바람직하지 않습니다. 아이들은 '왜 갑자기 저럴까?' 하며 뜨악한 표정을 지을 것입니다. 그러나 멋진 끝내기가 없다면 애써 만들어놓은 처음과 중간도 빛을 잃을 것이 틀림없습니다. 이런 의미에서 선생님은 '멋진 끝내기'를 세심하게 준비해야 합니다.

많은 선생님들에게 '마무리'란 학급운영에 대한 평가를 받는 것을 의미합니다. 그래서 아이들에게 평가서를 받고, 그것을 읽으면서 보람을 얻고 상처도 받습니다. 물론 이것은 그것 자체로 의미가 있습니다. 선생님의 학급운영 능력을 키우는 데도 큰 도움이 됩니다. 꽤 괜찮은 성적표를 받았을 경우에는 존재의 기쁨도 맛볼 수 있습니다. 그러나 이것은 마무리의 일부분일 뿐입니다. 이러한 발상은 '교사 중심주의'를 크게 벗어나는 것이 아닙니다. 학급운영에 대해 성적표를 매기거나 담임 교사의 인기도를 측정하는 것보다 더 중요한 것은 아이들과 선생님이 서로의 만남을 통하여 얼마나 성숙했는가를 성찰하는 것입니다. 어떤 방법을 쓸 것인지는 중요하지 않습니다. 그러나 진지하게 자신을 돌아볼 수 있는 분위기를 만들어주는 것은 중요합니다. 깊은 밤에 일기를 쓰기 위해 책상에 앉아 있는 느낌 같은 것을 만들어주어야 합니다.

그런데, 아이들이 선생님의 진지함에 은연중 감화된 상태가 아니라면 짧은 시간에 이런 분위기를 만드는 것은 쉽지 않습니다. 그래서 많은 경우 기교에 의존하거나 이벤트성 행사를 기획하게 됩니다. 이것들을 적절하게 사용할 수 있는 능력이 담임 교사에게 매우 소중한 것임은 말할 필요도 없습니다. 그러나 조금만 섬세하게 준비하면 더 충실한 마무리를 할 수 있을 것입니다. 특히 마무리 상담은 매우 중요합니다. 선생님들은 보통 학년초에 상담을 많이 합니다. 그러다 아이들에 대해 어느 정도 '안다.'고 생각하면서부터는, 특별히 말썽을 부리는 아이가 아니면 상담을 하지 않게 됩니다. 그러나 정말로 아이들의 개별적인 성장에 관심을 두는 선생님이라면 지속적인 상담을 통해 아이의 변화를 점검할 것입니다. 특히 마무리 상담은 선생님이 아이들에게 개별적이면서도 총체적인 조언을 해줄 수 있는 기회입니다.

무엇보다 선생님이 아이들과 함께 평가에 참여하는 것이 중요합니다. '나에 대해 평가해다오.'가 아니라 '우리 함께 지나온 길을 돌아보자.'가 되어야 합니다. 이것은 선생님과 아이들에게 공동체적 상상력을 기르는 훈련이 될 뿐만 아니라, '객관적 시선'을 익히는 좋은 계기를 마련해줍니다.

아이들의 평가를 받을 때는 그 의미와 한계를 분명히 해야 합니다. 아이들의 말은 분명히 일면의 타당성을 지니고 있고 따라서 귀를 기울여야 하지만 그것을 절대화하면 위험합니다. 아이들의 말을 절대화하는 것은 '인기'에 대한 집착에서 비롯되는 것일 터입니다.

선생님은 인기의 유혹에서 벗어나야 합니다. 인기가 아주 없는 선생님도 문제가 있지만 그렇다고 인기 있는 선생님이 훌륭한 선생님은 아닙니다. 어느 선생님의 말처럼 '나는 선생님이 좋아요.'보다는 '나는 선생님 때문에 이러이러한 점에서 발전했어요.'라는 말을 기대할 수 있어야 하고, 아이들도 이런 관점에서 평가하도록 유도해야 합니다. ■

학기말 ● 학급활동 평가의 지혜

무엇을 위한 평가인가

누구나 학년초가 되면 야무지고 장대한 꿈을 새긴다. 아이들을 맞아들이는 교사는 각별한 설렘으로 충만하고, 아이들은 아이들대로 글자 한 획에도 정성을 기울이는 단단한 다짐으로 책상머리를 지킨다. 그런 3월의 긴장된 탐색기를 지나면서 4, 5월의 학부모 총회, 상담, 시험과 소풍 등 본격적인 학사 일정에 불이 붙으면, 그야말로 피고 지는 꽃잎 한 장 눈에 담아둘 틈도 없다. 7월, 기말 고사가 끝이 나고 방학이 코앞으로 다가오면 그제야 손톱만 한 여유가 생긴다. 그런 여유에 기대어 한 학기를 되돌이켜보면, 학기초의 '빛나던 맹세'에 대한 충족감은 간 곳 없고, 아쉬움과 미련만 뒤꼭지에 묵직하게 남아 있다.

학기말 평가는 바로 이런 과정에 자리 잡은 교사와 학생의 자기 점검 공간이다. 마치 마라톤 선수가 반환점을 돌면서 물 한 모금으로 앞으로 가야 할 거리를 측정하고, 남은 힘을 가늠하여 호흡을 다잡듯, 학기말 평가는 무엇보다 1학기 학급활동을 점검함으로써 2학기 학급운영의 바탕을 계획할 수 있는 재충전의 통로인 것이다.

교사 입장에서 학기말 평가는 단지 학급운영을 잘했다 못했다를 스스로 혹은 아이들에게 평가받는 것으로 끝나서는 안 된다. 애초의 목표와 계획이 타당했는지, 그에 따라 교사와 학생, 또는 학생과 학생 사이의 상호 작용은 상승적으로 발전했는지 객관적이고 냉정하게 점검해야 한다. 그런 과정을 거쳐 2학기 학급운영을 구상할 때, 아이들의 주체적인 참여를 이끌어낼 수 있다. 평가를 거쳐 재조정되지 않은 2학기는 1학기의 반복일 뿐이다.

중간 평가에서 다룰 또 하나의 영역은 전반적인 생활 태도와 학습 태도에 대한 아이들의 자기 평가이다. 스스로 설정한 목표에 얼마나 접근했는지, 어느 정도의 변화를 경험했는지에 대한 자기 평가는 2학기를 좀 더 적극적으로 운용하게 만드는 통찰력을 심어줄 수 있다. 학생의 자기 평가는 학급활동 평가와 따로 떼어 실시하는 것이 효과적인데, 이때 대개 '질문지를 활용한 평가서 작성'이라는 방법을 사용한다. 이런 질문지를 활용한 평가가 체계적이고 깊이 있는 반성이 되기 위해서는 설문 내용을 꼼꼼하게 챙기는 것이 중요하다. 이때 동일 항목으로 구성된 자기 평가를 학년말에도 실시하여 아이들이 스스로의 성장 경로를 정확하게 파악할 수 있도록 돕는 장기적인 전망도 세울 수 있다.

무엇을 평가할 것인가

담임활동과 학급운영 평가

● 담임이 세운 학급운영 목표와 방식이 아이들과 일치하는가

학급에서 교사는 자신의 교육 철학을 주도적으로 반영할 수 있는 힘을 가지고 있다. 하지만 교사가 이 현실적 힘에만 의존해 학급을 운영한다면, 그것은 말 그대로 학급 '운영'이지 아이들이 만들어가는 '학급 가꾸기'는 될 수 없다. 따라서 교사는 자신의 의도에 아이들이 얼마나 동의하는지, 자기만의 욕심에 아이들을 끼워맞추려고 독재를 한 것은 아닌지 점검해야 한다. 한편 좋은 의도와 훌륭한 목표를 가지고 있어도 그것을 제대로 구현해낼 방법으로 풀어내지 못하면 교사의 의도와 상반된 효과를 낼 수도 있다. 그런 것을 꼼꼼하게 평가해야 한다.

● 섬세한 아이들 읽기가 되었는가(전체 속에서 놓친 소수는 없는가)

교사가 아무리 올바른 교육적 관점과 목표를 가지고 열심히 활동한다고 해도, 그것이 모든 아이들에게 도움이 된다고는 생각할 수 없다. 아이들은 모두 다른 개성과 특징을 가지고 있는 독립 인격체이다. 이런 점에서 모든 교육은 모범 답안이 없는 '실험'이다. 학급운영의 단위가 아무리 '학급 전체'이고 공동체성을 중시한다고 해도 궁극적인 교육의 목적은 아이들 개개인의 변화와 성장이다. 빛나는 전체는 있는데 그 속에서 상처받은 개인이 있다면, 그것은 교사가 아이들 하나하나에 대한 섬세한 읽기에 실패했기 때문이다. 담임활동이 개개인의 내면적인 성장에 얼마나 도움을 주고 있는지 꼭 점검해야 한다.

● 초기의 약속은 지켜지고 있는가

교사 자신에게, 또 아이들에게 '나는 올해 무엇무엇을 하겠다.'고 약속한 것이 반드시 있을 것이다. 처음에 한 약속은 제대로 지켜지고 있는지, 지키지도 못할 약속을 남발하여 아이들을 실망시키고 있지는 않은지, 어떤 아이에게는 해주고 어떤 아이에게는 못해준 것이 있지는 않은지 돌아봐야 한다. 이것은 2학기를 위한 '신뢰'의 문제와 직결된다. (206쪽 〈예시 24〉 참고)

학생활동 자기 평가

아이들이 담임의 성적을 매기고 학급운영에 대해 작성한 설문지는 분명 담임이 놓치고 있는 몇 가지 단서를 제공할 것이다. 하지만 어떤 아이가 설문지에서 '우리 선생님은 편애하지 않는다.' '소풍은 참 재미있었다.' 라는 응답을 했더라도, 그 아이가 정작 친구 문제로 고민하느라 불행한 한 학기를 지냈는지, 성적이 생각만큼 오르지 않아 의기소침하게 지냈는지를 알아낼 수는 없다. 아이들의 자기 평가는 한 학기의 학급활동 속에서 스스로 얼마나 변하고 성장했는지 알아보는 것이다. 그런 점에서 학급운영 평가의 핵심은 아이들의 자기 평가라고 할 수 있다.

아이들이 자기 평가를 하는 이유는 담임의 학급운영에 도움을 주기 위해서가 아니다. 무엇보다도 자신의 한 학기 생활을 돌아보며, 성공적인 경험에 대해서는 성취감을 느끼고 부족한 것은 스스로 격려하며 좀 더 잘할 수 있는 의지를 다지는 계기로서 의미가 있다. 그런 점에서 학생들의 자기 평가에는 유념해야 할 점이 몇 가지 있다.

첫째, 학급운영 평가보다 좀 더 섬세하게 평가 항목의 갈래를 나누어 실시할 필요가 있다. 주제는 크게 개인생활(가정·친구 관계 포함), 모둠생활, 학급생활 등으로 나누어(이러한 갈래 구분이 아이들의 내면 성장을 정확히 평가할 수 있는 절대적인 틀은 아니지만, 각각의 생활에 얼마나 성실했는가, 갈등은 어떻게 극복했는가, 학기 초에 비해 나아졌는가 등을 짚어보는 데는 무난한 방법이다.) 구성한다. 이때 그에 따른 세부 항목은 성실성, 협동성 등 추상적인 개념에서 벗어나 '나는 그날그날 내 힘으로 숙제를 했다.' '나는 모둠에서 하는 일에 적극적으로 참여했다.' 등 구체적인 행동이나 쉽게 알 수 있는 예를 통해 확인하도록 구성해야 한다.

둘째, 집단 안에서의 역할이나 친구 관계 등 관계 조절 능력에 중점을 두어 평가한다. 아이들의 정신적 발달에 결정적인 영향을 끼치는 것은 학급 조직 안에서의 역할과 친구 관계다. 이 관계가 편중되거나 균형을 잃는 경우, 성장 과정에 큰 장애가 된다. 아이들이 특히 이 부분에 관심을 가지고 스스로 점검할 수 있도록 배려한다. 친구 관계 평가를 위해 따로 학생의 상호 평가를 도입하는 방법도 있다. 이때 되도록 잘한 것은 칭찬하고 부족한 것은 격려하여, 좀 더 나은 생활을 위한 평가가 될 수 있도록 지도한다.

셋째, 자신의 생활과 가치 판단을 스스로 정리하도록 도와야 한다.

학생들의 자기 평가는 대개 설문 평가(혹은 표준화 검사)의 형식을 띠게 된다. 각각의 항목에 응답한 후 점수를 내는 식이다. 백지 한 장 주고 한 학기를 평가해보도록 하면 학기초 욕심에 비해 실천하지 못한 것만 나열하는 반성문이 되기 십상이다. 표준화 검사를 할 때는 항목별로 체크를 하고 점수를 내서 그 높낮이에 연연해하기보다는, 그것을 토대로 '자신의 느낌'이나 그렇게 점수를 준 이유 ─ "총점의 절반도 안되는 51점을 맞았지만 나를 되돌아볼 수 있는 기회였기 때문에 기분이 좋다. 2학기에 이런 평가를 한다면 자신 있게 100점을 넘을 수 있는 사람이 되어야겠다." "작년만 하더라도 집을 나가고 싶은 충동이 많았다. 그러나 참고 나가지 않았기 때문에 1위로 선정했다." ─ 를 쓰도록 지도한다. 이런 자기 진단은 생각과 가치를 스스로 성찰할 수 있는 힘을 심어준다. 이 자료는 상담 자료 등으로 활용한다.

넷째, 학년말 평가와 연계한다.

학기말에 실시한 평가물은 교사가 모두 보관하고 있다가 학년말 평가 즈음에 학생들에게 되돌려주도록 한다. 학년말 평가도 학기말에 했던 항목과 동일하게 구성해서, 학기말에 견줘 어떤 정신적인 변화가 있었으며, 어떤 긍정적인 태도가 길러졌나 비교해볼 수 있게 한다. 그것만으로도 훌륭한 자기 평가가 된다.

학급운영 평가와 자기 평가 겸하기, 그리고 평가 이후

학급운영 평가와 자기 평가를 따로 하지 않고 하나의 평가지에 포함하여 실시할 수도 있다. 이런 경우라면 아이들과 함께 평가 문항을 만드는 것도 좋은 방법이다.

사전에 '왜 평가를 하는가?'에 대한 취지를 공유한 뒤, '그동안의 활동에 대한 긍정적인 변화를 먼저 생각한다.' '솔직하게 쓴다.' '미워하는 마음보다 사랑하는 마음으로, 자신과 서로에게 충고하는 입장에서 쓴다.' '선생님이 못 보는 학급의 여러 모습을 적어 같이 하는 우리가 된다.'는 평가 태도와 원칙을 지킬 수 있게 한다. 평가가 끝나면 먼저 담임 교사가 꼼꼼하게 검토, 분석한다. 물론 실망감이 앞서는 대목도 있을 것이지만, 아이들이 학급활동과 운영을 어떻게 바라보고 있는지 알아볼 수 있는 좋은 기회가 된다.

담임이 읽고 서랍 속에 넣어두기보다는 아이들에게 그 분석서를 만들게 하는 방안도 생각할 수 있다. 문제와 해결책을 공유하는 과정에서 더 큰 소속감과 자부심을 기를 수 있기 때문이다. 이것은 아이들에게 학급운영의 주체적 시각을 길러줄 수 있다는 측면에서도 장려할 만한 일이다.

학기말이라 하여도 담임에게 주어진 시간이 많지 않은 7월이고, 학생들 역시 여름방학에 대한 기대로 차분히 한 학기 생활을 되돌아보는 게 쉽지는 않다. 방과후에 시간을 내기 어렵다면 아침자습 시간이나 학급회의 시간을 적절히 활용하는 지혜가 필요하다.

아이들이 평가하는 담임활동 사례

매년 학기말이면 어김없이 아이들에게 성적표를 받는 교사(전 경기 본오중 김지연)가 있다. 물론 담임이 미리 세밀하게 만든 '담임의 학급운영 평가지'를 통해 아이들 이야기를 듣는다면 부담은 훨씬 덜할 것이다. 그렇지만, 그런 작업은 교사의 의도가 많이 개입되어 있어서 아이들 눈에 비친 교사의 적나라한 모습을 보기가 힘들다. 그래서 아이들에게 '누군가를 평가한다면 어떤 기준으로 어떻게 하고 싶은지'를 생각하고 '담임을 평가해보라.'고 하였다.

어떤 평가 결과가 나올지 교사도 사뭇 기대가 되었고, 아이들의 솔직한 생각을 듣고 싶어서 후환(?)은 없을 거라는 말도 잊지 않았다.

작년에 성적표를 받아본 김 교사는 만감이 교차했다. 아이들마다 기준이 너무 다르다는 데 놀랐고, 한편으로는 아이들의 평가 기준을 보면서 그들이 가진 문화적 환경이나 관심을 이해할 수 있게 되었다는 데 뜻밖의 기쁨을 얻기도 했다.

아이들은 선생님의 학급운영, 수업 내용, 십대 이해 정도, 유행 감각, 유머와 재치, 친절, 말솜씨, 사랑과 관심, 목소리, 지도력, 놀아주기, 성격, 글씨, 마음씨 등 자신이 중요시하는 기준을 가지고 담임을 평가했다. 그리고 왜 그런 점수를 주었는지도 토를 달아 평가받는 담임 교사를 꼬집어댔다. 지각을 밥 먹듯 한다는 소리에는 아주 뜨끔했다는 김 교사.

다수의 아이들에게 공개적으로 평가받으면서 아이들에 대한 자신의 시선을 점검하는 기회였다.

〈예시 23〉 아이들이 매긴 담임 성적표

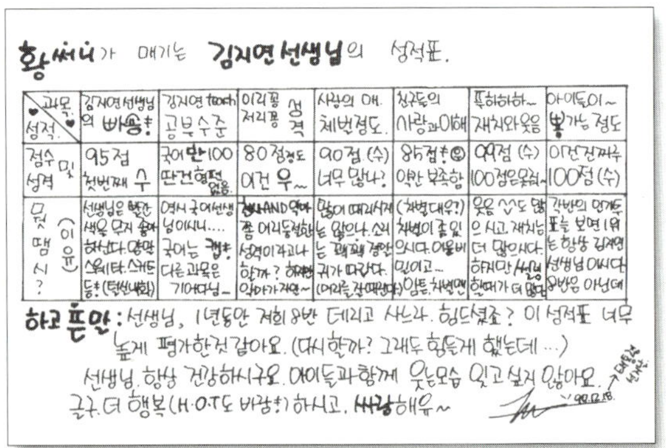

아침 시간을 이용한 학생 자기 평가 사례

우선 잔잔한 음악을 들려주며, 왜 이런 시간을 마련하게 되었는지를 먼저 이야기한다.

"자, 이제 한 학기를 마무리할 때가 되었습니다. 처음 새 학년에 올라왔을 때 자신의 결심과 목표는 무엇이었는지, 한 학기 동안 나는 이 목표를 잊지 않고 실천했는지, 나의 생활에 만족하는지, 부족함을 느낀다면 그 이유는 무엇인지 눈을 감고 천천히 자신의 한 학기를 되돌아봅시다."

분위기가 무르익으면 준비한 편지지(미리 얘기하여 가져오게 하거나 교사가 준비한다.)에 하나하나 써나가도록 한다.

"새 학년에 올라오면서 나의 가장 큰 목표는 무엇이었을까? 자, 써보자."

"목표를 떠올렸다면 이 목표를 이루기 위해 자신은 어떻게 생활했는지, 그 만족도를 표시해보자. 점수라고 하면 또 시험 같으니까, 퍼센트(%)로 나타내보자."

"이번에는 친구들과의 생활을 되돌아보자. 한 학기 동안 우리 반에서 자기 속마음을 터놓고 이야기를 나눈 친구들을 떠올려보자. 생각나는 대로 모두 쓰는 거야."

"어떤 면에서 그 친구들과 더 가까워질 수 있었는지 그 이유를 찾아볼까?"

"관계가 여전히 서먹하고 힘들었던 친구는 없었니? 혹시 내가 그 친구의 마음을 상하게 한 경우는 없었는지 되돌아보자. 간단히 써보는 거야."

"자, 우리 반 친구들과 관계를 맺는 과정에서 내 자세는 어땠을까? 이번에도 그 만족도를 퍼센트로 표시해볼까? 부족한 점이 많았다고 느껴진다면 나의 어떤 점 때문일까?"

"나의 성격 가운데 작년에 비해 특히 좋아진 점이 있다면 무엇일까?"

"아직도 마음에 들지 않는 점이 있다면?"

교사가 이 같은 고민거리를 던질 동안에도 음악은 계속 들려준다. 아이들이 질문 하나하나에 재촉받는 느낌을 받지 않도록 충분한 시간을 주도록 한다.

"자! 수고했어요. 이제 처음부터 쭈욱 다시 읽어보자. 누구라도 자신의 생활을 되돌아보고 나면 마음이 착잡해질 거야. 기운 내고 자신에게 충고 몇 마디 써볼까? 끝에다 격려 몇 자 보태자."

다 쓴 뒤, 몇 명에게 그것을 발표하게 하여 내용을 공유한다. 그후 편지지는 교사가 모두 걷어서 보관하고 있다가 2학기 첫시간쯤 나누어준다. 한 달 전의 반성과 각오를 바탕으로 2학기 계획을 세우는 데 도움을 줄 것이다.

오후에 여유 있게 시간을 낼 수 있다면 이 주제로 집단상담을 할 수도 있다. ■

1학기 마무리를 앞둔 적당한 날의 아침자습 시간이나, 담임 수업 시간에 짬을 내 실시할 수 있는 자기 평가 방법이다. 진지한 분위기를 만드는 것이 관건이다.

나는 우리 반에 대해 이렇게 생각한다

1학기 학급운영 평가 설문지

여러분을 만난 게 엊그제 같은데 벌써 한 학기가 끝나가고 있습니다. 모두 열심히 잘해주었습니다. 1학기 학급활동을 통해 개인적으로 큰 보람을 얻은 친구도 있을 것이고, 견디기 힘든 고통을 겪은 친구도 있을 것입니다. 이 평가지는 그런 학급활동에 대한 모든 것을 냉정하게 검토해서 좀 더 새롭고 충만한 2학기를 계획하기 위해서 만들었습니다. 이 평가를 통해 서로에 대한 이해를 높이고, 모두가 주인으로 학급활동에 참여하는 계기가 되었으면 합니다. 이름은 밝히지 않아도 됩니다. 여러분 사랑합니다.

종합 평가

1. 우리 반에 만족합니까?

　① 아주 만족　② 만족　③ 그저 그렇다　④ 불만족　⑤ 아주 불만족

1-1. 위의 이유에 대해 구체적으로 써주세요.

2. 여러분이 생각하는 우리 반의 장점을 두 가지만 쓰세요.

　①

　②

3. 우리 반이 꼭 고쳐야 할 점을 순서대로 두 가지만 쓰세요.

　①

　②

담임활동

4. 선생님과 친하다고 생각합니까?

　① 그렇다　② 보통이다　③ 아니다

4-1. 아니라면 그 이유를 구체적으로 써주세요.

5. 선생님이 편애한다고 생각합니까?

  ① 그렇다   ② 조금 그렇다   ③ 아니다   ④ 잘 모르겠다

5-1. (①, ②에 답한 학생만) 편애의 구체적인 예를 써주십시오.

6. 선생님이 여러분을 어느 정도 이해한다고 생각합니까?

  ① 잘 이해해준다

  ② 잘 이해하는 것은 아니나 이해하려고 애쓴다

  ③ 이해하는 것 같으나 진심으로 이해하는 것은 아니다

  ④ 잘 이해하지 못한다(세대 차이가 분명하다)

  ⑤ 전혀 이해하지 못한다(간섭이 심하다)

7. 선생님과 상담을 몇 차례쯤 했습니까? (   )회

7-1. 선생님과의 상담이 도움이 되었습니까?   예(   ) 아니오(   )

8. 어떤 때 특히 선생님의 도움(상담)이 필요하다고 느꼈습니까?

9. 올해 선생님은 학급운영에서

____

____ 점을

특별히 강조했습니다. 이 점에 대한 여러분의 생각이나 느낌을 솔직하게 쓰세요.

10. 여러분이 생각하는 선생님의 장점과 단점을 솔직하게 써주시기 바랍니다.

  ① 장점:

  ② 단점:

11. 우리 반에 마음 터놓고 이야기할 친구가 있습니까?　예(　)　아니오(　)

12. 자기가 소외된다는 느낌을 받은 적이 있습니까?　예(　)　아니오(　)
12-1. 있다면 어떤 경우인지 자세히 써주세요.

13. 불편하게 지내는 친구가 있습니까?　예(　)　아니오(　)
13-1. 있다면 어떤 친구이며, 왜 그런지 자세히 써주세요.

14. 우리 반에 소외되는 친구(왕따)가 있습니까? 있다면 그 이름과 이유를 써주세요.
　　이름 :
　　이유 :

15. 친구 관계를 좋게 하는 데 선생님이 특별히 신경 써야 할 것이 있다면 어떤 점입니까?

학급활동

조회, 종례, 청소, 학급회의, 아침자습, 환경미화, 주번, 학급문고, 모둠활동,
정·부반장 활동, 점심 시간, 수업 시간, 기타 (　　　　　　　　　　　　　　　　)

16. 위에서 가장 잘되고 있는 것을 골라 그 내용을 쓰세요. (세 가지)
　　①
　　②
　　③

17. 위에서 가장 안되고 있는 것을 골라 그 내용(문제점과 대책)을 쓰세요. (세 가지)
　　①
　　②
　　③

18. 지난 학기 자신의 성적에 대해 어떻게 생각하십니까?

   ① 열심히 했고 만족스럽다

   ② 열심히 했지만 결과가 만족스럽지 않다

   ③ 별로 노력하지 않았지만 그런대로 만족하고 있다

   ④ 공부도 안되고 성적도 떨어져 불안하다

   ⑤ 원래 공부를 못해 포기한 상태다

   ⑥ 별로 신경 쓰지 않는다

   ⑦ 기타 (　　　　　　　　　　　　　　　　　　　　　　　　)

19. 우리 반 수업 태도는 어떻다고 생각합니까?

   ① 좋다　②보통이다　③ 별로 좋지 않다　④ 아주 나쁘다

19-1. (③④에 답한 학생만) 어떤 대책이 필요하다고 생각합니까?

학급 행사

생일잔치, 밥 비벼 먹기, 환경미화, 야영, 학교 수련회, 단합대회, 학급 체육대회,
학급 모범 학생 시상, 학급 봉사활동, 우수모둠 시상, 마니또, 기타 (　　　　　　　　　　)

20. 위 행사 가운데 가장 기억에 남는 행사는 무엇입니까?(두 가지를 골라 이유 쓰기)

   ①

   ②

21. 학급 행사를 치르면서 특히 어려웠던 점이 있었다면 어떤 것입니까?

22. 2학기 때 꼭 하고 싶은 행사가 있다면 어떤 것인지 자유롭게 쓰세요.

23. 그 밖에 선생님에게 하고 싶은 말이 있다면?

2학기 도약을 꿈꾸며 1학기를 평가한다

방학이 30일 남았다. 30일만 참자!

아이들도 교사도 같은 생각으로 7월을 버틴다. 이맘때 힘들고 고통스럽지 않은 교사가 있을까. 5월 무렵부터 소란스러워지기 시작해, 중간 고사가 끝날 무렵이면 수업이고 학급생활이고 천방지축이다. 온순하던 담임도 매일 악악대고 아이들도 덩달아 악악댄다. 서로 '웬수'가 된다.

1학기 마무리잔치는 이런 시기에 이루어진다. '그래도 지난 생활이 나름대로 즐거웠구나. 2학기에도 잘 지내야지.' 하는 마음으로 방학을 맞기 위해 치르는 의식이 학기 마무리잔치이다. 그래서 나는 1학기 마무리잔치를 꼭 한다.

일단 매달 열리는 학급운영위원회 회의를 통해 마무리잔치의 필요성을 공유하고 큰 틀을 짠다. 그런 뒤 학급회의를 통해 마무리잔치 준비팀을 모집하고, 그 팀에서 구체적인 일정과 준비 과정을 밟아간다.

계획적으로 준비하는 마무리 작업

마무리잔치는 단지 특정한 날에 하는 이벤트만은 아니다. 한 학기 마무리인 만큼 한 학기 활동을 아우를 수 있어야 하고, 그러기 위해 평가 작업이 뒤따라야 한다. 이러한 평가 작업이 바탕되어야 1학기 생활을 돌아보고, 좀 더 나은 2학기를 계획할 수 있다. 방학은 그 뒤에 맞이하는 상큼한 선물이다.

평가 작업은 좀 일찍 서둘러, 일정 기간을 두고 주로 아침 시간을 활용하여 준비한다. 그래야 마무리잔치 때 이 결과를 의미 있게 공유할 수 있다.

구체적인 평가 방식은 담임이 미리 준비한 설문조사 등을 활용하는 것이 좋다. 정형화되지 않은 방법(무기명 백지 평가지)은 위험하다. 쓰는 아이들도 악의 없는 험담을 늘어놓기 일쑤이고, 그것을 받아든 교사도 아이들에 대한 실망이 커져서 제대로 된 평가를 할 수 없기 때문이다. 학년초 출발 계획에 근거한 영역별 평가라야, 조목조목 그 허실을 따질 수 있고, 2학기 준비의 근거로 삼을 수 있다.

평가는 크게 네 가지 영역으로 나누어, 1) 스스로 하는 자기 평가 2) 선생님의 학급운영 평가 3) 학교생활 곡선(아리랑 곡선) 4) 우리들이 매기는 담임 선생님 성적 등으로 구분해서 실시한다. 곁들여 1학기 동안 벌인 학급활동을 한눈에 볼 수 있도록 정리하여 '1학기 활동 연표'를 만든다.

이 가운데 '담임 선생님 성적표 만들기'는 매일 성적표를 받아들기만 하는 아이들에게 큰 재미를 준다. 큰 소리로 선생님 평가를 하며 점수를 매기는 아이들은 은근히 점수를 가지고 담임 선생님을 협박(?)하기도 하지만, 대체로 점수가 후하다.

1) 스스로 하는 자기 평가

자기 평가에서는 학년초 계획했던 자기 모습과 비교하여 학습생활, 학급활동, 생활 태도 등으로 나누어 평가한다. 자기 평가를 할 때는 담임 선생님이 먼저 생활 평가한 것을 제시하며 분위기를 잡으면, 아이들도 진지한 자세로 평가한다.

2) 선생님의 학급운영 평가

전반적인 학급운영 평가를 하면서, 학급운영에서 특히 담임이 중요하게 여기는 부분에 대한 평가를 따로 한다. 우리 반의 경우 '조회·종례를 통한 학급자치'가 학급운영의 기본 방침이므로 조회·종례 평가를 따로 한다. 그리고 아이들에게 담임 선생님이 학급운영에서 가장 강조하는 것이 무엇이냐는 질문을 꼭 넣는다. 의도했던 답이 나오지 않더라도 한 학기를 돌아보는 데 도움이 된다. 담임 선생님이 가장 강조하는 말로 "조용히 해. 떠들지 마."라는 대답이 나왔을 때는 우습기도 했지만, 아이들 앞에 비쳐진 내 모습을 반성하는 기회가 되기도 했다.

3) 학교생활 곡선

학교생활 곡선은 집단상담 프로그램의 '인생 곡선 그리기'를 활용한 것으로, 처음 만난 3월부터 7월 현재까지 학급활동을 월별로 돌아보는 시간을 먼저 가진 후 작성한다. 이 곡선을 들여다보면 지난 1학기 동안 아이들이 가장 즐거워한 학급활동과 괴로웠던 순간을 한눈에 알아볼 수가 있다.

4) 담임 선생님 성적표

아이들이 매기는 담임 선생님 성적은 평가 영역 구분 없이 자유롭게 작성할 수도 있으나, 저학년의 경우 초점을 잡지 못해 활동 자체가 이루어지지 않을 수도 있으므로, 몇 가지 평가 영역을 미리 제시해 주고, 그 밖에 추가하고 싶은 항목을 자유롭게 넣을 수 있게 했다. 배점과 형식은 자유롭게 했다. 평범한 성적표 모양을 본떠서 하는 아이도 있지만, 나름대로 독특하게 구성하거나 상장을 만들어주는 아이들도 있었다.

마무리잔치로 이어지는 평가

아침 시간을 이용해 작성한 평가지는 준비팀에서 일괄적으로 걷어 통계를 내고, 마무리잔치 때 해당 순서에 나와서 결과 보고를 한다.

우리 반 아이들의 생활 총평과 학급운영 평가에 아이들 각각의 생활 곡선을 합쳐서 만든 우리 반 1학기 생활 곡선을 그려서 통계 결과를 나타내기도 하는데, 이것을 발표할 때는 게임 형식을 빌어 발표하기도 한다. '생활 곡선 몇 군데를 비워 두고 채워넣기' 라든지 '맞아! 맞아! 베스트' '선생님 평균 점수 맞추기' 등의 형식으로 진행하면 재미있다.

준비팀에서 상품도 준비하고 보기 좋게 통계판을 꾸며서 이것저것 붙여놓으면, 게시 자료로도 훌륭하다. 담임 성적표는 마무리잔칫날 학생 대표가 전달한다. 알림란을 통해 반 아이들이 작성한 성적표를 미리 게시하면, 마무리잔치 홍보도 되고 아이들도 아주 재미있어한다.

평가지 종합 발표 내용은 준비팀과 사전에 상의하여 되도록 긍정적인 결과가 많이 나올 수 있도록 배려한다. 1학기 마무리는, 학년말 마무리와 달리 2학기 학급활동으로 직접 잇대어지기 때문이다. 평가 결과가 그대로 반에 대한 자긍심으로 이어지고, 그것이 2학기 활동의 추동력이 되는 것이다. '아, 우리가 이렇게 많은 활동을 했구나!' 하는 놀라움과 자긍심은 2학기 학급활동에 결정적인 영향을 끼친다. 실제로 '우리 반은 참 좋아요. 아이들도 착하고 단합도 잘돼요.' 라는 인식은 정말 단합이 잘되게 만든다.

지난 5월, 학급 단합대회를 일요일에 치른 적이 있다. 학급운영위원회에서 일요일 단합대회를 추진한 근거가 '우리 반은 단합력이 뛰어나기 때문에 일요일에 해도 참여율이 높을 것' 이라는 것이었다. 그런 분위기에서 학급회의가 이어졌고, 실제로 단합대회 때 45명 가운데 39명이 참가하여 아주 즐거운 시간을 가졌다.

교사나 아이들 모두 지쳐 손꼽아 방학만 기다리는 시기에 하는 이러한 마무리 행사는, 학급활동도 잘 정리할 수 있고, 아이들도 선생님도 모두가 학급활동에 대한 좋은 느낌을 가질 수 있게 한다. 그렇다면 이제 남은 건, 설렘으로 2학기를 기다리고 준비하는 것이다!

주희선 / 경기 회룡중 교사

1학기 마무리 평가 보고서

— 아이들이 작성한 평가지 결과를 중심으로 (일부 항목 예시)

● 선생님과 학급운영에 대한 평가 (총평)

우리 반 아이들이 말하는 담임 선생님의 장점은 노래를 가르쳐주고, 웃으며 학생을 대하고 차별하지 않고 솔직하고 정이 많다는 것이다. 그리고 뭐니 뭐니 해도 최고는 학급운영을 창의적으로 한다는 것! 그러나 가끔 화를 내고, 소리를 지르며, 말투가 거칠다는 것이 단점으로 나왔다. 대부분의 아이들이 선생님과의 관계에서 선생님과 친하다고 대답했고, 선생님과의 대화도 집단상담이나 개인상담을 통해 많이 이루어진 것으로 나타났다. 친절하며 아이들의 생활도 많이 이해하는 걸로 나타났다.

1학기 학급운영에서 가장 좋은 것은 조회·종례가 특별하게 진행된 것이며, 다양한 두레활동과 두레일기를 쓴 것이 아이들에게 협동심을 길러주고, 학급생활을 재밌고 신나게 해준 것으로 나타났다. 다만 두레활동이 잘 이루어지지 못한 두레가 있어서 2학기에는 두레활동이 골고루 이루어질 수 있도록, 두레 편성을 선생님이 하는 것도 괜찮을 것 같다.

대체적으로 '우리 반은 자율적이고 민주적'이라고 느끼는 아이들이 많았으며, 가장 중요한 성과는 아이들이 준비하고 계획하면 교실 안에선 무엇이든 할 수 있다는 생각을 갖게 되었다는 것이다.

● 조회·종례 평가

우리 반의 조회와 종례는 아이들이 스스로 운영하기 때문에 선생님이 없는 월요일과 목요일(직원회의가 있는 날)에도 정해진 시간에 시작된다. 아이들은 자기 스스로가 조종례 사회도 보고 전달사항도 발표하면서 학급에 애정을 갖게 되었다. 무엇보다 좋은 점은 아이들이 알아서 스스로 일을 하려 한다는 것이다.

또한 발표력이 향상되어 자신감이 생기고, 친구들 간의 사정을 알 수 있어 서로를 이해하는 데 도움이 될 뿐만 아니라 우리 반의 어려운 점을 해결할 수 있어 좋다고 했다. 종례 시간의 명상으로 인해 하루를 돌이켜볼 수 있는 것도 좋았다고 대답했다.

스스로 운영하는 조회·종례 방식이 학급에 미친 영향으로는, 모두가 활발하고 즐거워졌으며, 우리 모두가 학급 일에 참여한다는 생각이 든다는 것이다. 조종례 진행에서 아이들이 가장 만족해하는 것은 인사 나누기와 전달사항으로 나타났다. 명상의 시간을 조회 시간에도 운영했으면 한다는 의견도 많았다. 그러나 자율적으로 운영되는 것은 좋으나 많이 떠들어서(특히 선생님이 없으면) 집중이 안되는 것이 어려운 점으로 나타났다. 거의 대부분의 아이들이 말한 조종례의 단점은 '시끄럽다. 종례가 늦게 끝난다.'로 나왔다.

학년말 ● 학급활동 평가의 지혜

무엇을 위한 평가인가

학년말이 되어 되돌아보는 일년의 느낌은 조금 우울하고 무거울 수 있다. 사람을 대하는 일의 특성상 성공의 경험보다 좌절과 아쉬움이 크게 부각되고, 그것이 못내 교사를 혼란에 빠뜨리기 십상이기 때문이다. 그 점에서는 아이들도 마찬가지다. 대체로 부끄러운 좌절이나 안 좋은 감정의 앙금이 짙게 깔려 있다. 이러한 무게감은 '평가' 할 때 두드러져 학기말 평가와는 달리 '무기력한 반성문' 에 그치기 쉽다.

그렇기 때문에 학년말 마무리 평가는 다소 경쾌하게 진행할 필요가 있다. 학년초에 세웠던 목표에 짓눌려 내내 우울했다면 다음 해의 새로운 시작을 기약할 수 있는, 툭 털어낼 계기가 필요하다. 따라서 학년말 평가는 한 해의 잘잘못을 가리고 후회하는 반성에 집착하는 것보다 다음 해, 새 학년의 새로운 시작을 위한 분기점을 만드는 것에 초점을 두어야 한다. 물론 교사 입장에서는 신중하고 냉정한 자세로 실패와 성공에 대한 대차대조표를 만드는 마음가짐이 우선되어야 하지만, 아이들과의 관계에서는 서로 격려를 나누어 가질 수 있는 분위기를 조성해야 한다.

그런 점에서 학년말 마무리 평가는 담임 교사나 아이들 자신뿐 아니라, 친구들, 학부모, 각 교과 담당 교사 등 되도록 여러 사람들로부터 자료를 구하고, 그 아이를 총체적으로 파악할 수 있도록 통로를 여는 노력이 필요하다. 그런 노력의 밑바탕에는 그 아이의 소질과 장점, 그리고 인간적인 미덕을 발견하려는 '적극적인 발굴과 격려' 의 의도가 깔려 있어야 한다.

이때 염두에 두어야 할 것은 그간 모은 평가 자료를 학교생활기록부(이하 학생부) 작성 자료로 활용할 수 있는 차비를 갖추는 것이다. 그간 모은 자료를 좀 더 꼼꼼하게 분석하고 검토하면 학생부를 작성하는 데 큰 도움을 받을 수 있다. 이것도 학년말을 효과적으로 운용하는 지혜 가운데 하나이다.

다시 한 번 강조하지만, 학년말 평가가 올해 못한 것에 대한 반성거리만 나열하는 것으로 끝나서는 안 된다. 오히려 스스로 깨닫지 못했던 나아진 점, 발전한 면을 발견하도록 유도하는 자리로 거듭나야 한다.

무엇을 평가할 것인가

1) 담임의 학급활동

담임의 학급활동과 학급운영 평가는 섬세한 항목별 점검보다 전체적인 관점에서 좀 더 큰 틀로 그 성과와 보완점을 갈라내는 데 초점을 둔다.

평가지를 활용할 경우에는 1학기 평가 때 활용했던 설문지를 재구성해서, ① 아이들을 통해 검증받고 싶은 항목, ② 교사 자신이 중점적으로 추진했던 학급운영 목표의 내면화 여부 등을 중심으로 평가한다. 이때는 항목이 적은 대신 서술식 평가를 도입하여 활용하는 것이 효과적이다.

모둠장으로 구성된 학급운영위원회를 축으로 학급을 운영했다면, 학급운영위원회를 소집하여 자리를 마련하고, 간단한 대담 형식으로 담임의 학급활동과 학급운영을 평가하는 방법도 생각할 수 있다. 이 자리는 모둠장들의 수고를 위로하고 격려하는 자리를 겸할 수 있다는 점에서 얻는 것이 많다. 어떤 형태의 평가 방법을 채택하든, 학년말 평가에서 가장 중요한 것은 성공적인 요소를 추리고, 잘못된 결과를 분석하여 다음 학년을 위한 좀 더 풍성하고 기름진 거름으로 바꾸어내는 일이다.

수렴을 전제하지 않은 평가는 자칫 타성과 오만을 낳을 수 있다.

2) 학생의 자기 평가

학년말 학급운영 평가에서는 무엇보다 학생 평가에 중심을 실어야 한다. 결국 학급운영의 목표는 아이들의 조화로운 성장을 총체적으로 지원하는 것이기 때문이다. 우선 자기 평가를 통해 자신의 성장이 어느 측면에서 이루어졌나를 확인하고, 그를 바탕으로 좀 더 현실적인 전망을 세울 수 있도록 도와야 한다. 1학기 때 활용했던 평가 항목을 그대로 적용하여 항목별 내용을 꼼꼼하게 점검하도록 하고, 그 평가지를 바탕으로 적극적인 상담 지원 활동이 이루어져야 한다. (12월에 평가를 해야 이러한 시간을 확보할 수 있다.)

학년말 자기 평가에 격려와 용기를 덧보탤 수 있는 방법 가운데 또 다른 하나는 학생 상호 평가를 활용하는 것이다. 학급 안에서, 친구들 사이에서 내가 어떤 존재로 자리매김되고 있는가에 대한 확인은 자신감과 적극성을 북돋우는 계기가 된다. 학급 상황에 따른 다양한 양식을 개발해서 활용할 수 있다. 단, 상호 평가는 좀 더 진지한 분위기 속에서 진행될 수 있도록 각별한 주의를 주어야 한다. (225쪽 〈예시 30〉 참고)

아이들의 자기 평가와 상호 평가는 학생부 자료로 활용한다. 아이들의 생활 속에서 만들어진 자료이기 때문에 제대로만 읽어내면 아주 유용한 자료가 된다. ■

내가 쓰는 내 평가서   나는 얼마나 달라졌을까

각 항목별로 1부터 10까지 점수를 매겨 오른쪽 표에 점으로 기록합니다.

0점   20점   40점   60점   80점   100점

학습 활동

1. 나는 예습을 잘한다.
2. 나는 아침자습 시간에 스스로 공부한다.
3. 나는 수업 시간에 아주 집중을 잘한다.
4. 나는 수업 시간에 열심히 발표한다.
5. 나는 숙제를 잊지 않고 해온다.
6. 나는 시험 대비를 항상 후회 없이 했다.
7. 나는 책을 열심히 읽는다. (한 달에 3권 이상)
8. 나는 성적이 향상되고 있다.
9. 나는 선생님들과 사이가 좋다.
10. 나는 학교에 오는 것이 즐겁다.

학급 활동

1. 나는 학급 일에 대부분 협조적이다.
2. 나는 모둠활동에 적극적으로 참여한다.
3. 나는 학급 간부가 되고 싶다는 생각이 많아졌다.
4. 나는 결석, 지각, 조퇴를 하지 않는 편이다.
5. 나는 청소 시간에 열심히 청소를 한다.
6. 나는 세월이 지나도 변치 않을 친구를 사귀었다.
7. 나는 친구와 싸우고 나서 화해를 잘하는 편이다.
8. 나는 친구들에게 따돌림을 당하지 않고 지내왔다.
9. 나는 친구가 말을 할 때 무시하지 않고 잘 들어준다.
10. 나는 학급에서 없어서는 안되는 존재라고 생각한다.

생활 태도

1. 나는 한번 마음먹은 일은 잘해낸다.
2. 나는 나쁜 일이 생겨도 좋게 생각하려고 노력한다.
3. 나는 화가 나도 심한 욕은 하지 않는다.
4. 나에게는 남들과 다른 나만의 멋이 있다고 생각한다.
5. 나는 잠자기 전에 하루 생활을 곰곰이 반성한다.
6. 나는 집에 늦을 때 부모님께 꼭 전화를 한다.
7. 나는 부모님에 대한 고마움을 느끼고 있다.
8. 나는 부모님의 잔소리를 이해할 만한 나이가 되었다.
9. 나는 부모님에게 대들지 않는다.
10. 나는 집에서 꼭 필요한 존재라고 생각한다.

●울퉁불퉁 점을 이어 한눈에 보이는 그래프를 그려보세요. (산봉우리 모양으로 선이 이어질 것입니다.)

학습활동   학급활동   생활 태도

●봉우리 중에서 가장 자랑스럽게 생각되는 것을 하나 고른다면? (높이에 상관없이 자신에게 가장 의미 있는 항목 고르기)

●고른 이유?

●봉우리를 보면서 드는 자신의 느낌?

●나에게 하는 나의 칭찬과 격려

— 잘 지켜진 것에 대한 칭찬의 말

— 잘 지켜지지 않은 것에 대한 격려의 말

●나에게 하는 나의 약속 세 가지

1.

2.

3.

●선생님께도 한마디

내가 쓰는 내 평가서 나는 얼마나 달라졌을까

이 설문지는 여러분이 학년초에 계획했던 것이나 하고 싶었던 것, 그리고 여러분의 변화·발전한 모습을 스스로 발견하고 평가하기 위한 것입니다. A란에는 문항을 읽고 해당하는 곳에 V표시를 하고, B란에는 V표시 한 곳의 점수를 적은 뒤 합계하세요.

영역	문항	A				B
		전혀 아니다(0점)	조금 그렇다(1점)	거의 그렇다(2점)	항상 그렇다(3점)	점수
학교 생활	1. 나는 공부에 나름대로 최선을 다했다.					
	2. 나는 성적이 점차 오르고 있다.					
	3. 나는 선생님과 상담할 때 고민을 털어놓는다.					
	4. 나는 학급 일에 협조적이다.					
	5. 나는 학교 규칙(복장, 머리)을 잘 지키는 편이다.					
	6. 내가 다니는 학교가 좋다고 생각한다.					
	7. 나는 반장 또는 간부가 되고 싶은 생각이 많아졌다.					
	8. 나는 학급 친구들과 잘 지내는 편이다.					
	9. 나는 학교생활을 하면서 나의 적성을 찾았다.					
	10. 나는 결석, 조퇴, 지각을 하지 않아 마음이 뿌듯하다.					
	점수 합계 ⇨					
가정 생활	1. 나는 부모님에게 거짓말을 하지 않고 솔직한 편이다.					
	2. 성적이 낮을 때는 부모님에게 앞으로 잘하겠다고 말한다.					
	3. 나는 부모님에 대한 고마움을 느끼고 있다.					
	4. 나는 부모님의 잔소리를 이해할 만한 나이가 되었다.					
	5. 나는 부모님에게 대들지 않는다.					
	6. 나는 형제자매와 사이좋게 지낸다.					
	7. 나는 집에서 필요한 존재라고 생각한다.					
	8. 나는 시간이 있을 때마다 집안일을 잘 도와준다.					
	9. 가정에 어려움이 있지만 나는 힘차게 살려고 한다.					
	10. 나는 집을 나가고 싶은 충동 없이 잘 생활하고 있다.					
	점수 합계 ⇨					
교우 관계	1. 나는 세월이 지나도 변치 않을 친구를 사귀었다.					
	2. 나는 고민이 있을 때마다 친구에게 마음을 털어놓는다.					
	3. 친한 친구들과 모이면 나는 왠지 기분이 좋다.					
	4. 나는 친구와 싸우고 나서 화해를 잘하는 편이다.					
	5. 나는 친구들에게 따돌림을 당하지 않고 잘 지내왔다.					
	6. 친구의 부모님들이 나를 좋아하는 것 같다.					
	7. 친구가 어려운 상황에 있을 때 내가 힘이 되어 주었다.					
	8. 친구가 말을 할 때 나는 무시하지 않고 잘 들어준다.					
	9. 나는 친구를 믿으므로 흔쾌히 돈을 빌려준다.					
	10. 나는 이성 친구를 건전하고 진실되게 사귀고 있다.					
	점수 합계 ⇨					
자유 생활	1. 나는 과제물을 집에서 여유 있게 한다.					
	2. 나는 한번 마음먹은 일은 잘해나간다.					
	3. 나는 나쁜 일이 있어도 좋게 생각하려고 노력한다.					
	4. 나에게는 남들과 다른 나만의 멋이 있다고 생각한다.					
	5. 화가 날 때 나의 감정을 통제할 능력이 있다.					
	6. 나는 성충동이 일어날 때 잘 조절하는 편이다.					
	7. 잠자기 전에 나는 하루 생활을 곰곰이 반성한다.					
	8. 나는 담배를 피우지 않거나 끊었다.					
	9. 나는 돈을 아껴 쓴다.					
	10. 나는 집에 늦게 들어갈 때 전화를 하여 이유를 밝힌다.					
	점수 합계 ⇨					

여러분이 앞에서 작성한 〈내가 쓰는 내 평가서〉를 기초로 하여 작성하는 곳입니다.
합계란에는 앞에서 작성한 각 영역 점수의 합계를 적으면 됩니다. 총점란에는 4개의 점수를 더해서 쓰십시오.

작성 일자 :　　년　　월　　일　　번호 :　　　　성명 :

영역	합계	각 문항 1~10번을 참고하여 작년(지난 학기)에 비해 훨씬 나아진 점을 하나씩 쓰십시오.
학교생활		A :
가정생활		B :
교우 관계		C :
자유생활		D :
총점		A, B, C, D 가운데 가장 자랑스럽게 생각되는 것을 하나만 쓴다면?　BEST 1 :

BEST 1 선정 이유	
총점에 대한 자신의 느낌	
나 자신이 스스로에게 하고 싶은 말	잘 지켜진 것에 대한 칭찬의 말 잘 지켜지지 않은 것에 대한 격려의 말
앞으로 나는 이 다섯 가지를 꼭 실천하겠다. (생각나는 대로)	1. 2. 3. 4. 5.
이 설문지에 대한 자신의 느낌	
선생님에게 하고 싶은 말을 무엇이든지 써주세요.	

학교생활기록부를 정리하는 지혜

학년말 교사들의 우선 과제는 아이들의 학교생활기록부를 정리하는 일이다. 아무런 준비 없이 펼쳐든 학생부는 교사를 또 다른 고통 속으로 몰아넣는다. 학년말 마무리에 학생 상호 평가, 교과 담당 교사의 관찰 평가, 학생의 자기 평가 등의 개념을 도입하면 어려움 없이 학생부를 해결할 수 있다.

1 교사의 누가 기록을 활용하는 지혜

한 아이에 대한 꾸준한 관찰이 바탕되지 않은 학교생활기록부는 자칫 '편견의 집적물'이기 쉽다. 다양한 각도의 치밀한 관찰조차도 오류를 범하기 쉬운 상황에서 관찰 기록 없이 쓴다는 것은 피상적 소감이나 느낌을 벗어나기 어렵다. 사람을 평가할 때 느낌과 추측만큼 위험한 것이 또 있겠는가. 문제는 여간한 정성을 가지지 않고서는 꾸준한 관찰 기록을 남기기 어렵다는 데 있다.

학생을 총체적으로 파악하는 통로(담임 교사의 누가 기록, 교과 담당 교사의 관찰, 학생 상호 평가, 학생의 자기 평가) 가운데 학생부를 기록하는 중심 근거는 기록의 주체라 할 수 있는 담임 교사의 관찰이다. 오류를 최소한으로 줄이기 위해서는, 학년초 정보를 바탕으로 여러 영역에서 꾸준하게 관찰·상담하여 그 내면적 가능성을 탐색하는 과정을 거쳐야 한다. 〈예시 27〉은 그러한 누가 기록의 효율적 관리를 위하여 작성한 것이다. 활용에 따라 아이들의 한 학기 모습을 담는 그릇이 될 것이다. 아울러 상담 자료로 활용할 수도 있다. 양식이 번거로우면 관찰일기 형식도 무난하다.

2 학생의 자기 평가를 활용하는 지혜

교사 평가만이 절대적인 가치가 있는 것은 아니다. 아이들 스스로 평소 활동 상황(모둠활동, 친구 관계, 교과 활동, 담임과의 관계), 태도 등을 평가하고 반성하여 기록하게 함으로써, 아이들의 성장 가능성과 지향성, 내면적 경향 등을 파악할 수 있다.

〈예시 28〉은 월별(혹은 분기별)로 작성할 수 있도록 배려한 평가서이다. 주기적으로 자기를 평가하는 기회를 갖게 될 때 자신의 성장 궤적은 물론, 자아 정체감을 파악할 수 있다. 이 자료는 단순히 평가 자체에 그치는 것이 아니라 한 단계 나은 성장을 위한 재투자용으로 쓰일 수 있다는 점에서 가치가 있다. 상담 정보를 제공받을 수 있다는 장점도 있다. 교사는 평가서에 드러난 갈등 상황을 꼼꼼하게 메모했다가 틈나는 대로 상담을 통해 문제를 해결한다. 월별로 실시하는 경우, 묶음 자료를 학년말에 다시 돌려주어 일년간 자신의 '관계 성장도'를 확인할 수 있도록 돕는다.

3 교과 교사의 '눈'을 활용하는 지혜

아이들에 대한 평가 소재가 학급운영 영역에만 국한되는 것은 아니다. 아이들은 각 교과 시간에 행동 반경이 달라지고, 다양하게 그 소질을 살려나가는 행동 특성이 나타난다. 한 아이를 평가할 때 담임의 판단이 전적으로 정확한 것이 아니라고 본다면, 교과 담당 교사들의 의견과 판단 또한 중요한 것이다. '합하여 선을 이룬다.'는 말도 있듯이 담임과 교과 담당 교사의 정보 교환은 학생 평가를 위해 매우 필요하다 .

〈예시 29〉는 학년말 즈음해서 담임이 교과 담임 교사에게 요청하여 활용할 수 있는 자료다. 학급원 전체 명단을 붙일 수도 있고, 부담스럽다면 특성 있는 아이들에 대한 평가 기록만 부탁할 수도 있다. 수업 시수가 주당 네 시간을 넘는 교과와 실기가 포함되는 교과목은 아이들의 특성과 소질을 좀 더 분명하게 파악할 수 있으므로 적극 활용할 필요가 있다. 예체능 과목, 과학 과목 등에서는 자기 적성이나 적응도 여부에 따라 평상시와 전혀 다른 태도를 보일 수 있다.

평가 결과는 활용하기에 따라 학생부 기록 참고 자료뿐만 아니라 학년말 마무리잔치 때 해당 학생들을 격려할 수 있는 좋은 자료가 된다.

4 학생 상호 평가를 활용하는 지혜

친구가 하는 친구 평가는 구체적인 생활을 바탕으로 하고 있다는 점에서 아주 의미가 있다. 어쩌면 매일 일과를 같이 하는 친구들의 눈에 비친 아이들의 모습이 더 진실에 가까울지도 모른다. 학생 상호 평가는 그래서 중요하다. 교사가 함께하느냐의 여부에 따라 행동 반경이 달라지는 아이들이 많기 때문에(사실 교사가 가지는 아이들과의 접점은 뜻밖에 적다.) 상호 평가는 이런 부족한 점을 보완할 수 있다는 점에서 주목할 만하다.

평가 양식은 급별 상황에 따라 좀 더 다양하게 개발할 수 있다. 〈예시 30〉 '( )월의 나의 친구 이야기'는 평가와 아울러 친구 관계를 파악할 수 있도록 구성한 평가서이다. 이 평가서 역시 주기적으로 작성하도록 해서 친구 관계를 좀 더 진지하게 성찰할 수 있게 돕는다. 이 가운데 '충고해주고 싶은 친구'로 세 명 이상에게 동시에 지적당한 아이는 따로 메모했다가 상담을 통해 좀 더 발전적인 친구 관계를 맺을 수 있도록 '정신적 지원 활동'을 제공한다.

어떤 평가가 되었든 '결과'로서의 평가가 아니라 다양한 정보로 재구성하여 투입할 수 있는 '과정'으로서의 평가 개념을 늘 염두에 두어야 한다. 학생부 기록은 그러한 과정에 놓이는 절차 가운데 하나일 뿐이다. ■

( )학기 담임 누가 기록부

- 이름 : ( )번 ______________
- 전화번호 : ________________
- 부모님 직업, 학생과 친밀감 정도 (이름 : 　　　　　직업 : 　　　　　)
  친밀감 정도 :

모둠활동	( )학기	월　일	
		월　일	
		월　일	
		월　일	
학급활동	주번활동	월　일	
		월　일	
	그 밖의 학급활동	월　일	
		월　일	
		월　일	
교우활동	좋은 점	월　일	
		월　일	
		월　일	
	나쁜 점	월　일	
		월　일	
		월　일	
상담 내용		월　일	
		월　일	
		월　일	
		월　일	
		월　일	
		월　일	
기타		월　일	
		월　일	
		월　일	
담임 의견			

〈예시 28〉 학생의 자기 평가서

(   )월, 내가 진단한 '나'

(   )번 이름 :

선생님 쪽지편지 ( )월의 ( )에게	2 1 0 -1 -2	※ 이 난에 교사가 먼저 아이들 각자에게 편지를 쓴 뒤 나누어준다.

주제	평가 단계	평가에 대한 이유 쓰기 (구체적으로 씁시다.)
지난달 나의 최고 기쁨	2 1 0 -1 -2	
모둠활동	2 1 0 -1 -2	
친구 관계	2 1 0 -1 -2	
선생님과의 친밀도	2 1 0 -1 -2	
집안 사정	2 1 0 -1 -2	
나의 반성		
선생님께 한마디		

※ 2 : 아주 좋음 1 : 좋음 0 : 보통 -1 : 나쁨 -2 : 아주 나쁨

학생활동 기록장 (교과 담임용)

(　　　)반 학생들의 각 교과 시간 학생활동 기록장입니다. 담임의 눈으로 미처 파악하지 못하는 점이 많아서 교과 선생님들의 힘을 빌리기로 했습니다. 수업을 하시면서 발견한 아이들의 재능이나 행동 특성, 참여도를 중심으로 꼭 귀띔해주고 싶은 학생의 개인별 활동 상황을 부담 없이 솔직하게 적어주시면 됩니다. 이 자료는 학생부 기록과 상담용으로 쓰입니다. 한 해 동안 가르쳐주신 노고에 깊이 감사드립니다.

과목(　　　　　　　) 지도 교사 (　　　　　　　　　　　)

번	이름	활동 특기 상황	비고

〈예시 30〉 친구 상호 평가지

(　)월의 나의 친구 이야기

(　　　)번　이름 :

● 내가 칭찬해주고 싶은 친구 다섯 명

번호	이름	영역	이유 (구체적으로 예를 들어 자세히 쓰세요.)

※ 영역의 예 : 봉사정신, 성실성, 정직성, 인간성, 협동정신, 수업 태도, 우애정신, 친절 등

● 내가 충고해주고 싶은 친구 다섯 명

번호	이름	이유 (구체적으로 예를 들어 자세히 쓰세요.)

'마무리잔치'로 마무리하기

학급 행사의 진정한 의미는 행사보다, 그간의 학급활동을 정리하고 서로의 성장을 격려하는 데 있다. 그런 학급 행사 가운데 마무리잔치(학기말, 학년말)는 일정한 기간의 학급생활을 마무리 짓고, 몸과 마음을 추스려 다음 과정으로 도약하기 위한 일종의 통과의례이다. 이러한 마무리잔치에서 담아야 할 중요한 알맹이는 반성과 격려, 서로에 대한 신뢰 그리고 함께 나누었던 생활을 감동으로 재구성해보는 것이다.

학기말 마무리잔치는 격식을 갖추기보다는 한 학기 동안 함께 지낸 친구와 선생님에 대해 고마움을 표시하고, 자신의 생활을 객관적으로 살펴보는 자리를 마련하는 것으로 충분하다. 이런 취지를 잘 살려낼 수 있는 형식 가운데 하나가 학급 야영이다.

학교 운동장에서 혹은 학교 밖을 찾아가 하룻밤 같이 지내는 학급 야영은 서로 몸과 마음의 부담을 털고 흔쾌히 한뜻으로 뭉칠 수 있다는 점에서 마무리 행사로 제격이다. (116쪽 '학급 야영의 몇 가지' 참고) 낮에는 비빔밥 비벼 먹기나 삼겹살 구워 먹기 혹은 간단한 체육대회를 하고, 저녁에는 한 학기를 공유하는 간단한 마무리 행사를 할 수 있다. 이때 '친구가 고마웠던 10가지 이유' '나에게 보내는 편지' 쓰기 등의 프로그램을 배치하면 한 학기 동안 기뻤던 일, 원망스러웠던 일 등에 대한 토로가 자연스럽게 이루어져 학기 마무리의 의미가 충분히 살아난다.

학년말 마무리잔치는 일년을 끝맺는 큰 자리이다. 그런 만큼 서로 격려하고 용기를 북돋워줄 수 있는 프로그램으로 구성하되, 몇몇 아이들의 업적이나 재주를 내세워 마무리 짓기보다는 학급 구성원 모두가 주인공이 되어 그동안 갈고 닦았던 재주와 힘을 자연스럽게 펼치는 자리로 세워야 한다. 그런 마무리잔치가 가능할 때, 아이들은 학급에서 경험한 수많은 일을 소중히 기억하고 가슴에 담아둘 수 있으며, 새 학년에 가서도 그 만남을 지속적으로 발전시킬 수 있다.

학년말 마무리잔치는 방학을 앞둔 12월이나, 2월에 하는 것이 무난하다. 학급문집을 나누어보는 자리를 겸하면 더욱 좋겠다. 모든 학급 행사가 그렇지만 행사 자체보다는 행사를 준비하는 과정이 중요하며, 아이들의 자발적 동기를 끌어내 즐겁게 참여하도록 하는 것이 필요하다.

학급 마무리잔치 준비

먼저 학급 마무리잔치를 위한 학급운영위원회를 열어 '학급잔치 준비위원회'를 구성한다. 따로 학급 행사를 주관하는 모둠이 있으면 그 모둠을 중심으로 '학급잔치 준비위원회'를 구성하도록 하며, 그렇지 않을 경우에는 의견을 물어 학급운영위원회를 '학급잔치 준비위원회'로 전환한다.

학급회의를 통해 학급 마무리잔치에 대한 골격을 승인받고, 구체적인 프로그램과 순서를 확정한다. (학기말과 학년말 마무리는 성격상 차이가 있으므로 각각 그에 걸맞는 내용으로 구성한다.) 각 프로그램별로 준비할 것이 많겠으나, 어떤 내용이 되었든 초대장 만들기, 교실 꾸미기, 음식 준비하기는 필수적이다. 교사는 이런 과정에서 각 모둠의 역량이 제대로 드러날 수 있도록 격려하고 지원한다. 과정이 충실하면 결과가 다소 초라하더라도 충분히 보상받을 수 있다.

초대장 만들기

다른 반 친구나 가족들, 여러 선생님들께 보내는 초대장을 만들어보자. 한 모둠이 맡아서 제작하는데, 우리 반의 특성과 행사 일정이 잘 나타나도록 예쁘게 만들면 좋겠다. 적어도 10일 전에는 초대장을 완성하여 발송할 수 있도록 한다. 혹시 잔치에 와보고 싶은데 안내가 없어서 못 오는 이웃 반의 수줍은 친구들을 위해 잔치를 알리는 초대 포스터도 교내 곳곳에 붙여두도록 하자.

〈예시 31〉 마무리잔치 초대장

마무리잔치 초대장

_______________님께

그동안 저희들을 팍팍, 보살펴주신 은혜에 감사드립니다.

덕분에 36명 전원이 훌륭하게 일년을 마무리 짓게 되었습니다. 그 성과를 자축하는 자리를 마련했습니다. 꼭 모시고 저희들의 자랑스런 모습을 보여드리고 싶습니다. 빈손으로 오셔도 기쁜 마음으로 모시겠습니다. 대형 화환은 사양합니다.

· 언제 — ○○○○년 2월 15일 13:00 정각
· 어디 — 1학년 9반 교실
· 무엇이 준비되었을까요 — 오셔서 확인하십시오. 전시회에서 공연까지 상상을 초월합니다.
· 음식장터가 준비되었으니 속을 비우고 오시는 것이 좋습니다.

○○○○년 2월 15일 1학년 9반 마무리잔치 준비위원회 위원장 정재원 드림

교실 꾸미기

잔치 분위기에 맞추어 교실 환경 꾸미기를 곁들이면 훨씬 흥겨운 행사가 된다. 핑계 김에 흐트러지고 어수선한 게시물을 싹 철거하고, 일년 학급활동 결과물로 요모조모 꾸며놓으면 그 자체가 마무리잔치로서의 '설득력'을 갖는다.

● **앞면** : 칠판을 이용하여 마무리잔치의 제목(예 : 우리는 무엇인가 되고 싶다, 드디어 우리는 날개를 달았다 등. 학급문집 제목을 그대로 써도 좋겠다.)을 크게 써 붙이고 풍선 등으로 꾸민다. 잔치 순서도 밝혀놓는다.

● **뒷게시판** : 일년(혹은 한 학기) 활동 결과물을 주제별로 모아서 전시한다. '모둠일기 베스트' '사진으로 보는 우리 반 일년' '일년을 기다린 나의 엽서 전시회' 등 그동안 벌였던 학급활동 가운데 특별히 의미 있었던 내용을 재구성하여 꾸민다. 한 모둠이 맡아서 기획하고 정리한다. 조금만 공을 들이면 교실 꾸미기의 진수를 보여줄 수 있다.

● **양 옆벽** : 친구들끼리 정을 나누는 이야기판으로 구성하는 게 재미있다. 개인별 이야기판(A4 크기)을 양쪽으로 나누어 배치한 뒤 해주고 싶은 말을 쓰는 형식도 좋고(이런 경우, 초대받은 손님도 뭔가 격려의 말을 건네고 싶은 학생이 있으면, 그 아이의 이야기판에다 한마디 쓸 수 있게 한다.) 커다란 전지에 일정한 소재(우리 반에게 고마웠던 일, 미안했던 일 등)에 대해 쓰게 한 뒤 게시해도 좋다.

음식 장만하기

잔치에 음식이 빠질 수 없다. 조촐하게 음료수와 과자 몇 가지를 준비할 수도 있고, 학부모를 통해 떡이나 부침개 등 간단한 음식을 부탁할 수도 있다. 아예 본격적인 마무리잔치 전에 사전 행사로 모둠별 요리대회를 열 수도 있다. (64쪽 '정까지 나누어 먹는 음식잔치' 참고)

음식 준비와 마무리잔치 비용을 마련할 겸 미리 알뜰장터를 열 수도 있다. 집에서 잘 쓰지 않지만 버리기에는 아까운 물건들을 모아서 경매한다. 학기가 끝나서 안 쓰거나 남은 참고서를 선생님들에게 기증받아서 비치하면 히트상품이 된다.

농어촌 학교에서는 학부모에게 음식 장만을 부탁하는 것도 생각해볼 수 있다. 음식 장만을 핑계 삼아 학부모를 학급 마무리잔치에 초대해도 좋을 것이다. "올해 고구마 농사는 잘됐습니까? 아이들이 마무리잔치를 하려고 하는데 고구마 조금만 삶아가지고 나와주시겠습니까?" 거절할 학부모는 없을 것이다. 몇 사람의 학부모보다는 여러 분에게 조금씩 조금씩 부탁하면 많은 학부모를 잔치에 초대할 수 있다.

학급 마무리잔치 프로그램

잔치의 시작 — 고사 지내기

마무리잔치의 첫 프로그램으로 고사를 지낸다. 교실 뒤로 책상을 다 밀어놓고 아이들이 옹기종기 모여 앉을 수 있는 공간을 만든다. 칠판 바로 앞에 떡시루를 놓고 담임이 먼저 술을 한 잔 올리고 고천문(告天文 — 교사가 작성해도 되지만 아이들이 공동 창작을 하면 훨씬 생동감이 넘친다.)을 읽는다.

이때 적당하게 풍물 반주를 곁들일 수 있으면 더욱 분위기가 산다. 그런 다음 아이들이 제각각 소망을 적은 종이를 모조지(칠판에 미리 붙여둔다.) 위에 붙이고 절을 한다. 고사 대신 반 노래를 부르거나 구호를 외치면서 분위기를 잡을 수도 있다.

> 학급생활을 마무리하는 의미를 살려 다음과 같은 프로그램으로 진행해보자. 학급 상황과 개성에 맞추어 다음 중 몇 가지 프로그램을 응용하면 기억에 남는 마무리잔치를 만들 수 있다.

❍ 고천문(告天文)의 예

유세차, 서기 ○○○○년 2월 15일 1학년 9반 일동은 삼가 술 한 잔 받들어 천지신명께 우러러 고하나이다. 말썽으로는 천하 으뜸이요, 공부로는 저 바닥에 달라붙어 벌벌 기던 저희들이 한 사람도 없어지거나 탈락하지 않고 이렇게 당당하게 대망의 서기 ○○○○년을 맞을 수 있게 되었으니 어찌 천지신명의 보살핌이 아니라 하겠습니까? 이런 감사의 뜻으로 술 한 잔 모셔 올리니 부디 취하여 졸지 마시고, 끝까지 저희들의 눈물겨운 사연을 들어주시기 바랍니다.

우선 저희 개인 신상을 고해 올리자면, 천지신명께서 특별히 편애하시어 1번 김흥욱이는 구청 글짓기 대회에서 세 번이나 입상하여 박수를 받았으며, 2번 박성구는 무려 여자 친구 네 명에게 번갈아 채이는 비통함을 맛보았으며, 3번 박복성이는 만년 화장실 청소로 차출되는 바람에 냄새가 몸에 배어 길에 나서면 동네 개가 다 따라다닌다 하옵고……. (중략) 이 서른여섯 중생들이 내년에도 두루 복받고 바라는 소망 이루어질 수 있도록 굽어 보살펴주시옵소서. 아울러 우리 반 헬맷 선생님께서도 무사안일 하시어 수십 년이 흘러도 우리 다시 만날 수 있게 건강 살펴주시옵고, 이 나라 이 조국 통일 이루어 ○○○○년 반창회를 금강산 꼭대기에서 할 수 있게 빌고 또 비옵니다. 상향!

할 수 있는 프로그램

다음으로는 학급 일년을 되돌아보는 순서를 갖는다. 사회자를 뽑아 진행하되, 너무 딱딱한 분위기가 되지 않도록 다양한 프로그램을 배치한다.

1) 우리 반 10대 뉴스 발표

담당 모둠에서 미리 모두의 의견을 모으고 투표하여 1위부터 10위까지 우리 반 10대 뉴스를 선정한다. 체육대회 우승을 안타깝게 놓친 일, 아무개가 가출했다 돌아온 일, 뒤뜰 야영에서 누구누구가 도망갔다 혼난 일 등이 발표될 것이다. 이때 진행자가 10대 뉴스에 등장하는 인물들에게 그때의 느낌과 지금의 소감을 묻는 형식을 도입하면 재미있다.

2) 모둠별 장기자랑이나 학급활동의 결과물 발표대회

일년 동안의 모둠활동이나 학급활동의 결과물을 발표하는 시간이다. 모둠일기 알짜배기 발표, 노래극이나 역할극 등 마무리잔치를 위해 따로 준비하기보다는 그동안 해왔던 것 가운데서 반응이 좋았던 것을 다시 발표한다. 모둠일기 같은 경우는 행사 주최 모둠에서 '모둠일기 베스트 10'을 뽑고, 당사자가 낭송하면 재미있다.

3) 상주기와 우리 반 인물 뽑기

학급활동을 열심히 해서 칭찬하고 싶은 친구에게는 상을, 여전히 고쳐야 할 점이 있거나 개성 있는 행동으로 즐거움을 선사한 친구들은 우리 반 인물로 선정한다. 청소상, 친절상, 성실상 등의 상을 줄 수 있고(이름은 더욱 근사하게 뽑아본다.) 뺀질이상, 유리창 격파상, 우리 반 지각대장상 등 우리 반 인물을 뽑을 수 있다.

4) 슬라이드 쇼

학급 행사를 진행하며 찍어두었던 슬라이드 필름을 이용하여 영상발표회를 갖는다. 소풍, 야영, 비빔밥 먹기, 체육대회 등 모든 학급 행사를 진행할 때 슬라이드 필름으로 사진을 찍어놓으면 진행하기 쉽다. 사진들을 시기별로 뽑아놓고 같이 느끼고 고민해볼 만한 내용에 대해 줄거리를 잡아 순서를 정하고, 적당한 음악과 멘트를 통해 발표회를 갖는다. 디지털 카메라를 활용하여 컴퓨터로 영상을 보여주어도 좋다.

5) 사랑의 실타래

함께 둘러앉아 실타래에 자신의 마음을 실어 다른 친구에게 전함으로써 그간 맺은 유기적인 관계와 사랑을 확인할 수 있는 프로그램이다. (약 30분 소요) 미리 실타래를 준비한 후(각자 털실을 가져와서 이어가며 실타래를 만든다. 타래는 둥글게 만들수록 정확하게 전달할 수 있다.) 둥글게 둘러앉는다. 먼저 한 사람이 전달하고 싶은 친구의 이름을 부르면서 실타래를 던진다. 서로 실을 팽팽하게 한 후 하고 싶은 말을 전한다. 실타래를 받은 학생은 한 손으로 실을 꼭 쥐고 실을 준 친구나 또 다른 친구를 향해 이름을 부르고 실타래를 던진다. 마지막 실타래가 도착하면 실을 팽팽하게 당긴 상태로 눈을 감고 '명상의 시간'을 갖거나 반가를 부른다.

이때 처음에 던지는 사람이 누구이며, 어떤 말로 시작하느냐에 따라 분위기가 달라질 수 있다. 시작 전에 처음 던지는 학생을 따로 지도해야 한다. 담임이 던질 수도 있다. 진행 결과 실이 전달되지 않은 학생이 있을 수도 있다. 미리 생각 깊은 아이들에게 귀띔하여 '실을 받지 못할 가능성이 높은 아이'에게 실이 갈 수 있도록 한다.

이제 잔치를 마무리한다. 미리 친구들에게 자신의 마음을 담은 엽서를 써서 이때 나눠줄 수도 있고, 각자 책 한 권씩을 가져와 친구들에게 격려의 말을 간지나 면지에 받을 수도 있다. 인상 나누기를 한 뒤 코팅해서 각자에게 나눠줄 수도 있다.

맨 마지막으로 올해 학급활동과 친구들을 영원히 기억하자는 의미에서 학급문집을 나눠준다. 학급문집 속에 들어 있는 자신의, 또 친구의 글을 들여다보며 낄낄거리기도 하고 서로를 불러가며 아는 척을 하는 떠들썩한 분위기가 어느 순간 가라앉으며, 숙연하게 자신을 정리하고 있는 아이들을 발견할 수 있을 것이다. ■

알아둡시다 ▒ **보통 사진, 슬라이드 필름으로 다시 찍기**

여러 가지 학급 행사를 기록할 때 미리 슬라이드 필름으로 찍어놓으면 좋지만, 그렇지 않더라도 슬라이드 쇼를 할 수 있다. 인화된 사진을 다시 슬라이드 필름으로 찍는 것이다.

1. 노출을 정확히 잴 수 있는 그레이카드(대신 약간 진한 회색 종이로 대신할 수 있다.)를 사진 바닥에 깔고 노출을 맞춘다.
2. 벽에 붙이고 찍어야 제대로 찍힌다. 바닥에 놓고 찍으면 사진의 면과 사진기의 렌즈가 직각을 이루지 않아 사다리꼴로 찍힌다. 삼각대를 이용하는 것이 제일 좋다.
3. 오전 10시에서 11시, 오후 1시에서 2시 사이에 촬영해야 색을 제대로 살릴 수 있다.
4. 접사필터나 마이크로 렌즈를 사용하여 근접 촬영하면 선명한 필름을 얻을 수 있다.
5. 형광등 아래에서 사진을 찍으면 녹색이 끼므로 FL-Daylight 필터를 사용한다. (될 수 있으면 구름이 전혀 없는 날 옥상 같은 밝은 장소에서 촬영하는 것이 좋다.)
6. 사진기 파인더에는 실제로 찍힐 부분의 90%만 보인다. 따라서 찍을 그림이 렌즈 안에 약간 여유 있게 들어가게 찍는다.
7. 한 장면에 한 장의 사진만 담기보다는 비교할 만한 여러 장면을 찍는 것이 더 효과적이다. (예:학년초와 여름방학 전, 학년말, 또는 모든 모둠의 비빔밥 먹기 사진을 나란히 놓고 함께 찍기 등)

마무리잔치, A부터 Z까지

내가 처음 학급 마무리잔치를 해야겠다고 마음먹은 것은 중3 담임을 하면서였다. 졸업식을 마치고 그냥 끝내기엔 아이들과 나눈 일이 너무 많았고, 또 어렵사리 탄생한 학급문집도 있었다. 핑계 김에 겁 없이 마무리잔치 계획을 세웠다. 다행히 졸업식 장소가 교실이어서 장소를 옮기는 번거로움도 피할 수 있었다. 게다가 학부모들과 자연스럽게 만날 수 있는 좋은 구실도 되었다.

교사가 준비해야 하는 것들

우선 초대장 발송이 시급하다.

2월초 '알림장'을 통해 부모들의 참여 여부를 확인한 뒤, 정식 초대장은 일주일 전쯤 아이들 편으로 보냈다. 다행히 종업식이 토요일이어서 맞벌이 부부를 비롯한 학부모들의 참여폭이 넓어졌다. 직장에서 잠깐 조퇴를 하고 참여하시는 분도 계셨다. 한 번도 학급행사에 참여하지 않으신 분들께는 직접 전화를 하여 약속을 받아냈다.

그리고 허락도 받을 겸 미리 교감, 교장 선생님께 초대장과 프로그램을 보여드리며 축사를 부탁드렸더니 열심히 해보라는 격려의 말씀을 해주셨다. 교과 담임과 학년부장 선생님께도 초대장을 드렸다.

상품과 다과를 챙기는 일도 담임 몫이다. 우리 학교는 '학급 인성 지도비'라고 해서 학급당 15만원 정도가 책정된다. 그간 여러 행사를 하고도 이 돈이 남았는데, 그것으로 학부모를 위한 상품을 준비했다. 다과는 학교에서 행사를 치르고 남은 종이컵이나 은박접시, 커피, 녹차티백 등을 미리 챙겨두었다가 활용하였다.

담임이 해야 할 본격적인 준비 작업은 일년 학급활동을 OHP로 만드는 일이다.

슬라이드 영상극은 다소 번거롭고 비용이 많이 든다. 각종 멀티미디어 장비를 이용하여 동영상 자료를 만들 수도 있겠지만 컴퓨터에 서툰 사람은 엄두를 낼 수 없다. 게다가 2월은 여유가 없다. 그래서 택한 것이 제작이 쉽고 비용도 덜 드는 OHP다.

OHP로 사진을 복사하면 해상도는 떨어지지만 추억을 회상하는 주제 의식과 잘 어울려 마치 오래된 흑백 사진을 연상케 한다. 컬러 사진에서 놓칠 수 있는 것까지 찾아내는 묘미도 있다. 찍어놓은 사진을 OHP 필름에 확대 복사하여 제작하면 된다. OHP 필름마다 번호를 써두고, 각 번호에 대한 간단한 멘트도 미리 적어두었다. 두 장을 만들어 한 장은 도우미에게 주고 그 순서를 익히도록 한다.

사진은 급한 대로 소풍, 체육대회 때 찍은 단체 사진과 교실 팻말, 교실 구석구석, 청소하는 모습 등을 찍은 사진을 이용했고, 아이들 개개인과 교과 담당 교사들의 사진도 챙겼다. 성적표를 발송하면서 부모님들과 주고받은 짤막한 메모 중에서 인상 깊었던 것들도 몇 개 넣었다. (사전에 부모님들께 허락을 받는 것이 좋다.) 처음에는 사진이 모자라면 어쩌나 싶었는데 막상 찾아보니 이런저런 볼거리가 참 많았다.

사회는 내가 보기로 했다. 전에 아이들을 사회로 세워보았는데, 목소리가 작아 집중력이 떨어지고, 자기들끼리 웃느라 설명을 제대로 못해서 분위기가 살아나지 않았다. 교사가 직접 진행하는 것이 아이들을 집중시키고, 학부모에게 전후 관계를 설명하는 데 효과적이다.

아이들이 준비할 것

칠판에는 크게 '학급 마무리잔치'라고 쓴 글씨와 식순을, 교실 뒤 게시판에는 학급활동 사진을 전지에 붙여 걸어둔다. 교실 빈 벽에 아침 독서 시간에 그린 짝 얼굴을 붙여두었는데, 마치 현상 수배 전단을 연상케 해 아이들과 함께 한바탕 웃었다.

운동장 쪽 창문에는 학부모들이 교실을 쉽게 찾도록 반 표시를 해두고, 복도 쪽 유리창은 여러 가지 슬로건으로 장식했다. 시작 전에 OHP를 이용해 '좌석 배치도'를 띄워놓고 자리를 쉽게 찾을 수 있도록 했다. 책상은 빼서 복도에 쌓아두고, 교실에는 의자만 배치했다. 학부모들을 위한 의자는 미리 옆 반에서 빌려두었다.

도우미는, 학부모를 안내하고, 명찰을 달아드리는 식장 안내 도우미 3명, 행정실에서 빌린 휴대용 가스버너로 물을 끓여 차를 대접하는 다과 도우미 2명, 캠코더 촬영 도우미 1명(촬영이 능숙하지 못하면 학부모에게 부탁해도 됨)을 배정했다.

본행사 치르기

학급 마무리잔치는 아이들에게는 '일년간 우리에게 이런 일이 있었구나.'를 되돌아보며 그간의 묵은 감정을 풀어내는 자리가 될 수 있도록, 학부모에게는 '우리 아이들의 학교생활이 이러했었고, 담임 선생님은 이런 분이셨구나.'를 알 수 있도록 하는 프로그램 위주로 진행했다. 학부모들이 어색해서인지 시작 시간이 다 되어도 두세 명밖에 자리를 잡지 않아, 본행사 시작이 30분 지연되었다.

1) 서막 : 회장단, 임원단 서약

학년초 회장 선거 때 입후보한 아이들이 붙여놓았던 공약이 지켜졌는가를 평가하
는 시간이었는데, '이런 공약이 있었던가?' 하는 분위기였다. 당선된 후 열심히 하겠
다는 의미에서 찍었던 손바닥 도장을 돌려주었는데 부장인지도 몰랐던 아이가 있어
한바탕 웃음이 터졌다.

2) 제1막 우리들의 역사

급훈, 교실 풍경, 청소하는 모습, 상장들을 차례로 보며 학부모와 함께 상장 이름
맞추기를 했고, 정답자에게는 준비한 선물을 드렸다. 그리고 이어서 단합대회와 광
란의 체육대회, 선거, 야영 등 여러 가지 학급행사에서 찍은 사진을 시연했다.

3) 기획 특집 '공개 수배 25시'

학부모에게 OHP에 복사된 학생 얼굴들을 보여주면서, 일년을 결산한 사건과 사
고의 주인공을 찾도록 했다. ('아무나 한 명 따라다니면서 트로트 부르기, 90° 인사'
의 주인공은 누구? OHP 방화 사건의 주동자는 누구?) 벌써 알고 있다는 듯이 예사
롭지 않은 눈빛으로 찾아내는 데 놀라지 않을 수 없었다.

4) 장기자랑과 학부모 ○× 퀴즈

미리 준비한 아이들의 장기자랑을 감상하고, 삼행시 우수작을 발표한 뒤, 학부모
들을 교실 중앙으로 모셔 ○× 퀴즈를 했다. 종이 울리고도 마음을 바꿔 이동하는 '아
줌마 근성'이 여지없이 드러났던 시간. 진행이 미숙해 조금 어색하기도 했다.

5) 제2막 학급문집

학급문집을 아이들에게 나누어주고 제작 과정과 비용에 관해 보고하는 형식으로
진행했다. (학급문집을 잔치 시작 전에 나누어주면 문집을 읽느라 행사는 뒷전이 된
다.) 학급문집 제작에 참여했던 아이들과 글 청탁으로 괴롭혔던 어머님들에 대한 인
사도 잊지 않았다.

6) 각종 상장과 손바닥 도장 배부

정기 고사가 끝날 때마다 성적이 향상된 학생들의 '손바닥 도장'을 찍고 코팅해서
교실 앞 태극기 옆에 붙여두었다. 이 손바닥 도장과 함께 아이들의 개성이 묻어난 여
러 종류의 상장을 떼어 각자에게 나누어주었다. 파파라치상(사진 찍는 일을 맡았던
아이), 무술인이상인상(사물함 위로 뛰어오르는 아이), 비엔날레상(책상에 낙서를
하는 아이) 등.

7) 부모님께 드리는 글

교무실에 자주 들러야 했던 한 아이와 부모님께 편지를 쓰고 싶다고 했던 두 아이

의 편지글 낭독 시간. 낭독 후에 정중히 엄마와 포옹하는 시간을 가졌는데, 엄마의 눈가에 살짝, 눈물이 비쳤다.

8) 벗들을 보내며

학급 일에 적극적이었던 한 여학생이 '벗들을 보내며'라는 편지글을 낭독했다. (이때 눈물샘을 자극하는 배경 음악은 필수다.) 다음으로는 내가 쓴 이별 편지를 낭독하는 시간. 임신한 몸으로 어렵게 보냈던, 아이들과 함께했던 시간들이 떠올라 나도 모르게 자꾸 눈물이 났다.

9) 함께 노래를

마지막으로 유승준의 '찾길 바래'라는 노래를 함께 부르면서 교사, 학생, 학부모 모두 하나가 되는 시간을 가졌고, 그렇게 마무리잔치의 막을 내렸다.

잔치는 끝났다.

모두 썰물처럼 빠져나간 텅 빈 교실에 혼자 남아 있으니 '자식을 떠나보낸 부모 마음이 이럴까?' 싶게 외로움이 밀려왔다. 그래도 무엇보다 아무 탈 없이 일 년을 마무리하며 이런 잔치를 할 수 있었다는 것이 큰 행운이다 싶었다.

아이들의 적극적인 참여를 이끌어낸 반장과 임원들, 일찍 집에 가고 싶은 마음을 누르고 끝까지 함께한 아이들, 바쁜 일 모두 제쳐두고 참가한 부모님들께 진심으로 감사했다.

한 가지 아쉬웠던 점은, 졸업식에는 많이 참석하시는 아버님들이 학급 마무리잔치에는 잘 참석하지 않는다는 사실이었다. 예전에 반장 아버지께 캠코더 촬영을 부탁드려 마무리잔치를 함께한 적이 있었는데, 처음에는 난처해하셨지만 나중에는 참 즐거워하셨다. 그런데 그때 이후로 아버지의 참여를 이끌어낼 수 있는 프로그램에 대해 별 고민을 하지 않았다는 생각이 든다. 아버지도 함께하는 마무리잔치 — 좀 더 궁리하면 어려운 문제는 아닐 것이다.

그렇게 마무리잔치를 마친 얼마 뒤, 반가운 소식을 들었다. 학급 행사에서 얼굴을 익힌 몇 분이 뜻을 모아 모임을 만들었고, 한 달에 한 번씩 아이들과 함께 모여 식사를 한다며 나를 초대한 것이다. 어머님들끼리 인사하는 시간을 마련하지 못한 것이 내내 마음에 걸렸는데, 이렇게 자발적으로 모임을 만드셨다니 오히려 내가 고마운 생각이 들었다. 부모님 초대 잔치가 가져다준 선물이라는 생각이 들었다.

김주영 / 경기 부천북중 교사

※ 이 글은 필자의 전임지인 경기 심원중에서의 이야기입니다.

학년말, 우리 반의 작은 기쁨을 찾습니다

기말 고사 이후부터 겨울방학 전까지, 그리고 2월의 짧은 기간은 교사들에게나 학생들에게나 고생스러운 시간이다. 특히 졸업을 목전에 둔 중3, 고3 교실의 경우 마지막 시험이 끝남과 동시에 학급은 거의 '사실상 해체'의 수준으로 치닫고, 마음은 콩밭에 가 있는 아이들에게 교사의 훈계는 그저 잔소리에 그칠 뿐이다. 교사 입장에서 생각하면 한마디로 '배신'이다. 그렇지만 아이들의 입장에서 생각해보면 기말 고사부터 졸업까지의 이 시기야말로 불확실성 그 자체 아니겠는가. 묘한 설렘과 불안함, 혹은 절망감으로 가득 차 있는 아이들에게 무작정 교사가 '유종의 미'를 강제하는 것도 욕심일지 모른다. 때로는 아이들의 수준과 상황에 맞게 프로그램을 운용하는 것 — 교사가 갖추어야 할 지혜일지 모른다.

책의 숲으로 떠난 학년말 체험 학습

작년 한 해, 일년 동안 학급을 꾸려가면서 이런저런 해보고 싶은 것들도 많았지만 늘 발목을 잡았던 것 중의 하나가 바로 비용 문제였어요. 우리 반에는 학비 지원을 받는 생활보호대상자가 열다섯 명이나 되어서 조금이라도 돈이 드는 일을 함께 해보자고 말하기가 여간 조심스럽지 않았거든요. 그런데 일년 내내 학교 행사나 학년 행사 등에서 상금으로 받은 돈을 한 푼도 안 쓰고 학급통장에 저축해두었더니, 학년말이 되니까 얼추 일인당 6천원 정도로 분배될 수 있는 액수가 모이더라고요. 한 해가 가기 전에 이 돈으로 뭔가 마음속에 깊이 남을 좋은 경험을 할 수 없을까 궁리한 끝에 불현듯 떠오른 생각이 바로 '서점에 가자!' 였습니다.

아이들은 아무래도 학년말 마지막 학급활동이라고 하니까 어디론가 떠나서 경치 좋은 곳에서 몸을 움직이고 싶다는 바람들을 표했지만, 구체적으로 계획을 짜나가기 시작하니까 역시 비용 문제가 만만치 않았어요. 결국 다들 담임 의견을 받아들이고 별 무리 없이 활동 주제가 정해졌지요. 시내에 있는 대형 서점까지 왕복 교통비만 있으면 되는 활동이니, 별다르게 준비할 것도 없고 부담스러울 것도 없었답니다.

요즘 아이들에게는 스스로 서점을 찾아 참고서도 아닌 책을 고른다는 경험이 정말 드문 형편이라 교육적으로도 작으나마 의의가 있다는 생각도 들었고요.

함께 서점에 가서 아이들을 풀어놓고(?) 한 시간 반 동안 책을 고르게 했습니다.

적어도 세 권 이상의 책을 살펴본 뒤에 살 책을 선택하도록 하고, A4 용지 한 장으로 간단하게 활동지를 만들어 나눠줬어요. 어떤 책들을 놓고 고민했는지, 그 가운데 왜 이 한 권의 책을 골랐는지 활동지에 적어서 담임에게 제출하도록 했죠. 사실 그렇게 하지 않으면 왜 서점에 왔는지 금세 까먹고 마냥 놀기만 하다 돌아오는 녀석들이 생기거든요. 물론 마냥 노는 게 나쁜 건 아니지만 일년 동안 모은 학급비로 반 친구들 모두 한 권씩 책을 사려고 나갔는데 책 고르는 시간 내내 놀다가 아무 책이나 들고 오면 너무 아깝잖아요.

그렇게 하고 지켜보니, 아이들은 생각했던 것보다 굉장히 적극적으로 책을 고르더라고요. 골라내는 책들도 사르트르부터 만화책까지 정말 다양했고요. 아이들이 책을 고르는 동안에는 저도 그동안 굶주렸던 책읽기를 했습니다. 좋은 책 몇 권을 살펴본 끝에 저도 한 권을 사서 돌아왔어요.

활동을 마치고 돌아와서의 반응도 대체로 긍정적이었습니다. 학급 카페에 올라온 글들을 보니 나름대로 남는 것이 있는 활동이었다는 평들이 많았거든요. 그리고 당장 서점에 다녀온 다음 날부터 학교에서 자기가 사온 책을 읽고 있는 아이들이 심심치 않게 눈에 띄어 더욱 기분이 좋았지요.

김동일 / 서울 상원중 교사

그냥 마음껏 풀어져 놀아본 하루
— 애들아, 썰매 타러 가자!

올해로 이 학교에서 3학년 담임을 두 번째 맡았어요.

담임을 맡기 전에 교과 담임으로 3학년을 맡았을 때는 학년말 마무리에 대한 욕심이 굉장히 컸었는데, 그 때문에 실망도 많이 하고 오히려 아이들과 사이가 틀어지곤 했었죠. 이제는 큰 욕심 부리지 않으려고 해요. 특히 중3은 원서 쓰느라 아이들도 담임도 정신없는 시기라는 특성도 있고, 고등학교 들어가면 언제 또 이런 여유를 맛보랴 하는 생각이 들어서 더 욕심을 안 부리게 되는 것 같아요.

작년에는 기말 고사 직후부터 아이들과 체험 학습 계획을 가지고 씨름을 했어요. 야외 활동을 가는 걸로 의견을 모았는데 장소가 문제였지요. 자투리 시간이 많이 나는 시기여서 틈만 나면 토의하고, 손들어보고 했는데 매번 그냥 흐지부지 결론이 잘 모아지지 않더라고요. 대부분의 소극적인 아이들은 주로 놀이공원을 희망했습니다. 물론 저도 억지로 의미를 찾기보다는 재미있는 걸 하자, 좋은 추억을 남길 수 있게 하자는 생각이었지만 사실 놀이공원은 마땅치 않았어요. 아무리 노는 거라 해도 근처 놀이공원에 가서 뿔뿔이 흩어져 놀이 기구나 타다 오기는 싫었거든요.

개학을 하고 2월이 시작될 즈음에야 '바로 이거다!' 싶은 장소가 떠올랐어요. 바로 눈썰매장!

이제 문제는 어떻게 아이들의 열화와 같은 지지를 끌어낼 것인가 하는 것이었죠. 별로 획기적인 안도 없으면서 괜히 시큰둥해하는 놈들이 꽤 있을 테니까요. 시큰둥해하는 아이들의 관심과 참여를 최대한 끌어내고 놀이공원 지지파를 민주적으로 제압(?)할 수 있는 방법이 뭐가 없을까 고민하다가 조금 새로운 투표 방식을 도입해봤습니다.

보통 의견이 갈리는 가운데 하나로 결정해야 할 일이 생기면 찬성자가 많은 쪽으로 통일을 하잖아요. 그런데 이런 식으로 하면 거기에 찬성하지 않았던 아이들의 불만도 커지고 각각의 제안이 가진 장점과 단점에 대한 고려도 충분히 이루어지지 않는다는 생각이 들었어요. 그래서 투표를 시작하기 전에 행선지로 거론되었던 장소들이 지닌 장점과 단점을 설명해주고 '가도 좋다.'고 생각하는 곳에는 모두 ○표를, '이곳은 안 갔으면 좋겠다.'고 생각하는 곳에는 모두 ×표를 하도록 했어요. 찬성이 많고 반대가 적은 장소를 고르는 식으로 결정한 거지요.

그랬더니 결과는? 놀이공원을 넉넉하게 제치고 결국 눈썰매를 타러 가게 되었답니다. 결과가 제 뜻과 일치해서만이 아니라, 이런 종류의 결정을 내릴 때는 가장 합리적인 방식이 아닌가 해요.

끝없이 펼쳐진 하얀 눈밭, 깨끗하고 상쾌한 공기 속에서 보니까 아이들 얼굴이 더 예뻐 보이더라고요. 리프트 탈 때마다 평소 가깝게 챙겨주지 못했던 아이들과 일부러 함께 앉아 이런저런 이야기도 나누고, 자꾸만 뒤집어지는 담임의 눈썰매를 비웃는 아이들과 함께 정말 시원하게 같이 웃어도 봤어요.

아이들과의 특별한 데이트, 올해에도 여건만 허락된다면 꼭 다시 추진해보고 싶은 학년말 활동이랍니다.

정득실 / 서울 태릉중 교사

학년말 여유 시간, 일석이조 학급 마무리

1. 나의 10대 뉴스, 우리 반의 10대 뉴스

매년 해가 바뀔 즈음, 텔레비전이나 각종 언론매체에서는 올해의 10대 뉴스를 선정·발표한다. 학급에서도 학생 개인, 모둠별로 올해의 10대 뉴스를 뽑으면서 한 해의 생활을 뒤돌아보는 기회를 가지는 건 어떨까? 개인 10대 뉴스는 조회 시간을 활용할 수 있다.

학급 10대 뉴스는 학급회의나 학급활동 시간에 1위부터 10위까지의 순위를 정한다. 이렇게 수집된 뉴스를 학급 문집으로 엮으면 훗날 두고두고 재미있는 추억거리로 남을 것이다.

2. 인상 나누기

반 전체 학생에게 8절지를 한 장씩 나누어주고 일단 맨 위에 이름과 별명을 쓰게 한다. 진행은 맨 왼쪽 분단 끝에서부터 시작해서 자신에게 넘어온 친구에 대한 인상을 적도록 한다.

시작하기 전, 친구들에게 비친 자기의 모습을 여러 사람에게 평가받음으로써 자신의 모습을 객관적으로 살펴보는 기회로 삼아보자고 설명해준다. 그리고 장난 삼아 하는 평가는 친구에게 상처를 줄 수도 있으므로 주의해줄 것을 당부한다.

3. 짝꿍에게 엽서 쓰기

미우나 고우나 함께 일년을 지내온 짝꿍에게 마음을 담은 엽서를 써서 주고받는 일은 서로에게 매우 의미 있는 일이 될 것이다. 보물 단지인 양 시스템 다이어리에 온갖 정성을 쏟는 아이들에게, 짝꿍이 보낸 엽서는 오래오래 간직할 수 있는 멋진 선물이 될 것이다.

서로에게 고마웠던 일, 섭섭했던 일, 잊지 못할 추억 등을 솔직하게 쓰도록 당부하고, 사이가 멀어진 아이들에게는 이번 기회를 통해 서로 화해하기를 은근히 권해보는 것도 좋다.

4. ○○○의 일년 — 나의 역사 쓰기

자신의 생활을 객관화시켜 써보게 함으로써 한 해를 마무리하게 한다. 문집에 실을 수도 있고 날을 잡아 한 해 반성회를 열 수도 있다.

주제는, ① 가장 큰 고민거리는 무엇이며, 어떻게 해결하였고, 그 소감은 어떤가? ② 한 해 동안 가장 좋았던 일 ③ 한 해 동안 자신에게 생긴 좋지 못한 일 등으로 항목을 정해 자세하고 진지하게 적어서 정리하게 한다.

○○○○년
공정이의 10대 뉴스 (사례)

① 나의 영원한 천사 ○○를 얻게 된 일
② 1학기 중간 고사 성적표를 받고 엄마한테 꾸중을 들은 뒤 홧김에 벙어리 저금통을 털어 가출 결심을 했다가 밤중에 집에 들어와 또 꾸중을 듣던 일
③ 봄 체육대회 때 우리 반이 우승해서 기뻤던 일
④ 아무리 노력해도 두 자리를 벗어나지 못하는 나의 성적
⑤ 우리 모둠이 환경미화 일등 해서 선생님과 함께 관악산에 놀러갔던 일
⑥ 우리 반 ○○이가 여러 번 말썽을 부리다가 결국은 다른 학교로 전학 갔던 일
⑦ 옆집 형이 쓰레기차 피하다가 똥차에 치인 일
⑧ 처음으로 학생 회장을 직선하여 우리 학교의 새 역사를 창조한 일
⑨ 우리 집에서 키우는 복실이가 예쁜 강아지 다섯 마리를 출산한 일
⑩ 내 얼굴에 특히 이마에, 여드름이 나기 시작한 일

학교생활기록부 정리하기

자치 활동 (학급·학생회 활동)

어떻게 준비할 것인가

학급활동은 크게 자치 활동(협의 활동, 역할 분담 활동, 민주시민 활동, 학생회 활동)과 적응 활동(기본 생활 습관 활동, 친교 활동, 상담 진로 활동, 정체성 확립 활동)의 2대 영역으로 구분된다.

행동발달상황이 근면성, 성실성, 도덕성 등 개인의 인성과 방향성에 대한 평가라면, 자치 활동(학급·학생회 활동)은 협의 활동, 역할 분담 활동, 친교 활동 등에 얼마나 적극적으로, 주체적으로 참여했는가에 평가 무게가 실린다는 점에서 구분된다고 할 수 있다.

자치 활동의 평가 항목은 아래와 같이 구성할 수 있다.

(1) 학급에서 어떤 직책(부서 일)을 맡았는가
(2) 그 직책을 얼마나 성실하게(의욕적으로) 수행하고 있는가
(3) 학급활동에서 어떤 태도의 변화가 있었는가
(4) 어떤 구체적인 실적을 남겼는가

이런 항목을 토대로 자치 활동에 관해 올바른 평가를 하려면 교과 활동이나 행동발달상황 평가와 마찬가지로 우선 학생 학급활동에 대한 담임 교사의 평소 관찰이 전제되어야 한다.

행사 진행표, 학급회의록, 부서 활동 일지 등 활동 특성을 효율적으로 누가 기록할 수 있는 자료를 개발하는 일이 반드시 선결되어야 할 담임 교사의 과제이다.

담임 교사 혼자의 관찰로 감당하기 어려운 부분은 질문지법을 활용, 학생 상호 평가를 하게 하면 쉽게 해결할 수 있다. (표 참고)

· 이때 반 학생 전체를 대상으로 할 경우, 학생 이름이 중복되거나 피상적인 관찰에 그칠 가능성이 있으므로 모둠원을 대상으로 상호 평가하도록 한다.

〈표〉 학급 행사 후의 학생 상호 평가 양식

```
    (   )월 (   )일 우리 반 학급 행사

        제출자 :      번  성명 :

● 행사 준비를 가장 열심히 한 친구 :

● 행사에 가장 열심히 참여한 친구 :

● 뒷마무리를 가장 깨끗이 한 친구 :

● 그 밖에 칭찬할 만한 친구 :
```

실제 평가 예시문

(1) 학급 역할 분담 활동 영역

· 원활한 학급운영을 위한 활동 : 총무부
· 교실 내외의 생활 질서를 위한 활동 : 질서부, 생활부
· 봉사, 친교를 위한 활동 : 봉사부, 저축부, 놀이부
· 사육, 재배, 폐품 수집 등을 위한 활동 : 환경부, 사육부
· 학습 자료 준비와 그 밖에 학업 행동을 돕기 위한 활동 : 학습부, 도서부, 신문부
· 환경미화, 청소, 비품 관리 등 학급 환경 개선을 위한 활동 : 미화부
· 위생, 체육, 여가 선용 등 학급의 보건을 위한 활동 : 체육부, 학예부

(2) 실제 평가 예시문

● **임원(부서장 포함)을 맡은 경우**

· 학급 반장으로서 급우들을 이끌어가는 탁월한 통솔력을 발휘함.

· 학급 부반장으로 학급의 수업 진행을 원활히 하는 데
  적극 기여함.
· 학급 서기로 학급의 각종 장부를 성실하게 기록함.
· 학급 총무부장으로 학급의 단결과 발전에 적극적으로
  의견을 내어 참여함.
· 학급 학습부장으로 학급의 수업 분위기 조성과 실력 향
  상을 위해 크게 애씀.
· 학급 신문부장으로 격월로 학급신문을 발행하는 데 주
  도적인 역할을 함.
· 학급 환경부장으로 폐휴지 수거와 분리 수거 작업을 성
  실하게 수행함.
· 학급 체육부장으로 월 1회 학급 체육대회를 적극적으
  로 개최함.
· 학급 친교부장으로 학교 · 학급 행사 때 오락과 친목 활
  동에서 특기를 발휘함.
· 학급 도서부장으로 학급문고를 관리하고 독서 활동을
  하는 데 적극적으로 참여함.
· 학교 자율부원으로 일년간 교문 지도와 교통 안전 활동
  을 하는 데 적극 참여함.
· 학급 미화부장으로 교실 환경 개선을 위해 적극 활동을
  벌임.
· 학급 생활부장으로 급우들의 생활 질서를 확립하는 데
  크게 기여함.

● **각 부서에서 제 역할을 열심히 해낸 경우**
· 학교 방송부원으로 각종 교내 방송 활동에 적극적으로
  참여함.
· 학급 청소와 환경미화에 적극 참여하여 활동함.
· 교실 게시판 정리를 맡아 일년간 성실히 관리함.
· 특별구역(화단) 청소에 적극 참여하여 활동함.
· 평소 학급 청소 등 궂은 일을 묵묵히 수행함.
· 학급 청소 도구와 비품을 일년간 관리하는 등 봉사정신
  을 발휘함.
· 자진해서 학급 화분을 일년간 돌보는 등 봉사정신을 발
  휘함.

· 교내 구기대회(축구, 배구 등)에 학급 대표로 출전하여
  의욕적으로 참여함.
· 학급신문 기자로 편집에 창의성을 발휘해 적극적으로
  활동함.
· 학급문집을 만드는 데 창의적이고 적극적인 활동력을
  보여줌.
· 학급 학습 자료 준비 담당으로 활동하는 등 봉사정신을
  발휘함.
· 학급 폐휴지 담당으로 일년간 월 1회 폐휴지를 수집하
  고 관리하는 데 적극 참여함.
· 학급 일일 명상 담당을 맡아 일년간 명상록 작성과 관
  리에 적극 봉사함.
· 학급 도서 대출 담당으로 학급의 책읽기 운동을 펴는
  데 적극 활동함.
· 학급 도서 수합 담당으로 알찬 학급문고 관리와 운영에
  앞장섬.
· 학급문고 관리 모둠원으로 학급 독서 활동을 펼치는 데
  기여함.
· 학급 생활잔치 등 학급 친교 활동을 벌이는 데 앞장섬.
· 학급운영과 발전에 적극 의견을 내어 참여함.
· 모둠장으로 모둠활동을 활성화하는 데 기여함.
· 학교 체육대회에 학급 응원 대표로 크게 활약함.
· 학급 행사 진행에 적극 의견을 내어 참여함.

유형에 따른 서술문 평가 기본 자료

● **활용 1** — 여러 장점을 가진 학생은 예시 I항(긍정적 예시문)에서 해당 덕목을 찾아 서술문을 작성한다.

● **활용 2** — 장점과 부족한 점을 함께 지적해야 하는 경우에는 I항에 II항(지적 예시문)을 덧보태 작성한다.

	〈예시 I항〉 발달한 유형의 긍정적 예시문	〈예시 II항〉 부족한 경우의 지적 예시문
명랑성 · 사교성	– 교우 관계가 원만하다. – 붙임성이 있다. – 상냥하며 예의 바르다. – 재치 있는 말과 행동으로 주위를 즐겁게 한다. – 유머 감각이 뛰어나다. – 언제나 명랑하고 활발하다. – 활달하며 자기 생각을 거침없이 표현한다. – 사교적이어서 친구가 많다. – 표정이 항상 밝다. – 남을 잘 따른다.	– 말수가 적고 우울하다. – 자기 표현을 잘하지 못한다. – 자기를 잘 드러내지 않으려 한다. – 친구들과 어울리기를 꺼리는 편이다. – 혼자 있기를 좋아하는 편이다. – 말이 없으며 무뚝뚝하다. – 친구와 주변에 별다른 관심을 보이지 않는다. – 자신의 감정을 표현하는 능력이 부족하다. – 소극적이다.
활동성 · 지도력	– 진취적이다. – 씩씩하고 패기만만하다. – 매사에 적극적으로 참여한다. – 행동이 대범하다. – 일의 추진력이 뛰어나다. – 급우들을 이끄는 지도력이 뛰어나다. – 행동과 언행에 설득력이 있다. – 생활 방식이 건강하고 활동적이다. – 과제 수행 능력이 뛰어나다.	– 적극성이 요구된다. – 자신만만한 추진력이 다소 부족하다. – 행동으로 참여하려는 노력이 부족하다. – 앞장서서 추진하는 능력이 다소 부족하다. – 자발적으로 행동하지 않는 편이다. – 의견을 표현하고 공감을 얻어내는 능력이 부족하다. – 자신의 의견을 분명하게 표현하지 못한다. – 집단 활동에 즐겨 참여하지 않는다. – 사소한 일에 쉽게 상처를 받는다.
성실성 · 준법성 · 책임감	– 항상 부지런하게 주변을 챙긴다. – 묵묵하게 자신의 일을 처리하는 장점이 있다. – 학급 일(행사)에 적극적으로 참여한다. – 작은 일에도 최선을 다한다. – 교칙이나 학급의 약속을 잘 지킨다. – 규칙을 위해 자신의 개성을 양보할 줄 안다. – 일에 대한 책임감이 매우 강하다. – 자신의 행동을 책임질 줄 안다. – 맡겨진 일을 꼼꼼하게 책임지고 처리한다. – 일의 끝맺음이 확실하다. – 잘못을 솔직하게 인정할 줄 안다.	– 자신의 목표 행동을 수행하려는 의지가 부족하다. – 자신의 노력에서 보람을 얻으려는 태도가 아쉽다. – 학급이나 급우 간의 약속에 다소 소홀하다. – 주어진 공적인 책무에 대한 책임감이 다소 부족하다. – 끊고 맺는 것이 부족하다. – 맡은 일에 대해 책임지려는 태도가 다소 부족하다. – 책임을 남에게 미루려는 경향이 엿보인다. – 시작한 일을 끝까지 마치는 태도가 필요하다. – 자신의 행동에 대한 책임감이 다소 부족하다.
협동심 · 봉사정신	– 함께하는 일에 협조적이다. – 함께하는 일의 뒤처리를 도맡아한다. – 학급의 궂은 일을 나서서 감당한다. – 전체를 위해 자신의 개성을 양보할 줄 안다. – 어려운 친구들을 말없이 도와준다. – 자신보다 남을 먼저 챙겨주는 희생심이 강하다.	– 함께하는 마음이 부족하다. – 여럿이 모이는 협조 관계를 귀찮아하는 경향이 있다. – 친구를 도와주는 데 비협조적이다. – 남는 부분을 남과 공유하려는 태도가 아쉽다. – 혼자서 주도적으로 하길 좋아한다. – 자기 중심적인 편이다.

	〈예시 I항〉 발달한 유형의 긍정적 예시문	〈예시 II항〉 부족한 경우의 지적 예시문
낙천성 · 창의력	- 매사에 여유가 있다. - 표정이 밝고 구김살이 없다. - 기발한 착상으로 학급에 활력을 불어넣는다. - 새로운 것에 늘 관심이 많다. - 새로운 것을 시도하는 진취성이 돋보인다. - 일을 스스로 만들어 하는 능력이 있다. - 다방면에 재기가 넘친다.	- 주변에 대한 여유가 다소 부족하다. - 사물을 받아들이는 태도가 다소 경직되어 있다. - 필요 이상의 자기 비하감을 갖는 때가 종종 있다. - 현재의 상황에 지나치게 집착하곤 한다. - 어려운 상황에 닥치면 쉽게 포기하는 경향이 있다. - 주변을 바라보는 낙천적인 면이 아쉽다. - 반짝이는 독특함이 부족하다. - 창의적인 일 처리 능력이 다소 뒤처지는 편이다.
포용력 · 이해심	- 너그러운 성품을 지니고 있다. - 친구들을 잘 다독여준다. - 어려운 친구들을 말없이 챙겨주는 장점이 있다 - 친구들의 고민을 들어주는 상담역을 잘한다. - 남의 의견을 귀담아 들어준다. - 친구들을 공평하게 대한다. - 친구의 장점과 미덕을 인정해줄 줄 안다. - 주위 친구들을 편안하게 해주는 힘을 지니고 있다.	- 친구의 실수를 이해하는 마음이 다소 부족하다. - 상황을 자기 중심적으로 파악하는 경향이 있다. - 타인의 입장을 헤아리는 이해심이 다소 부족하다. - 자기 주장을 밀어붙이는 경향이 있다. - 상대방을 무시하는 경향이 있다. - 경쟁심이 강한 편이다. - 상대방의 장점을 인정해주는 마음이 아쉽다. - 베풂의 미덕을 중요하게 여기지 않는다.
온화함 · 안정성	- 조용하고 온순하다. - 온순하며 다정다감하다. - 마음씀씀이가 따뜻하다. - 침착하고 차분하다. - 생활 자세가 단정하다. - 문제를 해결하는 방식이 부드럽고 합리적이다. - 조용하게 자신의 일을 무리없이 처리한다. - 안정된 정서를 지니고 있다. - 행동에 일관성이 있다. - 소박하다. - 주변 정리정돈을 잘한다.	- 다소 들떠 있어서 불안해 보인다. - 감정의 기복이 다소 심한 편이다. - 자기 절제력이 부족하다. - 부드러운 표현 방식이 아쉽다. - 행동에 일관성이 부족하다. - 주의가 산만한 편이다. - 사소한 충돌에도 상처받는 경우가 있다. - 행동을 스스로 통제하는 안정된 정서가 아쉽다. - 친구들과 다툼이 잦은 편이다. - 감정을 직선적으로 드러낼 때가 있다.
자의식 · 자주성	- 자의식이 강하다. - 자존심이 강하다. - 매사에 자신감을 지니고 있다. - 확고한 자기 세계를 지니고 있다. - 자기 주관이 뚜렷하다. - 자기 관리에 철저하다. - 알아서 일을 처리하는 능력이 뛰어나다. - 자신의 일에 대한 계획성이 뛰어나다. - 일 처리에 빈틈이 없고 치밀하다. - 어려움을 겉으로 드러내지 않는다. - 바른 소리를 잘한다. - 개성이 뚜렷하다. - 어른스럽다.	- 자신감이 다소 부족한 편이다. - 다소 우유부단한 편이다. - 판단 없이 휩쓸리는 경우가 있다. - 다른 사람에게 의존하려는 경향이 있다. - 다소 이기적인 성향이 있다. - 주위를 대하는 태도가 다소 냉정한 편이다. - 자신에 대한 애착이 지나치게 강한 편이다. - 친구들을 쉽게 인정하지 않는다. - 남에게 지기 싫어한다. - 대인 관계가 원만하지 못하다. - 폭넓게 세상을 보는 눈이 아쉽다.
지적 태도 · 성취 욕구	- 총명하다. - 생각에 깊이가 있다. - 판단력이 빠르고 정확하다. - 자기 발전에 대한 의지가 강하다. - 사리 분별력이 뛰어나다.	- 새로운 일에 관심이 적다. - 자기 발전에 대한 성취욕이 부족하다. - 지나친 성취욕으로 자기 갈등에 빠질 때가 있다. - 자신을 성찰하는 슬기가 필요하다. - 외모와 치장에 지나치게 신경을 쓰는 편이다.

● 전 행동 덕목이 고루 발달한 유형

· 총명하며 넉넉한 심성으로 급우들의 신뢰를 얻고 있음.
· 자신의 일을 스스로 찾아하며 일 처리가 정확함.
· 온유한 성품으로 생각에 깊이가 있고 신중하게 행동함.
· 총명하고 의욕적이며 침착한 태도를 가지고 있음.
· 원만한 성품에 남을 배려하는 포용력이 돋보임.
· 건강한 생활 방식과 활동력으로 급우에게 인기가 있음.
· 규칙을 잘 지키고 주변 정리가 깔끔함.
· 행동이 신중하고 예의 바르며 자기 주관이 뚜렷함.

● 명랑하고 사교성이 발달한 유형

예시 I항 중심

· 교우 관계가 원만하며 밝고 명랑하게 생활함.
· 붙임성이 있고 상냥하며 예의 바른 학생임.
· 생각이 자유롭고 솔직하여 급우들에게 인기가 있음.
· 타인의 감정을 배려할 줄 아는 싹싹한 성품을 가졌음.
· 재치 있는 말솜씨로 주위를 밝게 만드는 능력이 뛰어남.
· 생동감이 넘치고 구김살이 없어 급우 관계가 원만함.

예시 I항 + 예시 II항

· 매사에 관심이 많고 활달하나 정리정돈 습관이 필요함.
· 사교적이고 명랑하나 책임감이 다소 부족함.
· 명랑하고 활발하나 가끔 독선적인 태도를 보이는 경우가 있음.
· 명랑하고 사교적이나 용모나 옷차림에 지나친 관심을 보이는 경향이 있음.
· 활달하고 자기 생각을 거침없이 표현하나 실천력이 다소 떨어짐.

● 활동적이며 지도력이 발달한 유형

예시 I항 중심

· 씩씩하고 패기만만하며 친구 간에 의리가 있음.
· 항상 적극적이면서도 자신을 성찰하는 태도가 돋보임.
· 일 처리가 매우 조직적이며 사리 판단력이 뛰어남.
· 활달하면서도 사려가 깊어 주위에 따르는 급우가 많음.
· 설득력 있는 말솜씨와 대범한 행동력을 갖춤.
· 언행과 행동에 설득력이 있어 지도력을 인정받고 있음.
· 매사에 확실하게 실행하며 공정한 판단력이 돋보임.
· 모든 일에 긍정적인 사고로 임하며 추진력 있게 일을 해결함.

예시 I항 + 예시 II항

· 적극적이고 일의 추진력이 뛰어나나 타인에 대한 배려가 좀 더 요망됨.
· 일처리가 확실하고 씩씩하지만 자기 주장대로 밀고 가려는 태도를 보이는 경우가 있음.
· 열성적이고 활달하나 좀 더 사려 깊은 태도가 요망됨.
· 정의감이 강하고 바른말을 잘하나 실천이 따르지 않는 경우가 있음.
· 친구들과 잘 어울리고 설득력이 뛰어나나 신중한 가치 판단이 요구될 때가 있음.

● 성실하고 준법적이며 책임감이 발달한 유형

예시 I항 중심

· 학급 일에 적극적으로 참여하며 자기 행동에 책임을 짐.
· 매사에 끝맺음이 확실하고 자신의 잘못을 인정하는 솔직함이 돋보임.
· 의지력이 뛰어나 어려운 상황에서도 최선을 다함.
· 맡겨진 일을 꼼꼼하고 성실하게 해내며 차분한 생활 태도를 가짐.
· 쾌활하고 책임감이 강하며 특히 궂은 일을 자발적으로 잘해냄.
· 자신을 잘 드러내지 않으나 맡은 일에 최선을 다하는 성실한 학생임.
· 부지런하고 꼼꼼하며 맡겨진 일을 표 내지 않고 처리하는 책임감이 돋보임.

예시 I항 + 예시 II항

· 맡은 일을 성실하게 처리하나 자신감이 다소 부족함.
· 규칙을 잘 지키며 작은 일에도 최선을 다하나 자기 표현이 다소 부족함.

· 묵묵하게 자기 할 일을 하나 창의성이 다소 부족함.

· 과묵하게 맡겨진 일에 충실하나 앞장서서 추진하는 능력이 다소 떨어짐.

· 성실하고 꾸준하나 새로운 것에 관심을 가지는 생동감이 요망됨.

· 성실하고 꾸준하나 또래 속에서 당당한 의견으로 공감을 얻어내는 힘이 다소 부족함.

● 협동, 봉사정신이 발달한 유형

예시 I항 중심

· 묵묵하게 자기 일을 해내며 어려운 친구들을 솔선하여 도와줌.

· 맡은 일에 충실하며 남을 잘 챙겨주고 부단히 노력하는 장점이 있음.

· 학급 일에 협조적이며 일의 뒤처리를 도맡아 함.

· 전체를 위해 자신의 개성을 양보하는 희생정신이 강함.

· 사교적이면서도 남을 돕는 봉사정신이 두드러짐.

· 자기 의사표시를 잘하지 않지만 모든 일에 협조적이고 규칙을 잘 지킴.

예시 I항 + 예시 II항

· 남에게 잘 대해주고, 학급 일에 적극적이나 판단 없이 휩쓸리는 경우가 있음.

· 표정이 밝고 남이 하지 않는 일도 기꺼이 하지만 다소 집중력이 떨어짐.

· 학급 일을 나서서 잘하고 구김살이 없으나 자기 발전 의지가 다소 부족함.

· 손해도 기꺼이 감수하며 남에게 잘 대해주나 건강한 비판의식이 다소 부족함.

● 낙천적이며 창의력이 발달한 유형

예시 I항 중심

· 매사에 여유가 있으며 남에게도 관대한 성품을 지녀 인기가 있음.

· 매사에 낙천적이고 모든 활동을 주도적으로 이끌어가는 열성을 보임.

· 새로운 것에 관심이 많으며 기발한 재치로 급우들에게 인기가 있음.

· 창의적 진취성이 돋보이며 항상 생동감이 넘침.

· 다방면에 재주가 많으며 낙천적이라 급우들이 좋아함.

· 매사에 여유가 있고 구김살이 없어 친구 관계가 원만함.

예시 I항 + 예시 II항

· 발랄한 성격이나 남의 입장을 헤아리는 여유가 부족함.

· 창의력과 진취성이 돋보이나 다소 성급한 편임.

· 창의적이고 재주가 많으나 고집이 강해 가끔 친구와 마찰을 빚는 경우가 있음.

· 재주가 많고 발랄하나 넉넉함을 남과 공유하려는 태도가 아쉬움.

● 포용력, 이해심이 발달한 유형

예시 I항 중심

· 남을 잘 이해하고 너그러우며 모든 일에 협조적임.

· 자신의 일에 구애받지 않고 모든 일에 공정함.

· 여러 사람의 입장을 귀 기울여 듣고 도와주려 노력함.

· 너그럽고 따뜻한 성품으로 친구들의 고민을 들어주는 상담역을 주로 맡음.

· 친구의 단점을 비판하지 않고 감싸주며 책임감이 강함.

예시 I항 + 예시 II항

· 남의 말을 잘 들어주고 너그러우나 좀 더 냉철한 판단력이 필요함.

· 겸손하고 이해심이 많으나 앞장서기보다 뒤따라가는 경향을 보임.

· 너그럽고 친구들의 입장을 잘 헤아려주나 공적인 일에 대한 책임감이 다소 부족함.

● 온화하며 정서적 안정성이 발달한 유형

예시 I항 중심

· 조용하고 온순하며 깔끔한 성격임.

· 정서적으로 안정감이 있으며 합리적 태도를 지님.

· 생활 자세가 단정하며 규칙을 잘 지킴.

· 말수는 적지만 침착하고 차분하며 공손한 태도를 지님.

· 침착하고 차분하며 맡겨진 일을 성실하게 처리함.

예시 I항 + 예시 II항

· 성품이 온화하나 좀 더 적극적인 태도가 아쉬움.

· 온순하며 다정하나 명확한 의사결정 태도가 요망됨.

· 온유한 성품이나 마음이 여려 사소한 일에 쉽게 상처를 입는 편임.

· 마음씀씀이가 따뜻하나 자발적인 행동력이 아쉬움.

· 부드러운 마음씨와 태도를 지니고 있으나 다소 우유부단한 면이 있음.

· 규칙을 잘 지키며 정서적으로 안정돼 있으나, 좀 더 적극적인 자기 표현력이 요망됨.

● 자주성과 자의식이 발달한 유형

예시 I항 중심

· 자기 관리에 철저하며, 일 처리 능력이 뛰어남.

· 일 처리에 빈틈이 없고 확실하며, 어른스러움.

· 자존심이 강하며, 일 처리가 확실함.

· 매사에 자신감이 넘치며 정의감이 강함.

· 자기 주관이 비교적 뚜렷하며, 행동에 일관성이 있음.

예시 I항 + 예시 II항

· 자기 관리는 확실하나 남을 배려하는 넉넉함이 부족함.

· 사리 분별력이 뛰어나나 포용력이 부족하여 교우 관계에 어려움이 있음.

· 확고한 자기 세계를 가지고 있으나 생각에 여유가 다소 부족함.

· 자기 관리가 확실하고 개성이 있으나 감정을 직선적으로 드러낼 때가 있음.

● 지적 태도와 성취 욕구가 발달된 유형

예시 I항 중심

· 생각이 깊으며 판단력이 빠르고 정확함.

· 총명하며 사리 분별력이 뛰어나고 예의가 바름.

· 생각에 깊이가 있으며, 묵묵하게 할 일을 해냄.

· 자기 발달에 대한 성취욕이 뛰어나며 매사에 꾸준하게 노력함.

· 상황 판단이 빠르고 정확하며 자기 개발 의지가 강함.

예시 I항 + 예시 II항

· 자기 발전에 대한 성취욕은 뛰어나나 지나치게 현실적인 것에 집착함.

· 상황 판단이 빠르나 다소 냉정한 편이라 친구가 적음.

· 자기 개발에 대한 의지는 강하나 경쟁심이 강해 다소 여유롭지 못함.

· 냉철하고 깔끔하나 성취욕을 앞세워 친구 관계나 생활의 안정감이 다소 떨어지는 편임.

● 그 밖의 부적응아 유형

의욕 부진

· 성품은 온유하나 자기 발전에 대한 의욕이 부족함.

· 느슨한 생활 태도로 인해 약속 지키기가 잘 안됨.

· 심성은 여리고 착하나 수동적이고 자신의 목표를 수행하는 의지가 빈약함.

· 내성적이며 새로운 일에 관심이 적어 자기 발전이 더딤.

정서 불안

· 감정의 진폭이 크며 남을 배려하는 침착성이 부족함.

· 협조적이고 솔직하나 감정을 다스리는 능력이 부족함.

· 매사 적극적이나 침착성이 다소 떨어지고 친구들의 입장을 배려하지 않음.

생활 질서 문란

· 집중력이 떨어지고 자신을 지나치게 드러내 보이려는 경향이 있음.

· 솔직하고 쾌활하나 생활이 규칙적이지 못하고 겉차림에 신경을 많이 쓰는 편임.

· 의리와 책임감은 있으나 가끔 힘을 앞세워 친구를 장악하려는 경우가 있음.

· 씩씩하나 생각의 폭이 좁고 다소 거칠게 행동함.

ㄱ

교실 꾸미기   18
고정판 만들기   45
공동 공간으로 활용하는 게시판   30
교실 꾸미기 일정 관리   22, 24
교실 꾸미기 평가   33
교실 뒷면 꾸미기   27
교실 앞면 꾸미기   26
교실 옆면 꾸미기   32
교실 전체 공간 활용   25
교실에서 무공해 콩나물 키우기   37
구석 자리 활용   42
들꽃, 채소 키우기   34
명언록 만들기   32
모둠 게시판 활용 주제   28
모둠달력 만들기   32, 38
모둠별 게시판 꾸미기   23, 27
부착 도구   44
분실물통 만들기   42
사진 활용   38
시간표 만들기   26
시험지 통돌이   42
우정의 우편함   32
자랑 꽃바구니   32
주번란 만들기   26
쪽지 벽신문 제작   31
토론용 탁자 만들기   43
학급 내규와 생활 목표 만들기   26
학급 부서 조직표 만들기   26
협동화 그리기   23, 40

ㄴ

농어촌 테마 소풍   96
박물관 견학 소풍   99
부서별 조사 계획   97
소풍 기획   97
자연 친화적 소풍   97
지방 유적 답사 소풍   98

지방 유적·환경 답사 소풍 사례 112
학급 자율 소풍 사례   114
환경 답사 소풍   99

ㄷ

대도시 테마 소풍   84
갯벌 관련 자료   94
갯벌 탐사   93
공연 관람 소풍   85
도심 체험 오리엔티어링 소풍 사례   106
문화·역사 기행 소풍   88
박물관·미술관·기념관 안내   132
생태 기행 소풍   90
야영장 안내   144
이천 도예촌 체험 소풍   88
인라인 스케이트 타기 소풍   87
자연 주제 탐사 소풍   89
자연 학습장 견학 소풍   85
추척놀이 소풍   88
현장 답사   93

ㅁ

마무리잔치   226
고사 지내기   229
마무리잔치 사례   232, 236
잔치 준비하기   227
잔치 초대장 만들기   227
잔치 프로그램   229
학년말 여유 시간 활용 자료   239

ㅅ

소풍 놀이   100
놀이마당   100
놀이마당 종류   104
상품과 도장   102
여유 시간 놀이   103

ㅇ

알뜰장터   54
바자회 사례   58
반짝 세일   57
분위기 띄우기   54
장터 평가회   57
초청장 만들기   55
쿠폰제   55
행사 진행   56
음식잔치   64
김밥 뷔페   66
불 없이 해먹을 수 있는 음식   66
불 피워 해먹을 수 있는 음식   68
뷔페로 먹기   65
음식잔치 유의사항   69

ㅎ

학급 문화 가꾸기   48
게시판 100% 활용하기 (1학기)   52
게시판 100% 활용하기 (2학기)   53
농촌 봉사활동 사례   73
독서일기 전시회   51
만화 주인공 전시회   50
발바닥 전시회   49
별명 이야기 전시회   49
비밀친구 만들기 사례   76
세밀화 자화상 전시회   50
수업 성과물 전시회   51
시와 들꽃 전시회   50
연극 보기 사례   71
영어 번역 전시회   50
지우개 낙관 전시회   48
학급활동 전시회   48
함께 목욕하기 사례   72
학급 야영   116
1박 2일 뒤뜰 야영   120, 126
1박 2일 학교 밖 야영   125
당일치기 뒤뜰 야영   118

모둠별 점검표 120
야영 유의사항 116
야외 추적놀이 예시 123
학교 밖 야영 사례 128
학교 밖 야영 상식 147
학급 체육대회 60
고사 지내기 61
놀이마당식 종목
(모둠 대항 미니올림픽) 63, 103
단합대회 사례 78
마무리 63
변형 경기식 종목(팀 대항 놀이) 61
진행요원 60
학급문집 154
글 모으기 155, 158, 191
비용 마련하기 158, 187
편집위원 뽑기 157, 192
학급문집 제작 방법 160
마무리 체크리스트 197
문집 인쇄 비용 176
문집 크기 163
문집용 종이 176
본문 지면 편집 기술 166
사진 활용 174
삽화 활용 173
속표지 만들기 170
손맛을 살리는 필기구 168
예쁜 문집 제작 비법 177
원고 확인표 196
인쇄 방법 175
제작 사례 184, 189
지면 구성 164
차례 만들기 172
차례 모음 194
편집 전 준비사항 160
표지 만들기 169, 192
학급신문 만들기 178
학급신문 기삿거리 181

학급신문 인쇄 183
학급신문 제작 과정 179
학급신문 제작 실제 181
학급신문 제작 원칙 183
학기말 평가의 지혜 200
담임활동 평가 201
마무리잔치 212
학급운영 평가 201
학기말 평가 목표 200
학기말 평가 사례 210
학생이 하는 교사활동 평가
204, 211, 213
학생활동 자기 평가
202, 205, 211
학년말 평가의 지혜 214
담임의 학급활동 평가 215
학년말 평가 목표 214
학생 자기 평가 215
학생생활기록부 220
교과 교사 활용 221
교사 누가 기록 활용 220
학교생활기록부 자치 활동 예시문
240
학교생활기록부 행동발달 및 종합
의견 예시문 242
학생 상호 평가 활용 221
학생 자기 평가 활용 220

1〉 교실 꾸미기를 위한 설문지 21
2〉 모둠별 교실 꾸미기 일정 진행표 24
3〉 교실 전체 공간 활용 25
4〉 모둠 게시판 활용 구성 27
5〉 알뜰장터 초청장 55
6〉 알뜰장터 쿠폰 56
7〉 알뜰장터 물품대장 56
8〉 알뜰장터 판매대장 56
9〉 두레별 바자회 안내문 58
10〉 체육대회 진행 계획 61
11〉 소풍 안내문 86
12〉 생태 조사 일정 90
13〉 식물 조사표 92
14〉 갯벌 학생용 자료 95
15〉 오리엔티어링 코스 약도 107
16〉 오리엔티어링 세부 활동표 108
17〉 오리엔티어링 임무 수행 카드 108
18〉 오리엔티어링 채점표 109
19〉 답사 소풍 전체 계획표와 준비물
113
20〉 모둠별 야영 점검표 121
21〉 학급활동 월간 계획 (3월) 156
22〉 학급신문 기사 배치 182
23〉 아이들이 매긴 담임 성적표 204
24〉 학기말 마무리 설문지 206
25〉 자기 평가서 쓰기 (중학생용) 216
26〉 자기 평가서 쓰기 (고등학생용) 218
27〉 담임의 누가 기록부 222
28〉 학생의 자기 평가서 223
29〉 학생의 교과 활동 기록장 224
30〉 친구 상호 평가지 225
31〉 마무리잔치 초대장 227